나는 온 우주가 깃들어 있는 당신 마음에 절을 합니다.
빛과 사랑, 진리와 평화 그리고 지혜가 깃든 당신의 마음에 경의를 표합니다.

마하트마 간디(M.K.Gandhi)가
알버트 아인슈타인(Albert Einstein)에게 보낸 답장 편지

나마스떼 합장
(Namaste~
Art by Bishal Capai)

2015년 8월 1일
나의 부임 첫 행사.
이마에 처음
띠까를 찍고…

'엄홍길 휴먼재단'에서 신축한
비레탄띠 휴먼스쿨의 전경

2013년 2월 19일 비레탄띠 준공식 사진

2018년 4월 3일 학교에 VIP(9명),
엄 대장 안나뿌르나 트레킹 동행 방문

2015년 11월 11일 김선현 교수(트라우마 협회), 엄 대장 동행 방

리 건너편 가운데 3층
은색 지붕이 우리 롯지로
방은 옥탑방이다.

해도 스승의 날에 합동 촬영이 있다 해서~

▲ 교실이 좀 썰렁해지면
아이들을 데리고 나가
교정 잡초밭에서 수업하기를
다들 좋아한다.
이런 걸 뭐라 해야 하나?
낭만적?

◀ '환경의 날' 캠페인을 위한
가두행진

승의 날에는 학교에서도
문의 여신 사라스와띠 여신에게 뿌쟈를 한다.

간드룩에서의 스케치

비레탄띠 마을에 뜬 쌍무지개

▲ 고도 박타뿌르에서의 고생창연한 목조궁전 스케

◀ 지프차 대절하여 멀 안나뿌르나 설봉이 보이는 마을까지 원정 스케치

드디어 드림팀 인천공항 도착

꿈에도 그리던 바닷가에…

◀ UHGHF 휴먼재단 엄홍길 상임이사 공항 영접

평택 심복사 공연후

인사동 라메르 화랑에서의 전시회 포스터

▲ 2018년 1월 19일
동국대 식품과 불교학생회가
학교를 방문하여 전교생에게
운동복(츄리닝) 상하를 맞춰주고
착복식을 거행하여 전교생과
기념촬영을 하였다.

▶ 내가 학교에 도착하자마자
제일 먼저, 2015년 10월 11일
남양주 로터리클럽(회장 황영식)팀이
학교를 방문하여 많은 학용품 및
전교생 교복을 맞추어 주었다.

▶ 동국대팀이
라마케트(Lamakht) 마을을
방문하여 분양해준
염소들의 상황을 직접
점검하고 있다.

제11차 염소분양식 및 전교생 티셔츠 착복식 거행

제11차 염소분양식

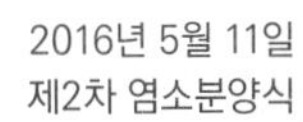

2016년 5월 11일
제2차 염소분양식

안나뿌르나 연봉은 4봉우리로 구성되어 있는데, 제1봉만이 8천 급(8,012m)이고 나머지 제2봉, 제3봉 그리고 남봉(A. South, 7,219m)은 높이는 주봉보다는 못하지만, 역시 장엄하게 함께 솟아 있다.

〈The sunrise of M.T Machapuchre〉, By Kim Ku Hyun

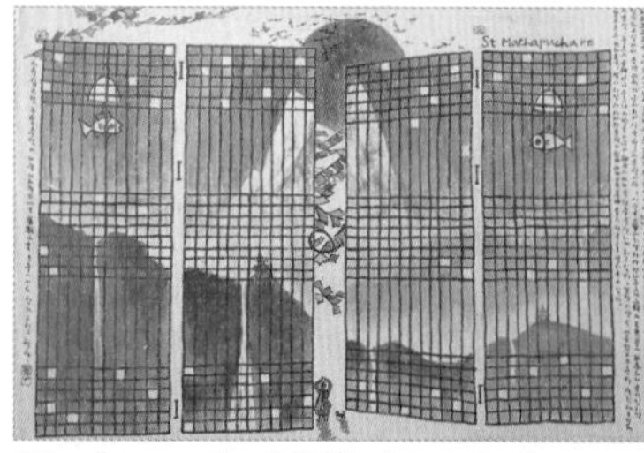

〈The Pray to the S.T Machapuchre〉, By Kim Ku Hyun

뽀카라에서 바라본 풍요의 여신 안나뿌르나 연봉과 '물고기 꼬리(Fish Tail)'라고 불리는 마차뿌차레산(6,993m)

|팔인들은 뽀카라에 오면 으레 호숫가의 중
;에 있는 바라히 가트(Varahi Ghat)에서 둥
:스(doongas)라는 보트를 타고 호수 가운데
| 있는 섬으로 간다. 그리고는 비슈누신을 모
! 바라히 만디르(Varahi Mandir) 템플에서
:쟈를 올린다.

평화의 스뚜빠에서 내려다본 페와딸의 모습은 평화롭기 그지없다.

!카라 중심지. 까트만두로 가는 마이크로버
:와 로컬버스 그리고 야간버스는 쁘리띠비 촉
'rithivi Chowk)이란 곳에서 타면 되고 안나
:르나, 바글룽, 좀솜, 무스탕으로 가는 로컬
|스는 바글룽 버스팍(Baglung bus park)에
| 타면 된다. 그러나 까트만두, 무스탕, 좀솜,
;비니, 치뜨완 가는 투어리스트용 버스는 레
|크사이드에서 미리 예약을 하고 타야 한다.

마르디 히말 하이캠프(3,720m)에서 바라본 로드쉬바(Lord Shiva)의 성산(聖山), 마차뿌차레의 위용

▲ 마차뿌차레 베이스캠프(M.B.C, 4,200m)를 배경으로 솟아있는 안나뿌르나 남봉(7,219m)

▶ 무스탕 왕국으로 가는 길목의 꼬방(Kobang) 마을에서 바라본 닐기리봉(7,061m)과 안나뿌르나 1봉(8,091m)

고래빠니 능선에서 바라본 랄리와 안나 남봉

드림팀이 마르디 히말 스케치 중에 랄리꽃 나무 아래서 기념 촬영

랄리 꽃 터널을 걷는 트레커

◀ 고 정 지부장 영전에 놓여 있는
드림팀의 조문화

뽀카라의 '국제산악박물관' 정문

늘 "람남 사떼헤~~"가
울려 퍼지는 까트만두
빠슈빠띠나트 화장터

꼭두각시 힌두신들

힌두교의 나라 Art by Sabita Pariyar[The land of Hinduis

뿌쟈용의 나뭇잎 접시

▼ 네팔 힌두교 최고의 성지, 두르바르 광장

아기 고따마 붓다의 탄생지 룸비니를 지키고 있는,
유서 깊은 보리수나무 주위로 펄럭이는 오색깃발들

핍팔라나무 꽃

경내 들어가기 전 설명을 듣는 드림팀

고따마 붓다의 고향
까삐라바스뚜 경내에서
그림 삼매에 빠져 있는 드림팀 멤버들

룸비니 용왕 못과 마야당

용왕 못가에서 스케치하는 드림팀

사라수 나무 아래서 기도하는 각국의 순례자들

Let's go Lumbini

◀ 룸비니에서 스케치를 완성하고
마야당 앞에서 기념 촬영을하고 있는 드림팀

룸비니 국제사원 구역 안에 있는 웅장한 한국사원 대성석가사 앞에서의 드림팀

룸비니 용왕 못가에서 그림 삼매에 빠져 있는 드림팀

Let's go Lumbini

▼ 따카리(Takali)식 음식의 고향인 좀솜 아래 고방동네의 따카리 식당과 게스트하우스

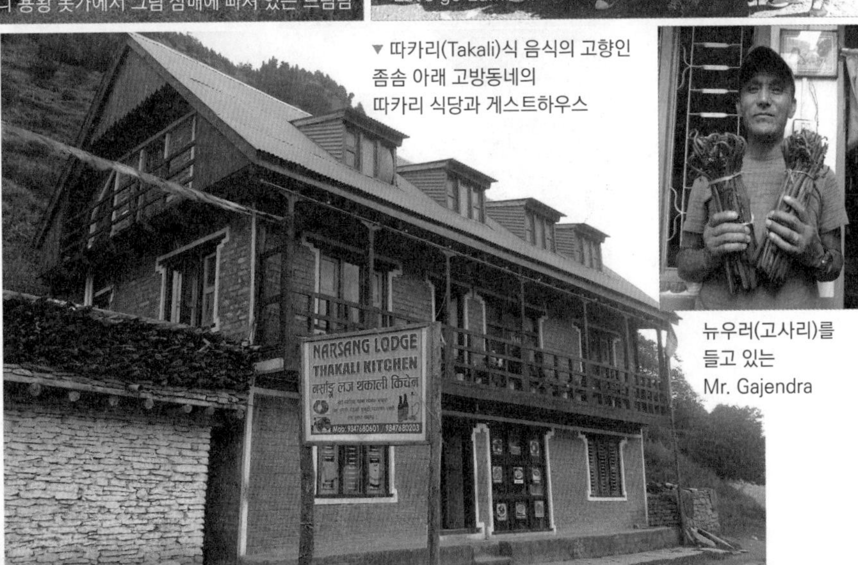


뉴우러(고사리)를 들고 있는 Mr. Gajendra

뿌자용 나무잎 접시 상점

▼ 박타뿌르의 왕 요구르트 '쥬쥬다우'는 도기 접시에 담겨나오는 가장 인상적인 디저트로 전국적으로 유명하다.

일반 가정식 달밧

세띠 로티는 도너츠이다.

식사 후 입가심용의 향신료 세트

술 익는 마을에서 띤빠니 럭시를 기다리고 있는 필자

▶ 럭시를 내리는 3단 솥. 맨 위에 찬물을 갈아주는 양동이가 얹어져 있다.

# Namaste! Kim Sir

## The Himalayan Dream of Teacher Kim

# 나마스떼! 김 써르

다정 김규현의 히말라야의 꿈 1

지은이 茶汀 김규현(Kim Sir)

서울에서 태어나 성균관대학교(화공과 중퇴)와 해인불교전문강원, 베이징의 중앙미술대학, 라싸의 티베트대학에서 수인목판화와 탕카를 연구하고 1993년부터 '쌍어문 화두'를 들고 양자강, 황하, 갠지스, 인더스강과 티베트고원과 실크로드를 종주순례하면서 그 여행기를 신문 잡지에 연재하였다.
1997년 〈한국티베트문화연구소〉를 설립하여 우리 문화와 티베트 문화의 연결고리에 관련된 저술에 몰두하여 『티베트의 신비와 명상(2000년)』, 『티베트 역사산책(2003)』, 『티베트의 문화산책(2004)』, 『혜초 따라 5만리』(상·하), 『바람의 땅, 티베트』(상·하), 『실크로드 고전여행기 총서(5권)』, 『파미르의 역사문화 산책(2015)』 등을 출간하였다. 또한 KBS다큐 〈차마고도(6부작)〉, KBS역사기행 〈당번고도(2부작)〉, KBS역사스페셜〈혜초(2부작)〉, KBS다큐 〈티베트고원을 가다(6부작)〉, MBC다큐 〈샤먼로드〉 같은 다큐를 기획하여 리포터, 고문역을 맡아왔다.
근간에 『나마스테! 김 써르(Namaste! Kim Sir)』와 『네팔의 역사와 문화산책』 그리고 『티베트와의 인연, 4반세기』가 출간 준비중에 있다. 그리고 3년 전 아내 이승실 여사가 먼 길을 떠난 뒤, 바로 네팔로 건너가 안나뿌르나 설산 기슭의 비레탄띠 휴먼스쿨에서 자원봉사를 하며 어려운 아이들을 돌보면서 살고 있다.

E-mail: suri116@daum.net/ kimkuhyun3@gmail.com
Face Book ID: biretanti /kimkuhyun

나마스떼! 김 써르: 다정 김규현의 히말라야의 꿈 1

1판 1쇄 인쇄_2019년 01월 01일
1판 1쇄 발행_2019년 01월 01일

지은이_김규현
펴낸이_홍정표

펴낸곳_글로벌콘텐츠
등록_제 25100-2008-24호

공급처_(주)글로벌콘텐츠출판그룹
주소_서울특별시 강동구 풍성로 87-6 전화_02-488-3280 팩스_02-488-3281
홈페이지_www.gcbook.co.kr

값 25,000원
ISBN 979-11-5852-223-0 03910

# Namaste! Kim Sir

## The Himalayan Dream of Teacher Kim

# 나마스떼! 김 써르

## 다정 김규현의 히말라야의 꿈 1

다정 김규현 지음

글로벌콘텐츠

머 리 말

# 신부생육기(新浮生六記)

(1)

내가 네팔로 들어온 날짜는 2015년 8월 1일이었다. 인천 연안부두에서 출발하는 여객선을 타고 한국 땅을 떠난 지 2달 쯤 지나서였다. 그동안 몽골초원으로, 다시 바이칼호숫가를 배회하면서 지친 몸과 마음을 추스르고 새로운 에너지를 충전하고 난 뒤였다.

한국을 떠나기 직전까지의 나날은 마치 대하의 여울목처럼, 숨 돌릴 겨를조차 없는 격랑의 연속이었다. 오랫동안 병마에 시달리던 아내 이승실과 함께 따듯한 남쪽나라 제주도로 휴양차 길을 나섰다가, 1월 26일 제주 한라병원에서 아내를 하늘나라로 떠나보냈다. 그리고 100일 날짜에 맞추어 준비한—그녀의 유고소설 『설역(雪域)에서 온 편지』와 나의 『파미르의 역사문화 산책』 출판기념회를—5월 8일 봉천동 낙성대에 있는 서울대 교수회관 호암홀에서 열었던 일도 그 즈음이었다.

나는 그 자리에 모인 가까운 벗들과 친지들에게 앞날의 계획을 알렸다. 한국 땅에서의 모든 인연을 정리하고 히말라야 기슭의 어떤 조그만 학교로 들어가서 아이들을 가르치며 내 인생의 '유행기(遊行期)'[1]를 맞겠다고….

그러니까 그 자리는 2권의 출판기념회 및 추모음악회 그리고 내 송별식도 겸한 일종의 콜라보 행사장이었다.

(2)

나는 젊어서는 티끌 세상에 별 뜻이 없이 뜬 구름 같이 여기저기 기웃거리면서 풍류객으로 살다가 불혹의 나이가 되어서야, 부산 여행길에서 나를 취재하기 위해 왔다는, 소설을 쓴다는 띠동갑 또래의 어떤 여기자를 만나 의기투합하여, 홍천강 둔치에 있는 수리재(水里齋)로 와서 집 마당에서 결혼식을 올렸다. 당시 홍천강에는 다리가 놓여 있지 않아서 양가의 친척들과 축하객들은 멀리 청평에서부터 반나절 동안 통통배를 타고 참석해야 했기에 결혼식은 1박 2일로 치러졌다.

수리재는 지붕에는 볏짚을 엮어 올린 초가였지만, 통나무를 골조로 하여 이층 형태로 만들었기에 좀 이채로운 집이었다. 벽은 직접 흙벽돌을 찍어 다 마르기 전에 물고기문양을 찍어 말린 수제흙벽돌로 쌓았다. 아래층은 중앙에 넓은 거실을 중심으로 안방, 건넌방, 서재용도의 방 3개와 별도의 주방과 욕실을 갖춘 대략 40평 쯤 되는 넓이였다. 이층에서는 마룻바닥에 앉아 뒤편의 산과 반대편의 강을 내려

---

1) 인도인들은 일생을 '4주기'로 나눈다고 한다. 사회의 한 구성원으로 태어나서 부모와 스승 아래서 성장하며 학문을 배우는 '학생기'와 성년이 되어 결혼을 하여 자식을 낳고 가정을 꾸려가는 '가주기(家住期)'를 지나 '임서기(林棲期)'에 이르면 가정을 떠나 숲속으로 들어가 은거하다가 마지막 '유행기(遊行期)'가 되면 명상과 걸식생활을 하면서 다음 생을 준비하고 갠지스 강가의 가트(Gat)화장터에서 한 줌의 재가 되어 윤회의 강에 뿌려진다.

다볼 수 있게 사방으로 창문을 내었다. 물론 난방은 온돌구들에 장작을 때도록 하였다.

그러나 거실에는 초가집엔 어울리지 않는, 강원도 전통의 '고쿨'식 벽난로를 만들어 난방문제를 해결하였고, 차와 술과 음악을 좋아하는 주인 취향에 맞도록 입식 통나무바텐더까지 설치하였다. 또한 그 뒷벽에는 LP판 레코드판이 수천 장 가득 꽂혀 있었다.

그렇기에 외형적으로는 주변과 조화를 이루면서도 아름답고 편하고 그리고 온돌방과 흙벽돌이 주는 합리적인 열효율까지 겸비한, 말하자면 요새 유행하는 전원주택의 '롤모델'로 알려져 당시 여러 건축잡지에 앞 다투어 실릴 정도였다.

그런 강 언덕의 그림 같은 집에서 아내와 나는 낮에는 밭을 가꾸고 밤에는 그림을 그리고 글을 쓰면서 살자고 약속을 하고 결혼을 했다. 그리고는 해가 뜨는 아침에는 차를 마시며 차선삼매에 들었고, 둥근 달이 뜨는 보름이면 하얀 돛단배를 강에 띄우고 음풍농월(吟風弄月)을 하였다. 그러다가 반가운 벗들이 찾아오면 마당가에 멍석을 깔고 밤새 회포를 풀곤 하였다.

그러면서 예쁜 아들 하나를 낳아 키우면서 짧지도 그렇다고 길지도 않은 세월인, 30년 동안 그렇게 살았다. 말하자면 『부생육기(浮生六記)』의 주인공인 '심복(沈復)'과 '운(芸)'처럼, 가난하지만 멋스럽게 산 셈이었다.

참 젊은 독자들을 위해 『부생육기』에 대한 사족을 좀 부쳐야겠다. 이 책의 저자 심복은 청나라 때 중국 강남땅 소주(蘇州)에서 선비 집안의 장남으로 태어난 실존인물로 그저 그런 무명의 화가였다. 또한 그의 아내가 된 운(芸)소저는 외삼촌의 딸이었으나, 당시 관습대로 그 둘은 결혼하여 대가족의 일원으로 화목하게 살면서 가난하지만 늘 항상 서로 공경하며 평생을 첫 사랑의 애인처럼 살았다.

그러다가 아내가 먼저 세상을 뜨자 심복은 부인을 그리워하며 자전적 에세이를 지었다. 물론 이 책은 당시는 별로 주목을 일으키지 못했다. 그러나 근대 중국의 대문호인 임어당(林語堂)이 그의 베스트셀러였던 『생활의 발견』이란 에세이집에서, 운(芸)을 중국문학사상 가장 아름다운 고전적인 여인으로 추켜세웠기에 이 책은 세계적인 베스트셀러[2] 반열에 오르게 되었다. 또한 '운'은 동양의 이상적 여인의 '롤모델'로 영원히 자리매김을 하였다.

물론 나도 그런 애독자 중의 한 사람이었기에 결혼 당시 아내에게도 읽어보기를 권하기도 했다. 이 책의 여주인공 '운'의 고전적인 멋스러움은 우리나라 다인(茶人)들에게는 '연꽃차'[3]에 대한 일화로써 널리 알려져 있다.

(3)

'아니차(Anicha)'란 '무상(無常)'이란 뜻의 범어이다. 모든 중생들은 태어났기에 반드시 죽어야 한다. 티베트철학에서는 죽음을 중요한 아이콘으로 여긴다. 티베트어로 우리 몸은 '뤼'라고 하는데, 이는 '부대자루'를 뜻한다. 무엇을 담기 위한 용도를 강조한 말로 영혼이 떠난 우리 몸은 그냥 용도가 다한 자루와 같다는, 다소 시니컬한 의미를 담고 있다.

우리 중생들은 '아픔'을 가장 두려워한다. 몸의 고통뿐만 아니라

---

2) 우리나라에서도 1960년대 말에 『부생육기』(乙酉文庫20)라는 제목으로, '흐르는 인생의 찬가'라는 부제목으로 번역·출판되어서 그 후로 강호제현의 꾸준한 사랑을 받으며 물질지상주의로 메말라 가는 당시 사회에 촉촉한 울림을 주었다.

3) 가난한 부부가 비싼 고급차를 사지 못하자 부인은 값싼 차를 사서 종이주머니에 넣어 저녁나절 연꽃봉오리 안에 넣어 두었다가 다음날 아침에 꺼내서 차를 내어 마셨다고 하는 것이 바로 그 대목이다. 밤새 연꽃의 향기가 스며든 차의 풍미야 마셔보지 않아도 일품일 것일 테고 나아가 이런 종류의 멋은 당시 정치적으로 암울했던 우리나라 풍류객들의 관심을 불러일으키기에 충분했으리라….

마음의 트라우마도 역시 두려워하기는 마찬가지이다. 흔히 6가지로 나누어진다는 고통 중에서 우리들은 특히 '사별이고(死別離苦)'를 가장 힘겨운 것으로 꼽는다. 그래서 비유하여 말하기를 '단장(斷腸)의 아픔'이라고 한다. 바로 '창자를 잘라내는 것 같은 극심한 아픔'이라는 의미이다. 이런 말들은 사랑하는 연인이나 가족을 영원히 다시 만날 수 없다는 것이 얼마큼 슬프고 고통스러운 일인가를 단적으로 표현하고 있다.

그런 과정은 나에게도 여지없이 밀려 들어왔다. 아내를 영원히 만날 수 없다는 그리움과 상실감은 부메랑이 되어 자신에게 돌아와서 내게 깊은 상처를 입혔다. 그동안 아내에게 잘해 준 것은 하나도 생각나지 않고 못해 준 것만 생각나는데다가 그렇게 허망하게 아내를 떠나보내 버린 스스로를 용서할 수가 없었다. 그래서 아내는 유명계를 떠돌며 모진 추위에 떨고 있는데, 나는 어찌 더운 방에서 잠을 잘 수 있느냐며 냉방에서 지내며 추운 겨울을 보냈다. 그러면서 매일같이 하는 일이란 매일 아내 유품을 정리하면서 태우는 것뿐이었다.

더구나 언제나 사람들로 들끓던 수리재에는 인적이 끊겨갔다. 사랑방같이 들락거리던 이웃주민들도 사람이 죽은 집이라 하여 발길을 멀리했다. 또한 아내에게 밥상과 술상을 그렇게 받아먹었던 그 많던 사람들도, 나아가 일가친척들도 마찬가지였다. 장지인 제주도에 못 내려왔던 지인들 중에서, 얼굴 한 번 비추며 조의금 봉투 하나 내미는 걸로 그냥 끝이었다. 애지중지 키워서 장가보낸 외아들도 마찬가지였다.

그렇게 나는 철저히 외톨이가 되어 갔다. 그러다보니 수면제를 먹지 않으면 잠을 잘 수가 없었다. 어느 날은 수면제를 과다 복용해 며칠 동안 가사상태로 잠속에 빠져들기도 했다. 또 어느 때는 아내의 부름에 의해 맨 정신으로 동해의 찬 바닷물 속으로 걸어들어 가다가 익사 직전에 극적으로 구조되기도 했다. 그 사건 때문에 강제로 불려간 병원에서 내린 정신과의사의 진단과 처방은 심각한 우울증이니 당장 그 죽음의 현장에서 벗어나라는 것이었다.

(4)

그렇게 잡다한 신변정리를 끝내고 혼신의 힘을 쥐어짜서 2권의 출판기념회 및 추모음악회까지 모두 끝낸 나는 마침내 인천 연안부두에서 출발하는 여객선을 타고 한국 땅을 떠났다. 그리고는 눈가에 물기가 마를 날이 없는 눈을 손등으로 닦아가며 나의 오랜 '버킷리스트'의 하나였던 몽골초원과 바이칼호수 언저리를 떠돌면서 마땅한 자리를 물색하기 시작했다. 당시는 죽음처럼 달콤한 휴식이 있을 것 같지 않았다. 그렇게 실성한 듯 하루하루를 삶과 죽음이란 경계선에서 외줄타기 노름을 하면서 한 달을 지낼 즈음에 내 인생의 저울추는 사는 쪽으로 기울기 시작했다.

당시 인도 사람들의 삶을 다시 곱씹어 보았다. 그들은 인간의 일생을 '4주기(四住期)'로 나눈다고 한다. 사회의 한 구성원으로 태어나서 부모와 스승 아래서 성장하며 학문을 배우는 '학생기'와 성년이 되어 결혼을 하여 자식을 낳고 가정을 꾸려가는 '가주기(家住期)'를 지나 '임서기(林棲期)'에 이르면 가정을 떠나 멀지 않은 숲속 어딘가로 들어가 은거하다가 마지막 '유행기(遊行期)'[4]가 되면 가정과 소속된 조직을 완전히 떠나 걸식생활을 하면서 명상 속에서 다음 생을 준비한다.

---

4) 여기서 집을 떠난다는 것은 비슷하지만, '임서기'는 집에서 멀지 않은 곳에 머무는 예비단계이고 '유행기'는 완전히 집을 떠나 떠돌아다니는 만행의 단계라는 점이다. 중요한 것은 집을 떠나는 이유인데, 그들이 그동안 손꼽아 기다렸다는 듯이 집을 떠나는 것은 수행이 목적이라는 것이다. 일생동안 가장이나 사회인으로서의 의무를 모두 벗어놓고 마침내 때가 되어 자기만의 삶을 오롯이 살면서 다음 생을 준비한다는 것이다.

그러다가 때가 되어 이윽고 육체에서 영혼이 떠나면 남겨진 '부대자루'[5]는 갠지스 강가의 가트(Gat)화장터에서 한 줄기 연기로 허공으로 흩어지고 그래도 남겨진 유골은 윤회의 강에 뿌려진다. 윤회에 따른 고통에서 벗어나는 것이 유행하는 목적이며, 그것을 이루려면 모든 것을 버려야만 한다는 인식이어서 그들이 기다리는 마지막 순간은 이른바 무연고사(無緣故死)이다.

어찌 보면 힌두교인들의 이런 노후대책은 가장 합리적인 방법이 아닐까 하는 생각도 든다. 늙고 병들어 자식들과 사회로부터 '현대판 고려장'을 당하기 전에 스스로 '존엄사'를 선택하는 것이야말로 가장 현명한 대안이 아니겠는가?

힌두의 오랜 지혜가 담겨져 있는 『마누법전』에는 다음과 같은 구절이 보인다.

"버릴 것 없고, 버려질 것 없는 고독한 자여! 해탈의 성취가 다가옴을 알고 오로지 홀로 반려자 없이 혼자서 유행하라"

(5)

나는 이번 생에 티끌세상에 태어나 아파트 평수 넓히는 일에 한 평생을 허비하지 않고 그래도 내 영혼은 서방정토가 있다는 서쪽을 바라보며 살아 왔다고 자부한다. 그러나 상근기로 태어나지 못한 탓인지 별로 큰 족적도 남기지 못한 채 이럭저럭 세월만 축내 왔다. 나이가 들어서 문득 돌이켜보니 나의 일생은 지극히 이기적이었다. 젊어

---

5) 이때를 대비하여 아무리 가난한 사람이라도 유행길을 떠날 때에는 금반지 하나 정도는 지니게 되는데, 이는 자신의 장례비용을 미리 준비한다는 뜻이다. 자신의 시신을 발견한 사람이 반지를 빼어 장례용 장작을 사게 하려는 배려이다.

서는, 잊을 만하면 틈틈이 고개 내밀어 나를 어딘가로 떠나게끔 몰아갔던 역마살에 등 떠밀려 부평초같이 세월을 허비했고 불혹의 나이에 아내를 만나 살림을 차린 다음에는 역시 그 가정이란 울타리를 지키는 데 필요한 경제적인 문제로 인해 허덕거리며 살아왔다.

물론 머릿속에는 '아가페적 삶'이나 '보살행' 같은 단어로 규정되는, 이타적 삶에 자주 눈길이 갔었지만, 그러나 그런 것을 온몸으로 실천하는 것은 별개였다. 또한 그런 실천적 삶이 현실적으로 어렵다고 하더라도, 내가 가진 것을 좀 나누면서 사는 것조차도 버거워하면서 "사바세계의 삶은 정말 녹녹치 않다. 그렇기에 포기할 건 포기하면서 살자."고 자기 위안을 삼으면서 살아왔다.

티베트의 연극을 이야기할 때 첫 손을 꼽는 걸출한 고승이 있었다. 바로 '연극의 신'으로 불리는 탕돈겔뽀(1385~1464)[6)]인데, 그는 법명보다는 '쇠사슬다리를 놓은 고승'이란 뜻이 된다. 한 번 더 현대말로 정리하면 '험한 세상의 다리가 된 다리도사'라고 의역할 수 있을까?

그의 이야기를 풀어놓기 위해서는 우선 사족을 좀 달아야겠다. 오래 전(2004년) 도서출판 정신세계사에서 출간한 졸저 『티베트의 문화산책』을 쓰면서 나는 줄곧 어떤 노래를 흥얼거렸는데, 바로 〈험한 세상의 다리가 되어(Bridge over trobled water)〉였다.

이 노래에 담긴 메시지가 바로 티베트의 백발의 다리도사와 너무나 닮았기 때문이었다. 티끌세상에서 피안의 세계로 넘어갈 수 있는 다리가 바로 전설속의 화신교(化身橋)였다. 인간의 몸을 눕혀야만

---

6) 티베트에서는 지금도 마당극의 뒷막으로 대형 걸개용 '탕카'를 거는데, 거기에는 반드시 하얀 수염을 길게 기른, 탕돈겔뽀가 선인 같은 모습으로 그려져 있다. 실제 역사적으로 그는 총 120여 개의 나무다리를, 58개의 쇠사슬다리를 놓았다고 전하는데, 그 중 20여 개는 존재여부가 확인되었고 현재까지 사용되는 다리가 3개나 된다. 그는 유랑극단을 조직하여 7자매에게 오색무지개 빛깔의 '라모[Lamo, 仙女]' 옷을 입혀서 전국의 사원들과 장터들을 돌아다니며, 전래의 연극이나 가면극을 불교적으로 각색하여 마당극 형태의 노천공연을 하였다.

건널 수 있는 다리!

그러니까 세계적으로 유명한 뉴에이지 풍의 이 노래는 바로 중생을 구하기 위해 험한 협곡에 자신을 눕혀 다리가 되어 대승보살의 삶을 완성한 탕동겔뽀의 전설 같은 생애를 패러디하여 만든 노래였다.

> 그대가 의기소침하거나, 눈동자에 눈물이 고일 때
> 나는 그대의 눈물을 닦아주며 곁에 있으리.
> 고난이 몰아쳐서 그대를 찾는 친구가 없을 때도,
> 나는 거센 물을 건너는 다리처럼 그대 위해 나를 눕히리.

오늘도, 나는 비레탄띠 마을 가까이 놓여 있는 조그만 현수교 위에서, 아래로 흘러가는 세찬 물결을 바라보며 "험한 세상의 다리"를 나직이 읊조리며 스스로 자신의 어깨를 토닥거려 본다.

"그래. 이렇게 사는 거야… 이렇게 회향(廻向)하는 거야…."

(6)

2017년 9월 12일 나는 잠시 서울로 돌아 왔다. 네팔로 들어간 지 만 2년만이었다. 그냥 혼자 개인적인 볼일을 보러 귀국한 것이 아니라 9명의 제자들과 함께, 인사동에서 전시회를 열기 위해서였다. 바로 비레탄띠 드림팀(B. Dream Team)의 서울전시회 때문이었다.

이들 설산동녀(雪山童女), 설산동자(雪山童子)들은 히말라야 안나뿌르나(Annapurna, 8,091m) 설산 기슭에 자리 잡은 비레탄띠 휴먼스쿨의 학생들이다. 6~10학년 중에서 선발된 재능이 뛰어난 인재들로 총 12명으로 구성되어 있다. 그 중에서 9명을 〈엄홍길 휴먼재단(www.uhf.or.kr)〉에서 초청하여 서울로 오게 된 것이다.

이 아이들에게는 공통된 꿈이 하나 있었다. 그것은 그들의 눈으로 직접 넓고 푸른 바다를 보는 것이다. 그들 대부분은 외국은 커녕 마을에서 가까운 도시인 뽀카라(Pokhra)도 가보지 못했다.[7] 그런 아이들이 외국에 간다는 일은 보통 어려운 일이 아니다. 더구나 그 목적이 전시회를 열기 위해서라는 사실은, 거의 하늘에 뜬 무지개를 잡는 것과 같은 '꿈'과 같은 이야기이다. 네팔의 초·중·고등학교에는 미술, 음악을 포함한 예술 관련 시간 자체가 아예 없는 점을 감안하면 더욱 그러하다.

그런 설산동녀, 동자들이 한국으로 건너와 그림전시회도 열고 또 꿈에도 그리던 푸른 바닷가 모래사장을 뛰어 다니며 그들의 꿈을 현실로 만든 것이다.

특히 오늘은 이 책의 머리글을 마감하는 날이라, 하늘나라의 별이 되어 있을 아내가 티끌세상을 내려다보며 기뻐할 것 같아 가슴이 뿌듯하다. 이제 다시 배낭에다 아이들이 좋아할 것들이나 채워 넣으면서 히말라야 기슭으로 들어갈 준비를 해야겠다.

2018년 1월 26일 아내의 3주기 재일(齋日)에
남해 여수 바닷가 돌산도 계일정사(桂日精舍)에서
다정(茶汀) 김규현 삼가 쓰다

7) 뽀카라는 세계적으로 알려진 유명한 휴양도시로 전 세계에서 수많은 사람들이 일부러 찾아오는 곳이지만, 정작 그들은 그런 곳도 가보지 못했을 정도로 산골 촌아이들이다.

## 제4부 네팔의 종교 산책

### Tour of Religion in Nepal



## 제5부 먹거리와 마실거리 산책

### Foods and Drinks in Nepal

1. 네팔이나 인도 그리고 티베트에서 사용하는 데바나가리(Devanagari)[1] 와 산스크리트(Sanskrit: Sṃskṛtā)[2] 그리고 티베트어를 음사할 때 그동안 된소리를 피하기 위해 편의상 어떤 원칙을 세우지 못한 것이 사실이었다. 본서에서는 이를 바로 잡기로 하였다. 특히 파열음(破裂音, plosive) 계열에서 문제가 되던, Pa(빠)와 Pha(파), Ta(따)와 Tha(타) 그리고 Ka(까)와 Kha(카)를 구분하여 사용하였다. 이는 "원음에 가깝게 적어야 한다." 외래어 표기법을 지키고자 함이다.

2. 이 원칙을 지키기 위해 무엇보다 고심한 부분은 오랫동안 익숙하게 사용하던 단어들은 바꾸기가 쉽지 않았다는 점이다. 예를 들면 네팔(Nepal), 카트만두(Kathmandu), 포카라(Pokhra), 스투파(Stupa), 브리쿠티(Bhrikuti), 카일라스(Kailas) 그리고 나마스테(Namaste) 같은 경우는 위의 원칙에 의하면 '네빨', '까트만두', '뽀카라', '스뚜빠', '브리꾸띠', '까일라스', '나마스떼'로 읽어야 마땅하다. 실제로 네팔인들의 발음을 유심히 들어보면 분명히 그렇게 발음하고 있다. 그래서 고심을 할 수밖에 없었지만 마음을 굳혀 모든 단어를 원칙대로 적기로 했다. 단 '네팔'만은 예외로 하고….

---

1) 네팔의 달력은 보름날을 기준하여 한 달을 30일로 계산하여 '흑분(黑半(分)'과 '백분(白半(分)'으로 나누는데, 흑분은 달이 이지러지기 시작하는 16일부터 30일까지를 말하며[下弦] 백분은 달이 차기 시작하는 1일부터 15일까지이다[上弦]. 그래서 앞의 15일을 '크리쉬나 빡샤(Krishna Paksa: Dark fortnight)', 뒤의 15일을 '슈끌라 빡샤(Shukla Paksha: Bright fortnight)'라 부르는 것부터 헷갈림이 시작된다.

2) 일명 범어라고 부르는 인도의 고전어로, 힌두교·대승불교·자이나교 경전의 기본 언어이다. 현재도 인도의 공용어 중 하나로, 학교에서 읽고 쓰는 법을 가르치고 있고 일부 브라만 카스트는 산스크리트를 모국어로 쓰고 있다.

3. 네팔의 달력은 힌두력 '비크람(Vikram Sambat(B.S.))[3]이라 부르는데, 올해(2018)가 2075년으로 서기보다 57.6년 앞서 간다. 또한 네팔에서는 양력 4월 중순에 한 해가 시작된다. 더구나 숫자 자체도 세계 공용인 아라비아숫자를 사용하는 게 아니라, 인도와 같은 데바나가리 문자로 쓰여 있다. 예를 들자면, 우리의 1자를 네팔에서는 9자로 쓰고 있기에, 헷갈리기 십상이다. 또한 날짜 변경선도 1시간씩의 시차가 아니라 45분제를 채택하고 있다. 총체적으로 뭐 하나 우리와 코드가 맞는 게 없을 정도로 네팔은 국수주의적 나라이다. 단지 영어를 우리보다 잘한다는 점 이외에는….

4. 기 출판된 티베트나 실크로드 관련 필자의 졸저에서 쓰인 용어 중에서 정정할 것들이 보이는 대로 다시 바로 잡았다. 예를 들면 타르초 → 다르촉/ 곤파 → 곰빠/ 타라 → 따라/ 타시 → 따시/ 코라 → 꼬라/ 파코라 → 바꼬르/ 투모 → 뚬모/ 랑콤 → 룽곰/ 아리 → 응아리/ 라사 → 라싸/ 탄트라 → 딴트라 등이 그러하다. 그리고 '파(派)'와 '빠(Pa)'를 구별하여, 전자는 '종파'를, 후자는 '사람'을 뜻한다는 사실을 강조했다. 그러니까 '까귀파'는 '까귀종파'를, '까귀빠'는 '까귀종파의 사람'이 된다. 그러므로 '밀라래파'가 아닌 '밀라래빠' 같이 통일하여 사용했으면 하는 바람이다.

3) 비끄람력: 네팔의 공용 달력이고, 북인도에서도 널리 쓰인다. 기원전 56년, 우자인의 비끄람마디탸(Vikramāditya) 왕이 샤캬족을 상대로 이긴 때를 기원으로 한다.

रेठाटी माध्यमिक विद्यालय
Birethanti Sec.
Human School
휴먼 스

제1부

# 영원한 이별 그리고 비우고 떠나기

**Eternal Farewell and Wandering after Emptying**

# 제1부
# 영원한 이별 그리고 비우고 떠나기

## 1. 영원한 이별

(1)

2015년 1월 26일 오후 2시 40분, 쇠잔한 아내의 몸에 마치 우주비행사처럼 달려 있던 각종 호수들과 기계들이 시나브로 조용해지면서 아내의 호흡은 날숨에서 멈춰 버렸다. 그리고 아내의 영혼은 이승을 떠나 머나먼 길로 떠나갔다. 제주시 한라병원 중환자응급실에서였다. 그리고 이틀 뒤인 1월 28일 한라산 북쪽기슭의 제주시 영평동 양지공원에서 아내는 따듯한 한줌의 재로 우리들 유족들에게 돌아왔다.

그렇게 아내는 떠나갔다. 바람 부는 티끌세상에다, 나와 외아들만 달랑 남겨두고 떠나갔다. 아내의 '마지막 유언'은 화장하여 바람 부는 벌판에 뿌려 달라는 것이었다. 그것은 오랜 육신의 고통에서 벗어나 자유롭게 바람처럼 돌아다니고 싶었던 바램이었겠지만, 한편 생각하면 아내에게도 '수리재'에서의 짧지 않은 세월은 쉽게 풀지 못했던 쇠사슬이었음을 의미하는 대목이었다.

수리재 마당에서의 결혼사진 1985년

외아들 첫돌 때(1987년) 아내와
이달희 기자 촬영

어둠은 그렇게 내려왔다
쉰여섯의 검붉은 비로드 터널을 드리우고 장중한 오르간을 울리며
한줄기 빛도 없이 그저 희뿌연 안개만을 흩뿌리며
하나의 세계와 또 하나의 세계로 건너는 순간은 그렇게 다가왔다.

아내의 유해를 들고 보성 대원사 티벳박물관(현장스님)을 찾아 천도제를 지내다.

어떠한 예감도 메시지도 없는 그냥 대해 같은 흐름만이 떠가고 있다.
자비란 이런 것인가?

희로애락 사라진 무념의 결 결
동행도 외로움도 이젠 없어라.
바람도 두려움도 여의라.
……
그녀는 그렇게 떠나갔다.
남은 건 지상에 뿌려질 한줌의 추억
울음이여
무슨 소용이랴만
종일 비가 내리네.

-이천십오년 일월 스무엿샛날 서귀포 성산 오조바다에서
일소 망자의 혼을 걷다

어느 아내 생일날
야생화 꽃다발을
바치면서

여기저기에 써 놓은, 아내의 유언은 내용은 비슷하지만, 종류로는 많았다. 시쳇말로 귀에 딱지가 앉도록 들었으니까. 툭하면 "나 죽으면 어쩌고저쩌고…" 했으니까. 그건 많이 아프기 시작하기 전부터 일종의 버릇이었다. 그것은 당사자로서는 일종의 독백 같은 자기푸념이었겠지만, 띠동갑내기 젊은 아내에게서 허구한 날 그런 넋두리를 들어야 하는 내 처지로서는 그것은 거의 혹독한 고문에 가까운 일이었다. 그래도 나는 아내의 마지막 유언대로 그녀가 육신을 벗어 놓은 땅 제주도의 남단 마라도의 바람언덕 위에 그녀를 뿌려주고 싶었다. 그러나 유일한 혈육인 외아들은 첫째보다는 '두 번째 유언'대로, 남해바다 여수 돌산도 바닷가에 뿌리기를 원했다. 적어도 일 년에 한 번만이라도 그곳을 찾아가 엄마를 추모하려는 생각에서였을 것이다.

그 여러 가지 종류의 유언 중에는 다음과 같은 것도 있었다. 자기가 떠나면, 내가 한국에서 살지 말고 히말라야 기슭으로 가서 학교나 고아원 같은 곳에서 어려운 아이들을 위해서 봉사하는 삶을 살았으면 좋겠다는 것이었다. 아내는 사범대학을 다녔지만, 나와의 결혼 탓으로 선생노릇을 해볼 기회가 없어서 그랬는지는 몰라도, 아이들을 무척 좋아했기에 내가 해외취재로 집을 오래 비운 사이에 대여섯 명의

세상에서 제일 사랑하는 예솔아빠, 예솔이, 그리고 수진이
이제 엄마는 삶을 정리할 순간이 온것같아.
작은 희망이라도 실낱같은 생명줄이 끊어질세라
버텨보았지만 조금전 스쳐지나간 고통도 힘들었다.
마치 나도 모르는 거센 파도가 앙상한 나를 향해
다가오고 있음을 느꼈으니까.
내가 혼수상태에 빠지거나 정신을 잃기전에
내 마음을 전하고싶어 책상머리에 앉았다.
나는 아무것도 바라는게 없다.
시신은 화장해서 길위에 드문 드문 뿌려주고
마지막으로 나의 몸을 닦고, 옷을 입힐때는
수의사를 통하지 말고 예솔아빠가 해주었으면 해.
그리고 가는 날, 울면서 붙들지말고 마음편히
가라고 해줘.
그동안 못다받은 사랑과 보살핌을 넘치도록 받고가니
여한은 없지만 예솔이랑, 예솔아빠에게는

너무나 미안해. 그리고 고맙고, 감사하고.
수진아!
너에게도 미안하다.
너에게 베풀어줄 사랑을 못주고 가니....
예솔이를 부탁한다.
서로 이해하고, 건강하고, 예쁜 모습으로 살길 바란다.
그리고 엄마, 아버지에게 예솔이랑 같이 자주 찾아뵙고
전화드리고, 잘해드렸으면 한다.
지금의 고통이 죽음으로 해서
끝나길 바라는 나의 심정이야. 예솔아빠.
표현은 안해서 그렇겠지만
너무 힘들었어.
사랑했어요 나의 당신 김규현
김예솔
임수진
2014. 6. 28.

아내의 유서 1, 2

아이들을 입양하여 키우기도 했다.

처음에는 편식성 탄소화물부족현상 같은 증세에서 오는 영양결핍 상태가 지속되기는 했지만, 아내는 20여 년 꿋꿋하게 어려운 수리재의 안 산림을 꾸려나갔다. 그러나 몇 년 전인가, 장인·장모님에 이어서, 아내가 친정가족 중 유일하게 따르고 좋아했던 작은 오빠(작은 처남)를 불시에 떠나보내고 나서부터는 일체의 의욕을 잃고 시름시름 잔병치레를 시작하였다. 따라서 병원출입이 잦아지면서 비례하여 여러 가지 합병증이 생기면서 툭하면 입원실에 드러누웠다.

춘천 강원대병원에서 다시 한림대병원으로, 어떤 때는 오밤중에 각혈을 해서 119를 부르면 집에서 가장 가까운 경기도 설악면의 청심병원 응급실로 실려가 응급상황을 모면하고는 바로 일반입원실로 올라가는 생활을 되풀이 하였다. 그러다가 더 큰 병원으로 올라가 보라는 소견서를 가지고는 서울 강동구의 현대아산병원을 들락거리기도 했다.

여수 돌산도 향일암 앞바다에서의 출판보고 겸 100일 제사

그렇게 시작된 병원생활이 6년째 접어들더니 이번에는 '만성신부전증'이 심해져서 이른바 '혈액투석'이란 것을 해야만 한다는 것이었다. 널리 알려져 있듯이 신부전증이란 우리 몸의 콩팥이 노폐물을 배설하는 기능과 체내 성분을 균형 있게 조절하는 기능을 제대로 하지 못해서 생기는 증상인데, 이것이 말기가 되면 유일한 치료 방법은 신장이식수술이나 혈액투석이란 것을 해야 한다.

그런데 이 혈액투석을 받기 위해서는 외과적 수술로 팔뚝의 동맥, 정맥의 혈관을 연결해서 혈관 자체를 굵게 만들어 이 굵어진 혈관을 통해 환자의 피를 빼내서 투석기(인공 신장기)를 통과시키며 노폐물 및 수분을 걸러낸 후 다시 혈관으로 주입해야 한다.

그런데 쇠약한 아내의 경우는 팔뚝 자체가 보통사람 팔목만 한 굵기인지라 인공혈관을 사용해 누관을 만들어 겨우 투석이란 것을 할 수 있었는데, 그 연약한 팔에 굵은 혈관이 꼽힐 때마다 곁에서 그 광경을 바라보아야 하는 내 가슴은 찢어질 듯 아파 왔지만, 정작 아내 앞에서는 태연한 척해야 했다. 오직 내가 할 수 있는 일은 차가운 아내의 손을 꼭 잡아주며 내 체온으로 조금이라도 따듯하게 덥혀 주는 게 고작이었다. 더구나 신장기능이 정상으로 돌아오지 못하면 투석 치료는 평생 동안 해야 한다는 말을 들을 때면 나락으로 떨어지는 기분이었지만 그 또한 아내에게 내색도 할 수 없었다.

혈액투석에 필요한 시간은 환자에 따라 달라진다고 하나 대개 일주일에 2~3회, 매회마다 4~5시간이 필요했고 투석이 끝나면 한동안 안정을 취해야 했기 때문에 집이 춘천 시내가 아닌 환자들은 편의상 입원실 신세를 져야 했기에 우리도 그렇게 입원과 통원치료를 병행할 수밖에 없었다.

(2)

그러던 중에 오랜 우환으로 침울하던 집안에 경사가 생겼다. 외아들 슬이가 장가를 가겠다는 것이었다. 병원 앞 미장원에서 머리파마까지 한 아내는 며느릿감을 보기 위해 외출허가까지 받아 한 음식점에서 아들의 각시감을 처음 만났다. 그리하여 결혼 준비는 일사천리로 진행되어 2014년 10월의 어느 좋은 날, 당일 아침 병원 측의 허락을 받고 차에다 산소호흡기까지 준비하여 서울 서초동 국립중앙도서관 예식장에 도착하였다. 그리고는 조마조마한 내 심정과는 다르게 아내는 혼주석(婚主席)에 안사돈과 나란히 서서 예식을 시작하는 화촉에 촛불을 켜고 손님을 맞고 사진도 찍는 등 모든 일을 깔끔하게 마무리하고 무사히 당일로 춘천병원으로 돌아왔다.

그즈음 낭보인지 비보인지 모를 소식이 날아들었다. 아내가 2급 장애인 대상자가 되었으니 면사무소로 가서 행정적인 수속을 하라는 것이었다. 그러면 장애인등록과 동시에 건강보험료, 전화요금, 자동차관련 세금, 장애인차표지 발급, 도로통행료 할인, 철도, 국내항공선, 연안여객선 할인, 장애인연금, 재활보조기구 같은 많은 혜택이 주어진다는 것이었다.

또한 유일한 보호자인 내게도 한국재활재단에서 시행하는 요양보호사교육을 받으면, 시골에서는 직계가족이라도 장애인을 돌보면 수당이 나온다는 것이었다. 그래서 없는 살림에 도움이 될까 하여 서울 서대문에 있는 교육장까지 가서 7일 동안 교육을 받고 자격증을 받아서 아내를 돌보는 일을 맡아 하였다. 어차피 그런 일은 내가 오랫동안 해왔던 일이고 또 앞으로 해야 할 일이었기에 적지 않은 돈까지 수당으로 준다니 마다할 이유가 없었다.

그렇게 몇 달간 장애인 가족으로서의 나라로부터 알량한 경제적 혜택을 누리면서 아내도 심신양면으로 안정을 찾아갈 때, 병원 원무과에서 장기입원환자로 지목되어 퇴원을 강요받게 되었다. 유난히 추운 겨울이 다가 오는데도 말이다.

마침 내게 대작그림을 그려달라는 요청을 하면서 적지 않은 금액을 선금으로 주겠다는 지인이 있어서 아내와 상의를 하니 아내도 흔쾌히 제주도로 따라 나서겠다고 하였다. 내친 김에 서울 망원동의 아들 신혼집들이도 다녀온 뒤 제주도로 휴양 차 내려갈 준비를 시작했다. 담당의사에게 '투석환자이송서(Transfer Note)'를 끊고는, 붉은색 애마에다 산소호흡기에 휠체어까지 실고서 마침내 수리재를 떠났다. 그리고 지리산 화개동 쌍시다천재(双柿茶泉齋)에서 1박을 하고 다음날 완도항에서 애마를 페리호에 태워 따듯한 남쪽나라 제주항으로 들어가 다음날 미리 예약해둔 서귀포 펜션에 도착하였다.

그리하여 2014년 12월 30일. 우리는 서귀포 맛보기관광을 대충 마치고 아내는 손수 중앙시장을 돌아다니며 내가 좋아하는 해초반찬과 아들며느리 줄 선물까지 한 보따리 사서 펜션으로 돌아와 오랜만에 손수 밥까지 지어서 저녁상까지 차려주었다.

(3)

그러나 다음날 오후, 서귀포 열린병원에서 몇 시간 동안 신장투석을 받고 나오다가 아내는 복도에서 또 피를 토하고 쓰러져 응급실로 실려 들어갔다. 그리고는 서귀포의료원을 거쳐 다시 제주시 한라병원 응급실로 이송되었다. 위급을 다투는 환자라 앰뷸런스에 비상경광등을 켜고, 눈보라를 뚫고 달리는 밤길은 매우 위험하였지만, 아내의 목숨이 경각에 달린지라 나는 운전기사를 더 재촉하여 빨리 빨리만을 외쳐댔다. 그러나 구급차가 한라병원 응급실 정문에 도착했을 때는 아내의 호흡은 이미 끊어져 있었다.

이에 아내를 넘겨받은 응급실 측은 나에게 무슨 서류에 서명을 요구하였고 내가 경황없이 시키는 대로 하자마자 여러 명의 의사들이 떼거리로 덤벼들어 아내 위에 올라타서는 영화에서나 보던 전기충격기를 들이대는 것이었다. 당시 나는 바로 응급실에서 쫓겨나 복도 바닥에 널브러져 있었는데, 한 간호사가 급히 달려와서 하는 말이, 환자가 다행히 호흡이 돌아와서 필요한 응급조치를 한 다음 중환자실로 올려 보낼 테니 우선 원무과로 가서 입원수속을 하라는 것이었다.

그 소리를 듣는 순간에 내가 무슨 생각을 했고 어떤 말과 행동을 했는지는 지금도 전혀 기억이 나지는 않지만, 아마도 누군가에게 간절히 기도는 했을 것이다.

그렇게 시작한 제주시 한라병원 중환자실에서 아내의 병세는 일진일퇴를 거듭하였고, 하루 세 번 허용되는 면회시간에 늦을세라 나는 병원복도에서 서성이다가 밤에는 소파에서 새우잠을 잤고 낮에는 잠깐씩 병원 공원 근처를 산책하기도, 때로는 병원 옆 카페에서 커피 한 잔을 시켜놓고 틈틈이 글이나 쓰려고 노트북을 두드리기도 하면서 하루 24시간 대기상태에 돌입하였다.

그러나 그렇게 간절히 아내의 쾌유를 빌었건만, 아내는 끝내 나와

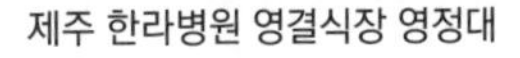

제주 한라병원 영결식장 영정대

한라병원 중환자실 아내에게 수선화 선물

아들내외가 지켜보는 가운데 임종을 맞았다. 2015년 1월 26일. 오후 2시 40분경이었다. 제주에 내려간 지 한 달 조금 못 되어서였다. 그리고 이틀 뒤 제주시 양지공원 화장장에서 아내는 한 줌의 따듯한 재로 변해 내 품으로 돌아왔다.

참, 임종 며칠 전인가, 아내의 병세가 담당의사도 놀랄 정도로 기적적으로 좋아져서 중환자실에서 일반병실 411호실로 옮기게 되었을 때가 있었다. 아내도 실로 오랜만에 우주인 같은 차림에서 벗어나 말도 마음대로 할 수 있는 상황이 좋았던지 말도 많이 하고 이것저것 먹고 싶은 것도 주문했다. 그 중에서 아이스크림과 커피는 담당의사의 허락을 받고 사다가 내가 아내에게 조금 먹여주었다.

이런 꿈같은 상황을 나는 기쁨에 들뜬 목소리로 아들에게 알렸고 아들도 나의 노고를 치하했고 나도 아들내외의 마음고생에 위로의 말을 아끼지 않았다. 그리고 아들내외는 장기전으로 변한 뒤의, 내

건강을 고려해 병원 근처에 펜션을 하나 빌려 주었고 간병인까지 얻어 주었다. 그래서 나는 잠시 간병인에게 아내를 부탁하고 숙소로 돌아와 얼마 동안인지 모르지만, 골아 떨어져 자고 있었는데, 새벽녘인가 전화벨이 울렸다. 비상상황이니 빨리 응급실로 오라는 담당간호사의 연락이었다. 신발도 제대로 신지 못한 채 병원으로 달려갔으나 아내는 이미 다시 중환자실로 들어간 뒤였다. 그리곤 하루 만에 담당의사는 아들을 부르라는 것이었다.

지금 생각하면 나에게 남겨진 회한이 어찌 한두 가지이랴마는 아내가 먹고 싶다던 고등어회는 의사에게 말도 꺼내지 못하고, 대신 퇴원하면 실컷 사주겠다고 한 것이 지금껏 가슴에 응어리로 남아 있다. 말하자면 영원히 지킬 수 없는 약속이 된 것이다. 물론 아내가 떠나고 삼일장을 지내는 사이, 고등어 한 접시를 구해 와서 영정 앞에 놓인 상에 차려놓긴 했지만, 그것이 무슨 의미가 있을까?

또한 어찌 알았으랴? 페리호에다 다시 애마를 싣고 육지로 돌아나올 때, 다시 건강해진 아내 대신, 아내의 따듯한 유골을 안고 나오게 될 줄이야….

(4)

2015년 1월 30일자 SNS 'Face Book'계정에는 보성 대원사 티벳박물관장 현장 스님의 조사(弔辭)가 올라왔다.

다정 거사께서 아내 이승실을 모시고 대원사로 찾아 왔다. 육신을 태우고 남긴 유골함으로 방문한 것이다. 5년간 오랜 병고로 병원신세를 지다가 제주도 여행중 지구별 여행을 마친 것이다.

티벳박물관 2층 만다라법당에 유골함을 안치하고 하얀 '카타'를 바쳤

2014년 10월 25일 서초동 국립도서관에서 거행된 아들 결혼식 사진

다. 내세에는 더욱 건강하고 지혜로운 몸으로 다시 와서 금생에 못다 한 일들을 이루기를 축원하며 나무아미타불을 염불하였다.

대원사 티벳박물관 법당에서 내세 축원을 올린 이승실 영가는 여수 향일암 남해바다에 뿌려진다. 고인 생전의 유언에 따른 것이다.

천개의 바람, 천개의 구름 남해관음으로 다시 오소서….
내세에는 자기 자신을 취재하는 수행자로 살아가기를 빕니다.

## 2. 추모행사

(1)

2015년 2월 초, 고인의 유품 중에서 중편소설로 보이는 원고와 짧은 수필들이 여러 편 적힌 노트가 발견되어 도서출판 글로벌콘텐츠사의 홍사장과 상의하여 유고집 출간 준비에 들어갔다.

제목은 가칭 '설역에서 온 편지'라고 정하고 몇몇 지인들에게 추모사를 부탁했다. 그리고 49제에 맞추어 내가 마지막으로 발문을 써서 출판사에 넘겼다.

추모출판기념회 및 추모음악회의 날짜와 장소도 정해졌다. 아내의 타계 100일에 맞추어 5월 8일 봉천동 낙성대에 있는 서울대교수회관 호암홀에서였다. 그녀의 중편소설 『설역(雪域)에서 온 편지』와 나의 〈실크로드 고전여행기〉 총서 제6권 『파미르의 역사문화 산책』 출판기념회도 겸한 일종의 콜라보 행사였다.

그 추모소설집에는 망자의 여러 우인들이 보내는 추모사가 들려 있었다.

「친구 이승실을 추모하며!」

여고시절에 만난 너는 늘 이슬같이 맑고 깨끗한 모습이었지. 머리도 총명하고 성격도 화통하여 친구이면서 한편 선망의 대상이었지. 너는 교실에서도 늘 반짝반짝 빛이 났었어. 나는 도시 아이 같은 그런 네가 정말 좋아서 늘 같이 있고 싶었었지.

그렇게 세월은 가고, 비록 같이 대학생활은 못하고 어른이 되어 서로 결혼을 하여 멀리 떨어져 살고 있었지만, 나와 나의 가족들의 신상의 중요한 고비 때마다 현명한 충고를 해주었지. 나는 그게 늘 고마웠어.

2015년 5월 8일 낙성대 서울대학교 교수회관에서 열린 콜라보 출판기념회 현수막

네가 훌륭한 남편과 착한 아들을 두고 화목한 가정을 이루고 있어서 얼마나 보기 좋았는데. 그렇게 많은 세월을 같이 행복하게 살고 싶었는데, 그런데 아들 결혼식에서 초췌한 네 모습을 보고 얼마나 가슴이 아팠었는지…

왜 그토록 몸 관리를 못했는지 안타깝기는 했지만, 그래도 몸조리 잘 하여 오래도록 같이 여행도 다니며 즐거운 시간도 가져보려고 생각했었는데…

그런데 그 계획들보다 너를 먼저 보내게 될 줄이야…

지금도 그저 믿기지 않을 뿐이야.

훌륭하신 남편과 착하고 성실하게 성장하여 아름답고 사랑스러운 며느리를 맞아 이쁜 가정까지 꾸민 아들을 더 지켜보지 못하고 떠나야 했던 네 가슴이 어떠했었을까? 생각하면 너무 가슴이 아파서 어찌할 바를 모르겠어.

이승실 영가여!

생사의 길은 다르다니, 이승을 떠나서라도, 부디 극락왕생하여 무생법인 이루기를 늘 촛불 켜놓고 향 사르며 기원할게.

나는 모르겠어. 그저 막막함 뿐이야. 너를 그렇게 보내고 나니 삶에 대해, 죽음에 대해, 더 냉철히 생각해보자고, 네 몫까지 두 몫 더 잘 열심히 살아보자고, 그저 그렇게 다짐을 해볼 뿐이야.

이승실 유고집 중편소설
『설역(雪域)에서 온 편지』 표지

내 친구 승실아!

멀리서라도 슬이 아버님 여생 편안히 사시면서 훌륭한 예술활동 하실 수 있게 지켜봐주고 아들 슬이의 앞날도 잘 보살펴주기를 바래.

5월 8일 너의 100일 탈상에 맞추어 유고 소설집이 나온다기에 두서없이 나의 생각 몇 자 적어 보았어.

이천십오년 삼월 십오일, 너의 49제 날에, 친구 김옥화가…

「사모님을 추모하며…」

세상의 모든 일들은 '인과 연', 즉 '因緣'따라 일어난다는 도리를 우리는 삶을 통해 깨닫습니다. 언젠가 다정 선생님을 찾아뵐까 했었는데 어느 날, 저의 거처로 오셔서 선생님과 사모님을 뵙게 된 것도 그리고 바로 사모님의 부고를 듣게 된 것도 이 生의 인연의 도리입니다.

저의 동반자이며 도반인 소요유와 오랜 인연이시라, 올 해 둘이서 수리재로 찾아 뵐 예정이었는데, 지난 연말 예정도 없이, 두 분이 홍천강에서 지리산의 우거에 까지 오셨습니다. 작년에 저의 집 당호를 '다천재(茶泉齋)'라 지어주셨고 또 붓글씨까지 직접 써주신다고 하셨는데, 글씨가 늦어져서 미안하다고 제주도 가는 길에 우정 들렀다고 하셨습니다. 당시 사모님은 오랜 투병생활로 쇠약해진 모습이지만, 그날은 여느 때보다 좋은 기력이셨습니다.

늘 소풍 다니듯 여행하며 사는 동반자를 사모님은 '소풍'이라 부르셨습니다. 그 날도 "소풍 선생 밥 사주러 오셨다 하셨다" 했는데 사모님도 저도 초면이었지만 반가움으로 감사함으로 뵈었습니다. 소풍에게 동반자가 있는 것을 무척 기뻐하셨습니다. 그리고 산채나물로 차려진 밥상을 받으시고 맛있다고 하시고 또한 이야기도 많이 나누셨습니다. 그렇게 하루를 머무시다 다음날 아침 지리산을 떠나 완도항에서 카페리를 타고 제주로 향하셨습니다.

『설역(雪域)에서 온 편지』 속지

그런데 처음 뵙고 함께 한, 한 끼의 식사대접이 세상의 마지막 자리가 될 줄 누가 알았습니까? 1월 초 제주에서 다시 뵈었을 때 너무도 힘든 모습으로 중환자실에 누워 계시더니 지난 1월 26일, 제가 세상에 태어난 날, 사모님은 세상을 떠나셨습니다.

중환자실에서 사모님은 힘들게 알아듣지 못할 말씀을 하셨는데 저의 손바닥에 글씨를 쓰시며 여기 있어 달라 하셨습니다. 아마도 옆에서 병간호 하시는 선생님이 걱정되어 그러신 것 같습니다. 저의 생에 있어서도 사모님을 꼭 뵈어야 했나 봅니다. 중환자실에서 어렵게 말씀을 전하시고 편히 잠드시는 걸 뵌 것이 마지막이 되었습니다.

생사를 보았습니다. '呼吸' 안에 '生死'가 있습니다. 세상에 울면서 태어나고 죽음의 순간에 한 숨 들이키며 이 生을 떠납니다. 매순간 호흡을 하며 생이 이어지고 매순간 태어나고 죽고 우리가 숨 쉬고 사는 것에 이미 '죽음'이 있습니다. '죽음'을 이해하는 것은 우리 '生'을 이해하는 것입니다. 매순간 죽고 살기에 과거도 없고 미래도 없습니다.

따사로운 봄 햇살이 좋은 오늘 사모님의 '49제'입니다. '태어남'보다 더욱 중요한 것은 '죽음'입니다. 죽음에서 환생까지 중간계의 '바르도(Bardo)'를 건너고 계신 사모님 영가를 위하여 간절히 향을 올립니다.

몸을 떠난 이시여.
밝고 환한 빛 속으로 향 하소서.
"옴 마니 반메 훔! 옴 마니 반메 훔! 옴 마니 반메 훔!"
2015년 3월 15일 두 손 모아 디야나 올립니다.

「제망매가」: 이승실 누님을 기리며

누이야 저 보렴
때 늦은 봄꽃이 화사하게 피었구나.
어린 생가지를 토닥토닥 묻고 네가 물을 주어 키운 뜨락의 왕벚꽃이다
기별이랄 것도 없는 공과금 우편물 같은
새벽이슬에 찬 비에
여러 날을 젖고 또 씻기고
어느 밤인가 너의 잠자리를 흠씬 분탕질해놓고 간 꿈속 외간남자처럼
바람조차 속절없이 불었으리라.

그러나 누이야 저것 좀 보렴 여직 떨구지 못한 교교(皎皎)한 저 분홍빛 분홍빛
그때 사내는 히말라야를 넘고 있을 것이다.
지친 다리를 끌며 분분한 꽃잎이 눈이 되어 흩날릴 때 다 늙은 우체부처럼 말이다.

그러니 누이야 한 푼도 서러워마라.

오두마니 웅크린 어깨 너머 열무며 쑥갓이며 푸성귀를 다듬느라 분주한 너의 손가락들 이내 새파랗게 풀물 들어가는 너의 신산(辛酸)한 손금들

과묵한 나무탁자 위엔 손때 묻은 가계부책과 아직 태우다 만 꽁초담배가

부재중인 사내 앞으로 온 낯선 이들의 엽서와 월간지 따위가

추모제 기념품 스카프

거실 끄트머리 한 조각 몰래 비집고 들어온 햇살이

너의 등짝을 어루만지는 양을 측은히 지켜보고 있구나.

아하 거 보라는 듯 낡은 기타가 통 통

몇 가닥 남지 않은 현으로 너의 콧노래를 반주한다.

내일이면 꽃은 지고말 걸 아주 지고말 걸

서러워말아라 누이야

뜨락의 꽃이 눈처럼 모두 내리고 나면

풀물 든 네 손금들이 푸른 생가지로 피어날 테니

속절없는 바람을 힘껏 움키고 놓지 않을 테니

안녕 누이야

이제 추억이란 식객들로 왁자한 마루청에 홀로 앉아 꾸벅꾸벅 졸리울 때다

누가 업어 가도 모를 만큼 달디 단 잠속으로 들어가 누울 때다

안녕, 안녕히.

그리하여 한 천 년 후에 다시 깨어나자꾸나. 누이야.

그때는 바람이 되어라. 속절없는 바람이 되어라.
부디 안녕, 안녕히.

(2)

「망처 이승실의 유고집 발간에 대한 사족」

여보!
이제는 정말 우리가 헤어져야만 할 시간이 되었구려.

당신이 떠난 쓸쓸하고 텅 빈 이번 겨울에 수리재 마루 한편에 차린 당신의 영정상(影幀床) 위에는, 제주도 한라병원 중환자 보호자실에서 동거 동락하던 어느 분이 보내 준—당신이 이승에서 마지막 본 꽃인—제주산 토종 수선화가 49일 동안 텅 빈 자리를 지키고 있었다는 것을 당신도 매일 보고 있었을 것이오.

그러나 요즘은 앞마당의 꽃들이 저절로 알아서 꽃을 터트리기 시작하여 겨울 동안의 그 삭막했던 분위기가 밝아지고 있다오. 당신이 제일 좋아하던 산수유는 벌써 며칠 전부터 만개를 했고 목련과 매화, 살구, 복숭아도 곧 차례차례 봉우리를 터트릴 것 같소. 자기들을 예뻐해 주던 안주인 마님이 멀리 떠났어도, 무심한 그놈들은 아랑곳 않고 자기 본분을 지키며 때맞추어 꽃을 피우는구려.

이제는 정말 유고집 발문을 빨리 써서 출판사에 넘겨야 하는데, 요즘 통 글발이 안 잡혀 마당을 서성이다가, 또다시 당신이 어디선가 나를 부르는 것 같아 뒤돌아 봤지만 아무도 없었다오. 유난히도 겁이 많은 당신이 그 무서운 저승길을 혼자 갈 생각을 하면, 내 몸이 오그라들면서 정말 어찌할 바를 모르겠지만, 그러나 이승과 저승의 길이 다르니 내가 당신을 위해 무엇을 할 수 있겠소?

그저 지금의 이런 상황이 정말 한스러울 뿐이고 한편 어떤 때는 그렇게 혼자만 훌쩍 떠나 버린 당신이 원망스러웠소.

당신이 우리들 곁을 떠난 지 벌써 49일이 지났구려. 그러니 이제는 당신도 마음 단단히 먹고 먼 길을 떠날 준비를 해야만 하오. 당신이 우리 곁을 떠난다고 해도 이승에 남아 있는 우리들은 당신을 영원히 사랑하고 또한 영원히 잊지 못할 것이오.

당신을 만나 귀밑머리를 풀고 당신과 함께 보낸 30년 세월 동안, 부덕한 이 남편과 외아들 슬이 그리고 우리집 수리재와 주위 사람들에게 베푼 당신의 따듯한 사랑과 헌신을 우리들이 어찌 잊을 수 있겠소마는, 그래도 이제는 우리가 정말 헤어져야만 할 때라는 것을 당신도 이미 알 것이라 믿소.

여보! 잘 가시게!

이제는 정말 자꾸 뒤돌아보지 말고 앞으로 만 그냥 가.

아마 앞길에 오색 무지개 같은 여러 가지의 빛이 보일 테니 그 빛을 따라 가.

우리들이 함께 읽던 『티벳사자의 서』에 나오는 구절을 생각해 내고 그 중 가장 밝은 빛만 따라 가.

아마도, 그곳은 어떤 육체적 아픔도 없을 것이니, 그곳에서는, 제발 부탁이니 밥도 좀 많이 먹고 그리고 모든 일을 긍정적으로 바라보고 마음 편하게 지내기 바라.

당신이 없는 이 세상이 무슨 의미가 있겠냐마는, 그래도 당신과 나의 분신인 외아들 내외가 잘 살 수 있도록 조금 더 보살펴 준 다음에 나도 곧 당신을 따라 갈 것이니 조금만 기다리고 있구려.

그래서 다시 내 손 꼭 잡고 이번 생에 못가 본 삼천대천 세계를 두

지인들이 보내온 추모화환들

루 놀러 다닙시다. 알겠지?

당신이 떠나간 뒤, 나는 당신이 남긴 글들을 정리하여 당신 100일 날짜에 맞추어 추모 유고문집을 발간할 준비에 요즘 하루하루 눈코 뜰 새 없이 바쁘게 지나고 있소. 유고집이 무슨 의미가 있느냐고 당신은 화를 내겠지만, 그러나 정말 너무 늦었지만, 당신에게 주는 내 마지막 사랑의 정표라고 생각하고, 이번만은 그냥 내 뜻을 받아주기 바라오.

난 그동안 당신 유품을 정리하면서, 마치 낙서같이 여기저기 써놓은 많은 글들을 읽으면서, 내가 그동안 당신을 너무 외롭게 만들었구나 하는 후회와 죄책감 그리고 한스러움과 그리움이 겹쳐서 몇날 며칠 지쳐 쓰러질 정도로 통곡을 했다오. 어디서 그 많은 눈물이 흘러나오는지, 아마도 구천에서 당신도 들었겠지만….

더구나 오래 전 내가 티베트에서 유학생활을 할 때 보낸 편지들을 당신이 소중하게 보관해 오면서 그것을 주제로 소설을 써놓은 것을 발견하곤, 당신이 미친 듯이 보고 싶어서, 그날도 날이 밝을 때까지 피눈물을 흘렸다오.

왜냐하면 우리가 결혼할 때의 청사진은 강가의 그림 같은 초가집에서 같이 농사를 지으면서 나는 그림을 그리고 당신은 글을 쓰는 것이었는데, 그런데 당신이 통 글을 쓰지 않아서, 우리 사이가 원만하지 못했고, 그 일로 인해 내가 바깥으로 떠돌았었는데, 그런데 막상 당신이 써놓은 글을 보게 되니 내가 도저히 참을 수가 없었던 것이었소.

그리곤 이렇게 당신이 그리울 줄 알았다면, 차라리 튼튼한 쇠사슬로 당신을 꽁꽁 묶어서라도 저승사자가 당신을 못 데려가게 할 걸… 하면서 말도 안 되는 후회도 하였다오.

참, 당신 책 제목은 '이승실의 유고 중편소설집 『설역(雪域)에서 온 편지』'라고 정했소. 물론 그 책이 인쇄되어 나오는 날, 나는 그것을 받아 들고 당신 유해를 뿌린 남해바닷가 돌산도로 달려가서 당신에게 제일 먼저 헌정할 것을 약속하리다.

그리고 그날 내 책도 함께 세상에 내놓을 생각이오. 춘천 성심병원 5층과 7층 입원실과 구철회내과 신장투석실 그리고 제주 한라병원 중환자실에서 당신을 간호하는 틈틈이 썼던 그 책 말이요.

내 책 제목은 『파미르의 역사문화 산책』이라고 정했다오. 원래 그 책 서문에 "아내의 쾌유를 빌면서…"라는 문구를 써 넣었었는데, 이제 "아내의 명복을 빌면서…"로 정정해 넣으면서 그날도 가슴이 뻥 뚫리는 허탈함에 당신 영정 앞을 서성이며 밤을 새웠다오.

출판기념회 날짜는 2015년 5월 8일 날 저녁으로 정했고, 장소는 서울 낙성대에 있는 서울대 호암교수회관 마로니에 홀로 예약을 했다오. 그날은 당신이 사랑했던 이들과 지금도 당신을 사랑하고 있는 모든 이들이 함께 모인 자리에서 두 권의 책을 세상에 내놓을 생각이오.

추모곡 연주 1 대금연주

그리고 함께 저녁식사를 하면서 당신을 그리워하는 소박한 음악회를 열 생각이오. 그래서 당신이 좋아하던 〈춘천 가는 기차〉 외 몇 곡을 신청해두었고, 그리고 나도 당신을 위해 〈어느 60대 노부부의 이야기〉라는 노래를 신청할 생각이오.

물론 그날의 주인공은 소설가 이승실 작가이니, 당신도 저승사자에게 마지막으로 특별히 부탁해서 그날 그 자리에는 꼭 참석해서 같이 축하하고 또한 같이 축하 받았으면 좋겠소. 오늘은 이만 줄이리다.

2015년 3월 15일 아내의 49제날에,

아내를 병마에서 지켜주지 못한 못나고 죄 많은 남편이 아내의 영전에 삼가 바칩니다.

추모곡 연주 2 첼리스트 도완녀 선생

(3)

「고 이승실(1960.8.14~2015.1.26) 연보」

1960년 대구에서 이달수 님과 김순득 여사의 2남 1녀로 태어나다.

대구여중과 대구여고를 거쳐 대구 효성여대 수학과를 졸업하다.

대학 재학 중에 학보사 기자를 거치며 문학에 뜻을 두어 1985년 제5회 여성중앙 2백만원 고료 여류 중편소설 공모전에 참가하여 「귀착지」(심사위원장 박완서 작가)로 당선되어 등단하다.

1985년 여성중앙 인턴기자로 일하다가 취재차 부산에서 다정 김규현을 만나 그 이듬해 홍천강 수리재 앞마당에서 결혼식을 올리다.

1987년 6월 외아들 김예슬군이 태어나고 그해 9월 서울 인사동 경인화랑에서 아들 100일 기념 김다정의 '수리재영가전'을 열다.

1993년~95년 남편 김다정이 중국 베이징 중앙미대와 티베트대학으로 유학을 떠나자, 수리재를 지키며 뒷바라지를 하다.

2010년 무렵부터 몸이 아파 수차례 설악 청심병원, 춘천 한림대성심병원에 입원과 퇴원을 되풀이하다.

2013년 외아들 예슬 군이 고려대 이공대학을 졸업하고 '밴드 전기뱀장어'를 결성하여 음악활동을 개시하다.

2014년 10월 예슬 군이 역시 같은 음악을 하는 임수진 양과 결혼함에 서울 서초동 국립도서관 예식장에 참석하여 혼주석(婚主석)에서서 화촉에 불을 켜다.

2014년 12월 아들부부의 망원동 신혼집들이를 다녀온 뒤 제주도로 휴양 차 내려갈 준비를 하고 승용차에 짐을 싣고 홍천강 수리재를 출발하여 지리산 화개골의 다천재에 들려 일박을 하고, 그 다음날 완도항에서 페리호를 타고 제주항으로 들어가 다음 날 서귀포 펜션에 도착하다.

2014년 12월 30일 서귀포 관광을 마치고 손수 중앙시장에서 장을 보아 부군이 좋아하는 반찬을 만들어 저녁상을 마주하다.

2014년 12월 31일 오후 서귀포 열린병원에서 혈액투석을 받고 나오다가 복도에서 피를 토하고 쓰러져 서귀포의료원을 거쳐, 눈보라를 뚫고 제주시 한라병원 응급실로 이송되었다가 다음날 중환자실로 옮겨지다.

2015년 1월 26일 오후 2시 경 중환자실에서 부군과 아들내외가 지켜보는 가운데 임종을 맞다.

2015년 1월 28일 고인의 유언대로, 가족과 친지들만 모여 제주 한라산 기슭 화장장에서 다비를 하다

2015년 1월 29일 유골함 속에 들어, 고인의 생전의 계획이었던, 제주 마라도 관광에 나서, 거북이 같이 생긴 예쁜 성당에 잠시 머무르다.

2015년 1월 31일 고인의 유언대로, 여수 돌산도 향일암 아래 바닷가에 부군과 아들내외에 의해 유해가 뿌려지다.

추모제 광경

2015년 2월 초 고인의 유품 중에서 「설역에서 온 편지」가 발견되어 도서출판 글로벌콘텐츠사의 주관 하에 유고집 출간 준비에 들어가다.

2015년 3월 15일 고인의 49제를 아들 자택에서 모시다.

2015년 5월 8일 100일 탈상(脫喪)을 맞아, 서울 낙성대 호암서울대교수회관에서 고 이승실여사 유고 중편소설집 『설역(雪域)에서 온 편지』 출판기념회가 열리다.

2015년 5월 9일자 Face Book에는 청주 한국사 한지원 스님의 조사가 올라왔다.

> 가시리 가시리 잇고 날 버리고 가시리 잇고
> 고운 님 보내옵고 나는 엇지 살리 잇고
> 잡사와 두오련마는 서운한가도 하나이다

티베트 전문학자 티베트문화연구소장 다정 김규현 선생의 내자인 이승실 선생을 하늘로 보내고 49제를 지낸지 1주일여, 호암교수회관에서 추모음악회를 모셨다

소설 「설역에서 보내온 편지」 저자 이승실!
사랑하는 그녀를 아직 보내지 못 하겠다.
울컥 울컥 눈물은 참 분수떼기가 없다.
뒤돌아서면 눈물이 감춰지려나….

김규현 선생은 6월1일 네팔 뽀카라의 비레탄띠 초등학교 명예교장을 맡아 떠난다고 한다. 엄홍길 대장이 운영하는 휴먼재단에서 자원봉사하러 떠난다.
연구소였던 홍천의 수리재도 정리하고 뼈를 네팔 거기에 묻는 마음으로 간다고 한다.
부디 건강하기를….

(4)

고 이승실은 제5회(1985년) 여성중앙 2백만원 고료 여류 중편소설 공모에 『귀착지』로 당선되어 문단에 데뷔했다. 당선작을 알리는 여성중앙에는 다음과 같은 심사평이 달려 있었다.

〈심사경위1〉
지난 11월 10일자로 마감한 '제5회 여성중앙 2백만원 고료 여류중편소설 모집'에 응모한 작품 수는 총 63편. 이 중에는 미국, 캐나다, 호주 등 국외의 교민들로부터 정성껏 포장되어 도착한 응모작들이 눈길을 끌었고, 본지의 문예행사에 나라 밖의 관심도가 높아가고 있음을 실증케 했다.

추모제 고인에 대한 영상물 상영

응모작은 본 지가 위촉한 김원우 강유일 심사위원이 나누어 예심한 결과 각각 3편씩 총 6편의 예심 통과작을 내었고, 이 6편을 다시 박완서 김용서 두 분께 본심을 의뢰하였다. 두 분께서 바꿔가며 심사한 결과를 가지고 지난 12월 10일 본사회의실에서 최종 합평회를 가졌다.

본심에 올려진 작품은 『창틀에 박힌 판화』, 『꽃불』, 『목각인형』, 『만가』, 『허물어진 성』, 『귀착지』였으며, 이를 두고 장시간 논의를 거친 끝에 이승실 씨의 『귀착지』가 당선작으로 결정되었다. 본 지의 여류중편소설모집에 응모해주신 여러분께 감사드리며, 비록 오늘의 영광을 누리지 못했지만 다음 기회에는 꼭 당선의 기쁨을 함께 하기를 기원한다.

〈최종심사평2〉

본심에 넘어 온 작품은 『창틀에 박힌 판화』, 『꽃불』, 『목각인형』, 『만가』, 『허물어진 성』, 『귀착지』 등 모두 6편이었다. (…중략…)

젊은이의 사랑과 죽음을 다룬 『귀착지』는 문학이 흔히 다루는 제재를 취하고 있었지만 표피적이거나 흥미위주의 그것이 아니라 진지하게 정면 대결하고 있다는 점에서 강점을 지니고 있었다. 문장이 이따금 관념적으로 흐르는 경향이 있었음에도 불구하고 독자를 깊은 사색으로 이끌어 가는 개성도 지녔다. 죽어가는 사람 곁을 떠나왔으나 산사에서 만나는 또 하나의 죽음 때문에 결코 죽음을 떠난 것이 아니라는 구성법도 좋았다. 하지만 혁수의 부모와 산사의 남자를 모두 간질환자로 처리한 것은 그것이 어떤 의미가 있든지 단조롭다는 느낌을 주었다. 괴기취향도 지양하여야 할 문제점이었다.

후자의 3편은 나름대로의 수준을 지니고 있었고 노력에 따라 좋은 소설을 쓸 수 있는 분들의 작품들이었다. 『귀착지』를 당선작으로 결정한 것은 두 작품에 비해 월등히 뛰어난 작품이어서라기보다는 문학을 대하는 진지한 태도를 높이 샀기 때문이었다. 앞으로의 분발을 빌겠다.

그러나 이런 뛰어난 문재(文才)에도 불구하고, 아내는 결혼 후에는 글을 전혀 쓰려고 하지 않았다. 그런 이유로 결혼 초기에는 나와의 사이가 원만하지 못할 때도 많았고 심한 경우는 글을 쓰지 않으려면 뭐 하러 나하고 결혼을 했느냐고 심하게 다투기도 했다. 결국 그런 앙금은 내가 여행기를 써서 돈을 번다는 핑계로 밖으로 떠도는 계기가 되었고 그럴수록 아내는 외로워했던, 그런 악순환이 되풀이 되었다.

물론 근래에 들어서 아내가 아프기 시작한 후로는 나는 일체의 외국취재를 끊고 6년 동안 아내 곁에서 병간호에 매달렸지만, 아내의 삶의 의욕은 다시 살아나지 않았고 가끔은 앞서 간 장모님과 작은 처남타령만 하면서 그들이 지금 문밖에서 자기를 기다리고 있다는 등의 이해 못할 넋두리를 늘어놓기까지 했다.

그런데 아내가 떠난 뒤, 유품을 정리하던 나는 노트에 써 놓은 중편 분량의 소설 같은 글을 발견했다. 아마 나 없는 사이에 아내가 몰래 틈틈이 쓴 글이었으리라. 물론 나는 그것들을 정리해서 한 권의 책을 만들어 아내 영전에 바치긴 했지만, 그렇다고 하더라도 내 가슴 깊이 멍울져 있는, 마치 주홍글씨 같은, 바닥을 모를 회한들을 어쩔 수 없을 것 같다.

아내의 중편소설 『귀착지』의 마지막 구절은 "바람 부는 들길을 돌아 기차는 달리고 있었다."였는데, 정말 나와 아내의 인연은 바람 부는 들길을 달리는 기찻길같이 평행선이었던 것일까?

(5)

그리고 '시간의 수레바퀴'는 무심코 돌아갔다. 그러던 어느 날, 졸저가 2016년 '세종도서 우수교양도서'에 선정되어 적지 않은 상금을 받게 되었고 그를 계기로 주문량이 늘어나 2016년 12월 20일자로 재판이 인쇄되어 나왔다는 낭보가 도서출판 글로벌콘텐츠로부터 날아들었다.

『파미르의 역사문화 산책』 표지

졸저란 바로 〈실크로드 고전여행기〉 총서 6권 『파미르고원의 역사와 문화산책』인데, 내가 네팔로 떠나기 전, 아내의 49일 날짜에 맞추어 서문을 쓰고 100일 날짜에 맞추어 출간했던 책이다. 머리말을 사족으로 단다.

머리말

현재의 파미르(Pamir)고원을 옛적에는 '파의 고개'란 뜻의 '총령(蔥嶺)'이라 불렀다는 사실은 이제는 새삼스러운 일이 아니다. 그래서 나는 언제부터인가 파미르답사길에서 꼭 해보고 싶은 일을 파미르 산기슭에서 야생파를 찾아서 그 자리에서 직접 한 입 먹어보는 것으로 정했다. 정말 그 야생파라는 것이 우리들이 먹는 파와 같은 종인지 몸소 확인하고 싶었던 것이다. 그래서 그곳에 갈 때마다 비행기에서 얻은 튜브형 고추장을 소중하게 끼고 다니면서 그날을 기다린 지 오래다.

도시의 바자르에서는 허여멀쑥한 대파들이 진열되어 있었지만, 그것들은 한눈에도 개량된 중국산이 분명하였다. 그래서 야생파를 찾기 위해서는 아주 깊은 산골마을 같은 곳을 뒤져보아야 하는데, 그런데 문제는 막상 야생파를 현지인들에게 설명하는 일이 어려웠다.

물론 중국문화권 같았으면 한문으로 '野生蔥'이라고 써서 보여주면 간단하겠지만, 한문이 안 통하는 파미르에서는 나의 알량한 생존어 수준의 중앙아시아 말 실력으로는 그것이 불가능하였다. 그래서 생각한 것이, 파 사진을 몇 장 뽑아 가지고 올 걸 하고 후회했지만, 이미 때는 늦어 버렸기에 그 미션은 매번 다음 기회로 늦춰질 수밖에 없었다.

그런데 며칠 전 반가운 메일이 한 통 날아들었다. 파미르고원 기슭 에 있는 아름다운 나라 키르기즈스탄의 수도 비슈케크에서 온 것이 었는데, 바로 그토록 기다리던 야생파 사진 몇 장이 첨부메일로 붙어 있었다.

(…중략…)

"총령(蔥嶺)은 첨부주 가운데 있는데, 남으로는 대설산과 접하고, 산에서 야생파[野生蔥]가 많이 나므로 총령이라 부른다."

(…중략…)

내가 여러 번 중앙아시아를 드나들며, '세계의 지붕'이라는 어마어마한 별칭을 가진 파미르고원을 기웃대었던 이유는 단순하다. 그곳에 졸저인 〈실크로드 고전여행기〉 총서(5권)의 주인공들의 체취가 진하게 남아 있기 때문이다.

사실 작년에 발간한 총서는 오롯한 번역물이기에 '내 이야기'는 끼 어 넣을 곳이 별로 없었다. 그러나 20여 년간 축적돼 온 아깝고 소중 한 자료들은 여전히 산더미같이 쌓여 있었다. 그래서 그 중 가장 할 말 이 많은 꼭지인 '파미르고원 편'을 따로 단행본으로 묶어낼 생각을 하게 되었다.

(…중략…)

필자는 이번 생에 상근기(上根氣)로 태어나지 못한 탓으로 오롯이 수행자로서도 살지 못하고, 티끌세상에서 이리저리 떠돌며 지내다가 가정을 꾸미고 그런 대로 살았지만, 그래도 이번 생을 아파트 평수 넓히는 데 올인하지 않고, 그래도 영혼이란 화두를 품고 눈은 늘 서쪽 하늘을 바라보며 살아 왔으니 그나마 다행이라 생각하면서 이제 다시 길을 떠날 준비를 한다.

서방정토로 이어져 있다는 저 서쪽 나라로, 눈매 선한 낙타를 한 마리 골라 타고서…

먼 길을 떠난 아내 이승실의 명복을 빌면서 삼가 아내 영전에 바친다.

2015년 3월 15일 아내 49제일에…

다정거사 삼가 두 손 모음

## 3. 비우고 떠나기

(1)

마침내 나는 2015년 7월 1일 인천 연안부두에서 출발하는 여객선을 타고 한국 땅을 떠났다.

내가 수리재를 정리하고 한국을 떠나 네팔에서 내 인생의 '유행기(遊行期)'를 맞겠다는 결기를 주위 친지들에게 알린 것은 아내를 추모하여 준비한 유작출판기념회 및 추모음악회 그리고 내 송별식도 겸한 자리였다.

그러고 나서 나는 본격적으로 신변정리에 들어가 비우기에 들어갔다. 우선 홍천강가의 수리재(水里齋)를 부동산시장에 내놓았다. 30여 년 동안 손수 지은, 손때 묻은 내 분신 같은 집을, 어찌 팔기가 쉬웠겠느냐마는, 그러나 그간 나를 옭아매었던 미혹의 실체가—바로 "내 집과 내 혈육이었다."라는—자가진단을 내렸기에 이번 기회에 그 근원적인 애착의 연결고리를 과감히 끊고 싶었다.

이런 결기어린 행동에는 사실은 현실적인 문제도 적지 않은 부분을 차지하고 있었다. 아내의 오랜 병원생활로 불어난 빚은 마치 고질적인 암 덩어리처럼 불어나 다달이 돌아오는 은행이자를 감당할 여력이 없었다.

그러나 막상 집을 급히 처분하려고 하니 공짜로 삼키려는 날도둑 같은 인간들만 모여 들었다. 그것은 오랜 세월 우리와 좋은 인간관계를 맺고 있던 사람조차도 마찬가지였다. 떠날 날짜가 코앞으로 다가와도 그 상황은 달라지지 않았기에 작전을 변경하였다. 우선 그냥 떠나고 난 뒤에 인연 있는 임자를 기다리는 쪽으로 궤도를 수정했다. 그러자면 일단 살림살이는 내 손으로 정리를 해두어야 했다.

필자가 직접 짓고 30년을 살았던, 홍천강가의 수리재

30여 년 가까이 아내와 같이 살았던 넓은 수리재 살림살이는 한마디로 엄청났다. 예를 들면, 크고 작은 냉장고만 해도 8개나 되었는데, 그 안에는 온갖 식품들이 차곡차곡 채워져 있었다. 일부는 내가 기억하고 있는 것들도 있지만, 대부분은 나도 모르는 정체불명의 것들이 대부분이었다. 한때 홍천강 수리재는 온갖 잡동사니 식객들과 주당들이 수십 명씩 머물며 먹고 자고 마시고 하던 때가 있었다. 물론 풍류객 친구 좋아하는 바깥주인 닮은 오지랖 넓은 아내는 그 뒷바라지를 즐겨 하였다. 그렇기에 늘 음식물은 풍족하게 준비해두던 습관이 몸에 배어서인지 그 많은 냉장고들 모두 늘 만원상태였다.

그러나 이제는 내 손으로 모두 비워야 했기에 나는 그것들을 혼자 정리해보려고 몇 번씩이나 문을 열었지만, 도저히 엄두가 나질 않아 도로 닫곤 했다.

당시 나는 아내의 49제도 치르지 않은 상주의 신분이었다. 제주도 요양 중에 일을 당한지라 제주 한라산 기슭에서 아내를 화장하고 아

홍천강 수리재 동경

내 유언대로 남해 바닷가에 유골을 뿌리고 수리재로 돌아온지라, 미처 제주도까지 내려와서 문상을 하지 못한 친지들이 시도 때도 없이 수리재를 방문하였기에, 그들의 접대로 인해 냉장고 비우기는 손을 댈 수 없었다.

그래서 30년 동안 아내가 동네부인회 일을 거들었던, 마곡리부인회에 도움을 요청했다. 그리하여 온 동네 부인들이 모두 덤벼들어 8개나 되는 냉장고 안의 내용물들을 차례로 꺼내서 분류하고는 유통기간이 지난 것이나 정체불명의 식품들과 썩을 것은 땅에 묻고, 태울 것은 마당 한가운데 별도의 소각장을 만들어서 태우고 또 태웠다. 그러고 나서 냉장고 안을 닦고 말린 다음 냉장고 자체를 친분 순서대로 이웃들에게 나누어주었다. 그 기간이 무려 2주일이나 걸렸다. 그 일이 보통 일거리가 아니었던지, 처음부터 참여한 몇몇 사람들은 마치 '음식물박물관' 같았다고 빈정댈 정도였다.

아내는 시름시름 아프기 시작한 초기에는 춘천이나 서울로 통원치

홍천강 수리재 겨울풍경 마니꼬르 고드름

료를 다니면서도 안살림은 그런대로 꾸려 나갔다. 그러나 병이 깊어지면서, 구급차로 응급실에 실려 갔다가 중환자실을 거처 일반병실로 옮겨와서 한 동안 지나다가 겨우 퇴원하는, 그런 생활을 되풀이하면서부터는 살림에서 점차로 손을 놓았지만, 그러나 그런 상황에서도 변하지 않은 습관이 하나 있었다. 그것은 그 많은 냉장고의 빈 공간을 조금도 용납하지 않는 일이었다. 병원에서 퇴원할 때마다 매번 무언가를 한 없이 사서 냉장고를 꽉꽉 채워놓곤 하였다.

그러나 그 정리가 끝나기 전에 다시 응급실로 실려 가는 쳇바퀴가 되풀이 되면서 그 많은 냉장고는 몇 십 년 된 것에서부터 하루 전에 채워 넣은 것까지 연도별로 계절별로 날짜별로 보관된, 그야말로 '음식박물관'으로 변해 갔다. 더구나 그 넓은 텃밭에 힘들여 가꾼 귀한 푸성귀들은 그대로 손도 못 대보고 시들어가는 상태였기에, 보다 못한 내가 가끔 한 번씩 그런 '물건사재기'에 제동을 걸라치면, 아내는 "먹는 것을 가지고 짠돌이 노릇한다."면서 불같이 화를 내면서 또다

가을나들이에 나선 부부

시 메모지에 무엇인가를 적는 것이었다.

그러나 담당 주치의는 환자가 화를 내는 것은 심신에 무리가 됨으로 주위에서 조심하라고 당부했기에, 나는 하는 수 없이 물건사재기를 묵인할 수밖에 없었다. 그리고는 다음날에는 아내를 병원에 내려준 다음에 여전히 시장바닥을 헤집고 다니며 아내가 적어준 품목과 수량을 사러 다니는 행동을 반복하였다.

아무튼 힘들게 냉장고는 정리했다 치더라도, 더 큰 문제가 다가왔다. 바로 분류에서 살아남은 멀쩡한 음식들이었다. 잘 정리해서 다시 쌓아 놓은 그 엄청난 음식물을 보고 나는 "동네 분들이 적당히 나누어 가져가시라."고 했다.

그러나 그들은 하나같이 고개만 젓는 것이었다. 그 이유는 죽은 사람이 먹던 음식이기에 그렇다는 것이었다. 캔 종류나 포장이 완전한 가공품 같은 것도 예외는 아니었다. 집안일을 도와준다는 구실로 평소 우리 집에서 거의 살다시피 하면서 적어도 하루 2끼 정도 끼니를 해결했던 사람들이 아내의 죽음 앞에서 태도를 완전히 바꾼 것이다. 무엇이든 이웃들에게 퍼주기 즐겨했던 착한 아내에게 살갑게 대하면서, 정말로 '이웃사촌'이란 말을 실감케 만들던 사람들이, 그렇게 돌

1986년 인사동 경인미술관
'김다정의 수리재영가전'에서의 부부

변한 것이었다.

술기운에 취해 있었던 나는 그들에게 섭섭함을 내비치며, 바로 면 사무소로 전화를 걸어 쓰레기차를 보내달라고 했다. 그러자 한 사람이 나서서 말하기를 "그럼 가져다가 개나 끓여주자."고 하였다. 그러자 이번에는 벌떼처럼 달려들어 손수레까지 동원하여 몽땅 가져가 버렸다.

그날 밤, 난 다시 텅 빈 마당 가운데 소각장에서 타다 남은 나머지 찌꺼기를 마저 태우면서 밤새 목을 놓아 울었다. "여보야~~ 당신이 애지중지 모아 놓았던 그 많은 음식들이 모두 개먹이가 되었으니 어쩌지?"

(2)

그 다음으로 아내의 옷들과 이불 종류 또한 처치곤란이었다. 처음에는 유난히 추위를 많이 타는 아내가 49일 동안 유명계를 건널 때라도 따듯하게 입고 덮을 수 있게 하려는 생각에서 소각장에서 그것들을 태우기 시작했다. 그러나 태울 것은 집안 곳곳에서 끝도 없고 한도 없이 쏟아져 나왔다. 그렇게 일주일이나 태워도 끝이 보이지 않았다.

그러다가 어떤 지인의 조언대로 깨끗하고 멀쩡한 옷들은 큰 마대자루에 넣어 가지고 어떤 성당으로 보내버렸는데, 그렇게 정리한 것만도 모두 12자루였다. 그렇게 아내의 흔적들은 점차로 내 곁에서 멀어져 갔고 그것에 비례하여 내 가슴은 텅 비어 갔고 그 빈자리를 온갖 회한들이 들어차기 시작했다.

참, 떠나기 전에 또 해야 할 일이 더 남아 있었다. 바로 내 서재 '설역서고(雪域書庫)'에 있는 수만 권의 책들이 처분문제였다. 대부분 인문·역사·불교·여행에 관련된 서적, 특히 티베트와 실크로드에 관한 전문서적이 대부분이었는데, 그 중 귀한 원서들도 제법 많았다.

우선 공공도서관에 기증하려고 시도를 해보았지만 그 과정이 너무 복잡하였다. 그렇다고 개인 수장가에게 넘기기엔 너무나 다양한 장르가 섞여 있는데다가 분량도 만만치 않았다. 그래서 공고를 냈다. 필요한 사람 누구든지 선착순으로 와서 가져가라고….

'수리재'에 관련된 현판들을 이미 태워 버렸지만, 그러나 내가 떠날 즈음까지 책은 크게 줄어들지 않았다. 그래서 어쩔 수 없이 수리재를 떠나며 고물장수를 부를 수밖에 없었다. 아마도 내가 떠난 뒤 그 많던 내 장서들은 모두 헌책방으로 또는 폐지공장으로 가는 신세가 되어 버렸을 것이다.

이층 서재에 오랫동안 애장하고 있던 〈설원죽림도(雪原竹林圖)〉, 〈설원나목도(雪原裸木圖)〉 같은 거창한 병풍 두 벌도 문젯거리였지만, 오랫동안 인연이 깊은 이의 주선으로 경기도 봉선사(奉先寺)의 어느 말사에다 보관을 부탁했다.

그래도 아직 남은 짐이 많았다. 그때 또 새로운 인연이 나타났다. 바로 함양 황대선원(黃臺禪院) 주지스님이었는데, 흔쾌히 방을 하나 빌려 주신다고 하셨다. 그래서 나머지 짐—'티베트문화연구소'와 '설역서고' 등의 현판들과 몇 벌의 내 개인 옷가지 그리고 개인적인 사연이 있는 책들—을 다시 정리하여 박스에 넣었다. 그리고 황대선

수리재 이층 설역서고(雪域書庫)에 처진 설죽병풍(雪竹屛風)

원으로 실어 보냈다. 마침내 30여 년의 나를 옭아매고 있었던 모든 애착의 사슬이 마치 마법의 주문을 읊은 것같이 저절로 풀린 것이었다. 아니 스스로 푼 것이었다.

(3)

그리고는 드디어 배를 타고 한국을 떠났다. 그리고는 물기가 마를 날이 없는 눈가를 손등으로 닦아가며 나의 오랜 '버킷리스트'의 하나였던 몽골초원과 바이칼호수 언저리를 떠돌기 시작했다.

때로는 석양에 붉게 물들어가는 몽골대초원에서 유목민들의 '겔' 천막에서 피어오르는 저녁연기를 바라보다가 문득 아내가 사무치게 그리워 어둠의 베일이 깔려 있는 초원을 밤새도록 서성이기도 하였다. 때로는 바이칼 호숫가의 허름한 게스트하우스에다 짐을 풀고는

수리재 현판 '어린고기 달빛과 어울려 노니는 물가의 집'

석양녘에 황금물결에 물들어가는 호수를 내려다보며 그런 황홀한 광경을 영원히 아내에게는 보여주지 못하고 나만 혼자서만 보아야만 하는 상황을 한탄하기도 하였다.

또 어떤 날은 그렇게 맥없이 아내를 떠나보낸 자신에 대한 자책감에서 헤어나지 못하고 독한 러시아 보드카를 밤새 찔끔찔끔 마시고는 내 설움에 겨워 꺼이꺼이 목 놓아 통곡하기도 하였다.

그렇게 실성한 듯 한 달간을 정처 없이 떠돌다보니, 정말 절실한 물음이 생겨났다. "자, 어차피 아내를 따라가지 못했고 산 사람은 살아야 한다니, 나는 이제, 어디서, 뭘 하면서, 어떻게 살 것인가?"

그때 인도 사람들의 삶을 다시 곱씹어 생각하게 되었다. 그들은 인간의 일생을 '4주기'로 나눈다고 한다. 사회의 한 구성원으로 태어나서 부모와 스승 아래서 성장하며 학문을 배우는 '학생기'와 성년이 되어 결혼을 하여 자식을 낳고 가정을 꾸려가는 '가주기(家住期)'를 지나 '임서기(林棲期)'에 이르면 가정을 떠나 숲속으로 들어가 은거하다가 마지막 '유행기(遊行期)'가 되면 명상과 걸식생활을 하면서 다음 생을 준비한다. 이윽고 영혼이 떠나면 남겨진 부대자루는 갠지스 강가의 가트(Gat)화장터에서 불에 태우고, 그래도 남겨진 유골은 윤회의 강에 뿌려진다. 이때 아무리 가난한 사람이라도 자기 육신을 태울 때 필요한 땔나무를 살 돈을 위해 금반지 하나 정도는 끼고 있다가 화장비용을 충당하게 안배를 한다고 한다.

어찌 보면 이들의 이런 '유행기'란 용어로 정리되는 일종의 사후대책은 가장 합리적인 방법이 아닐까 생각된다. 늙고 병들어 자식과 사회로부터 버림받아 '고려장' 신세가 되기 전에 스스로 '존엄사'를 선택하는 것이야말로, 시쳇말로 "박수칠 때 떠나라"라는 '오래된 미래'의 대안이 아니겠는가?

그렇게 나는 극도의 슬픔과 허망함에 등 떠밀려 쓰러지기 일보직전에서야 겨우 몸과 마음을 추슬러 새로운 목표를 정하고 티베트고원을 통과하여 히말라야를 넘어 네팔 땅에 다시 발을 들여 놓았다.

여기서 '다시'라는 말은 내게 네팔이 처음이 아니라는 의미이다. 아주 오래 전에, 나에게 '역마살'이란 몹쓸 증세를 확인시켜 준, 해동반도가 배출한 위대한 구법승 혜초(慧超)의 발자취를 따라 인도 대륙을 떠돌다가 걸어서 네팔 국경을 넘어 룸비니와 뽀카라를 거처 까트만두로 입성하였던 적이 있었다. 그렇게 몇 차례 네팔을 비롯하여 인도, 파키스탄, 아프간 등 중앙아시아제국을 들락거리면서 쓴 여행기가 단행본 『혜초따라 5만리』(상·하)였다.

그렇기에 네팔은 생소한 곳은 아니지만, 그렇지만 당시가 비전을 가진 뜨거운 가슴을 가진 나그네의 신분이었다면, 지금은 입장이 전혀 다르기에 사실 만신창이가 된 몸과 마음은 납덩이처럼 무거울 수밖에 없었다. 거기다가 내가 살아가야 할 동네인 비레탄띠로 가는 길은 왜 그리 멀고 험했던지….

## 4. 그리고 다시 3년이…

(1)

그렇게 들어온 네팔에서의 1년이란 시간의 수레바퀴가 돌았다.

그러던 어느 날, 미국에 계시는 어느 생면부지의 독자분이 어제 Facebook 메신저를 통해 어려운 네팔 아이들에게 줄, 염소 한 마리의 후원금과 생각지도 않은 위로(?)메시지까지 보내주었다.

"내 남자가 나를 그리며 잠 못 이루고 흘린 그리움의 눈물 한 방울. 그 눈물에 모든 아픔 다 녹으셨을 겁니다. 행복하셨을 겁니다. 여자는 그렇다고 감히 말씀드립니다. 그러니 이제 편해지소서…."

우리들은 누구라도 기쁨이나 삶의 의미를 찾으려고 애쓰면서 살고 싶겠지만 반면에 견디기 힘든 슬픔도 감내하면서 '시간의 수레바퀴'에서 돌고 돌아야 한다. 마치 앞뒷면이 있어야 동전의 존재가 의미가 있는 것과 마찬가지로….

1월 26일, 바로 어제가 아내의 일주년 기일이었다.

남해 바닷가에서 파도소리 들으며 자유롭게 놀고 있을 아내가 사무치게 그립다. 그럼에도 불구하고 오늘도 드림팀 아이들 데리고 안나뿌르나 설산 중턱쯤으로 올라가서 그림이나 그려야겠다.

그리고 아내가 좋아하던 노래 〈춘천 가는 기차〉나 흥얼거려야겠다.

지난 일이 생각나 차라리 혼자도 좋겠네.
춘천 가는 기차는 나를 데리고 가네.

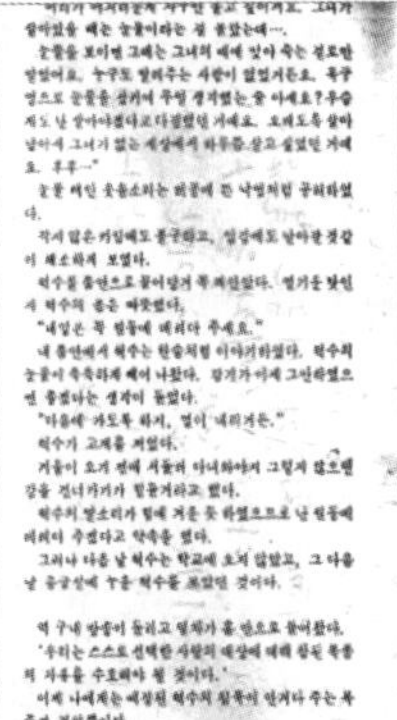

『귀착지』 여성중앙 연재 막장

1985년 중앙일보 중편 공모 당선작 『귀착지』 표지

오월에 내 사랑이 숨 쉬는 곳

지금은 눈이 내린 끝없는 철길 위에 내 모습만 이 길을 따라가네.

차창 가득 뽀얗게 서린 입김을 닦아내면서 흘러가는 한 밤을 예나 지금이나 변함없고 그곳에 도착하게 되면 술 한 잔 마시고 싶어.

저녁 때 돌아오는 내 취한 모습도 좋겠네.

우우~그리운 모습…

–2016. 1. 27 Facebook 전재

(2)

다시 3년. 2018년 1월 22일.

나는 잠시 네팔에서 귀국하여 인천공항에서 바로 KTX를 타고 여수 엑스포역에 내려 마중 나온 지인 법운(法雲) 거사의 돌산도(突山島) 토굴로 들어와 여장을 풀었다. 며칠 후로 다가오는 아내 이승

■제5회 여성中央 2백만원고료 여류중편소설모집 당선소감

이승실

감사합니다.

■1960년 8월14일生

■대구 효성여자대학교 수학과 졸업

1985년 당시의 이승실 프로필 사진

실의 3주년 제사를 치르기 위해서였다.

네팔에서 한국을 오고 가는 비행기표 값이 만만치 않아서 지나간 1주년과 2주년에 기일에는 참석을 못했기에 3주기 때에는 반드시 참석하겠다고 아들내외에게 약속한 터라 미리 돌산도에 내려와서 아들내외를 기다리려고 안배한 결과였다. 더구나 이번에는 아내가 좋아하던 몇몇 지인들이 서울에서, 지리산에서 밤을 새워 달려와 자리를 함께 해서 더욱 뜻이 깊고 또한 외롭지 않았다.

1월 26일 당일은 날씨가 매우 추웠다. 이곳 노인들 말로는 난생 처음 보는 추위라고 했다. 더구나 겨울이 없는 네팔에서 3년이나 살다 온 나에게는 매서운 동장군의 위세에 온몸이 움츠러들 수밖에 없지만, 3년 동안 찬 바닷물 속에서 지내고 있을 아내를 생각하면 까짓것 추위쯤이야….

여천반도 여수 돌산도 끝자락의 향일암(向日庵)이 최근 부쩍 해돋이 명소로 유명해짐에 따라 개발붐이 불어서인지 3년 전 아내의 유해를 뿌린 정확한 장소도 지형이 많이 변했지만, 그래도 근처 적당한 곳에다가 우선 돗자리를 깔고 준비에 들어갔다. 제사상 차림이라기보다 아들과 며늘아기가 준비해 온 조촐한 음식 몇 가지와 내가 귀국시의 경유지인 중국 쿤밍공항에서 사온 몇 가지 식품을 차려놓은 다음 두 자루의 촛불과 향에 불을 붙였다.

그리고 우리는 돌아가면서 한때 아내가 좋아했던 소주를 따라놓

온가족이 함께 지낸 3주기 제사

고 담배도 한 개비 불을 붙여놓았다. 그리고 내게는 아내이지만, 외아들에게는 엄마이고, 며느리에겐 몇 번 밖에 얼굴을 보지 못한 시어머니이고, 주위 친지들에게 마음씨 착한 친구이며, 이웃인 이승실을 못내 그리워하며 눈시울을 적셨다.

그 자리에서 나는 아들내외에게 매정하게 말하였다.

"그간 나도 없는데, 너희 둘이 철따라 엄마 제사 챙기느라 고생 많이 했다. 이젠 엄마도 좋은 곳에서 다시 환생하였을 터이니 3년 탈상(脫喪)하고, 이제 엄마를 잊도록 노력하자."

그러나 아들은 대답을 하지 않았다.

(3)

나는 아내 이승실을, 1985년 가을 부산 여행길에서 처음 만났다. 당시 아내는 문단에 등단하자마자 여성중앙 인턴기자로 일할 때였는데, 나를 취재하여 오라는 데스크의 지시를 받고 나를 찾아 나섰다고 했다. 그러나 나는 오랜 방랑생활 끝에 울릉도에서 막 돌아왔을 때였기에 심신이 지쳐 있었기에 취재를 거부하고 휴식을 취하러 순천 송광사로 가던 길이었다.

그러나 그녀, 이승실은 기어코 취재를 해야겠다면서 나를 따라 나섰다. 좋은 곳을 소개해 달라는 그녀를 데리고 여행동무 삼아 부산에서 진주와 여수를 거처 돌산도까지 왔다. 당시 돌산도에는 다리가 없었기에 나룻배를 타고 섬으로 들어가 다시 버스를 타고 향일암의 옛 이름인 영구암(靈龜庵)까지 들어왔다.

그렇게 남해 바닷가 여기저기 여행을 끝낼 즈음 우리는 미래를 약속하게 되었고, 그리고 다음 해 6월, 홍천강 수리재 앞마당에서 일가친지와 많은 벗들이 모인자리에서 귀밑머리를 풀고 결혼식을 올렸다.

아마 이런 향일암과의 인연으로 아내 가슴속에는 이곳이 깊게 각인되어서인지 결혼 후에도 우리는 어린 아들까지 데리고 두 세 차례 향일암을 방문하기도 했다. 그러나 막상 아내가 유해를 뿌릴 장소로 점을 찍고 있었다는 사실은 나도 미처 몰랐기에 처음에는 반신반의할 수밖에 없었다.

(4)

가끔 나는 아내의 유고소설 『설역에서 온 편지』를 읽어보곤 가슴이 꽉 막혀 숨을 쉬기 어려울 정도로 먹먹해지곤 한다.

누가 부른 노래인지 모르지만 난 〈춘천 가는 기차〉라는 노래를 좋아한다. 술을 마시면 곧잘 흥얼거리면서 모래사장에 낙서삼아 가사를 쓰곤 했다.

조금은 지쳐 있었나봐. 쫓기는 듯한 내 생활 아무 계획도 없이 무작정

아내에게 유고본 헌정

몸을 부대여 오면 힘들게 올라 탄 기차는 어딘고 하니 춘천행

적어도 난 삶의 계획을 갖고 있었다. 뭐 거창한 보라 빛 청사진은 아니더라도, 사랑하는 그 사람이랑 보통사람들이 사는 것처럼 희희낙락하며 살고 싶었다. 퇴근 시간 맞추어 찌개 끓여놓고, 매일 아침 와이셔츠를 한 줄 구김살 없이 다려 입히고 내 손으로 넥타이를 매주고, 매일 아침 현관 문 앞에 서서 손을 흔들어 주며 일찍 들어오라는 인사말을 밥 먹듯이 하고 싶었다.

어찌 그뿐이랴 세월이 흐르면 희끗해진 그의 머리를 쓰다듬어 주면서 내 무릎을 베고 잠든 그 사람의 모습을 보고 싶었다. 이게 내 젊은 날의 평범한 꿈이었고 계획이었다.

오늘도 아침부터 TV에서는 〈그 사람이 보고 싶다〉가 몇 시간이나 방송되고 있다. 나도 정말 그 사람이 보고 싶다.

지난 일이 생각나 차라리 혼자도 좋겠네. 춘천 가는 기차는 나를 데리고 가네. 오월에 내 사랑이 숨 쉬는 곳

필자가 이 책을 탈고한, 법운 거사의 돌산 계일정사(桂日精舍)

나도 한때는 오월의 꽃다운 신부였었지….

우리는 온갖 꽃이 피어대는 오월 첫 주에, 홍천강가의 집 마당에서 그가 입혀준 선녀 옷을 입고 결혼식을 올렸었지….

그때는 강에 다리가 없어서 하객들은 청평댐 위의 오댓골 뱃터에서 통통배를 전세 내어 타고 북한강으로, 다시 홍천강을 거슬러 올라와 식장인 우리집에 도착했었지….

그렇게 시작된 신혼살림이었다. 홍천강의 겨울은 추웠다. 자리끼 물을 문지방 바깥에 두고 자고 일어나면 아침에는 빙수가 되어 마시지 못할 때도 있었다. 긴 겨울이 갈 즈음이면 화창한 봄날이 주는 단어를 떠올리면서 오월의 냄새를 그리워하곤 했다. 때로는 아궁이 앞에 앉아서 벌겋게 단 장작을 뒤적이면서도 도시가 주는 콘크리트 냄새를 그리워하기도 했다.

그때는 그 사람도 내 곁에서 내 엉덩이를 두들겨 주면서 잠깐 나를 무르팍에 앉혀놓기를 좋아했고, 내 머리냄새를 맡으면서 작은 목소리로 노래를 자주 불러주곤 했다. 마치 어린 애기 다루듯이….

그러나 그 사람은 이 깊은 홍천강 언저리에 나를 버려두고 훌쩍 떠나버렸다. 얼음이 얼어 춘삼월 봄에도 녹지 않는 이 강물이 난 정말 싫다.

지금은 박꽃이 지붕을 하얗게 덮어씌운 마당 한 가운데에 서서 초라하게 망가져가는 내 모습을 스스로 지켜보고 있다. 난 그 사람이 벌어다주는 돈으로 살림을 살고 자식을 키우면서 우리들의 미래를 위해 저축도 하고 싶었다.

하지만 지금은 아니다. 그 사람이 떠나고 호구지책으로 시작한 물가의 민박집. 우리 집은 그나마 경치가 수려한 물가에 위치해 있었기 때문에 그 사람이 나에게 선견지명으로 물려준 유일한 생계 수단이 되었지만, ○○에서 매운탕과 토종닭을 팔면서 낚시꾼들을 상대하다보니 나도 모르게 술을 마시는, 술을 즐기는 여자가 되어 버렸다. 알코올 냄새도 맡지 못했던 어리숙한 나에게 그 사람이 남겨준 유일한 훈장이라면 훈장이라고 할 수 있다. 그래도 그 사람이 그리운 게 진정인가? 그는 나에게 그리운 모습으로밖에 존재하지 못하는가?

> 차창 가득 뽀얗게 서린 입김을 닦아내면서 흘러가는 한 밤을 예나 지금이나 변함없고 그곳에 도착하게 되면 술 한 잔 마시고 싶어.
>
> 저녁 때 돌아오는 내 취한 모습도 좋겠네. 그리운 모습 우…우…

술 마신 내 모습도 싫고 술 취한 내 모습은 더욱 싫다. 단지, 그 사람이 보고 싶을 뿐이다. 절절하게 죽기 전에 단 한 번이라도 그와 마주 앉아, 왜 떠날 수밖에 없었는지, 왜 나에게서 사라질 수밖에 없었는지 그 이유라도 물어보고 싶다.

이승실 유고집 중편소설 「설역에서 온 편지」 한 구절…

रेठाटी माध्यमिक विद्यालय
Birethanti Sec. Human School
휴먼 스

## 제2부

# 스리 비레탄띠 세컨더리 휴먼스쿨

**Shree Biretanti Secondary Human School**

# 제2부
# 스리 비레탄띠 세컨더리 휴먼스쿨

## 1. 비레탄띠 마비

(1)

내가 3년 동안 명예교장 및 미술교사로 근무하고 있는 곳은 네팔 중서부 뽀카라 근처에 있는 비레탄띠 학교이다. 정식명칭으로는 '스리[1] 비레탄띠 세컨더리 휴먼 스쿨(Shree Birethanti Secondary Human school)'으로 1976년 공립학교로 설립되어 유아원+초등+중등으로 이루어진 10년제[2]로 총 학생수는 220여 명이고 교사들은 14명에 잡일을 도와주는 '도우미[Helper]' 1명이다. 또한 부속 유아원에도 10여 원아들과 교사 2명이 있다. 어찌 보면, 동네 규모로 보아서는 학생 수가 너무 많아 보이지만, 보통 한 가정에서 2~4명이 동

1) Shree는 힌두문화에서의 존칭이다. 일본어의 '오(御)' 같은 접두사.

2) 그러나 올해부터 11학년이 교육부로부터 인가가 나서 현재 학생수 30명을 목표로 교실을 신축 중에 있다. 그렇게 되면 안나뿌르나 기슭에는 고등학교가 없어서 대도시로 나가야 하는 불편함이 없어져서 고학년 학생들이나 학부형들에게 큰 도움이 될 것이다.

2013년 이전의 옛 학교 건물

시에 학교에 다니는, 아이들이 많은 다산체제라, 중학교가 없는 다른 골짜기에서 초등학교를 마친 학생들이 중등과정[Secondary]이 있는 우리 학교로 몰려오기에 생각보다 학생 수가 많다.

학교 정식 이름이 길어서인지 아니면 영어식 이름이라 그런지 흔히들, 부락에서는 그냥 '비레탄띠 마비(B. Mavi)'라고 부른다. 그냥 '비레탄띠 학교'라는 뜻인데, 나도 이 말이 어감이 정겨워서 즐겨 사용하는 편이다.

이 비레탄띠 마비는 전에는 아주 보잘것없는 거의 천막 수준의 조그만 학교였는데, 크게 도약을 한 계기가 있었다. 바로 2003년에 당시 '엄홍길 휴먼재단(UHGHF)'에서 코이카(Koika)[3]와 아웃도어의류 전문업체인 밀레(Millet)의 협찬으로 현대식 2층 슬래브 건물을

---

3) 한국국제협력단(Korea International Cooperation Agency, KOICA) 1991년 4월 설립, 정부차원의 대외무상협력사업을 전담 실시하는 기관으로 우리나라와 개발도상국가와의 우호협력관계 및 상호교류를 증진하고 이들 국가들의 경제사회발전을 지원함으로써 국제개발협력을 증진하는 것을 그 목적으로 하고 있습니다.

2015년 8월 1일 나의 부임 첫 행사. 이마에 처음 띠까를 찍고…

멋지게 지어서 네팔정부에 기증하면서부터였다.

그 후 점차로 현재와 같은 규모의 학교가 되어서 그 뒤로는 '휴먼' 자가 학교 명칭에 더 추가되었다. 커리큘럼은 네팔 정부가 규정한데로 네팔어+영어+수학+과학+사회생활을 기본으로 가르친다. 그러나 그 외 미술, 음악, 체육은 시간 자체가 없고 다만 금요일에 특별활동으로 가끔씩 다루기도 한다.

10학년 졸업 후로는 일부 학생은 큰 도시로 나가 고등학교에 진학하거나 일부 학생은 일찌감치 취직을 하거나 결혼을 하여 '입식구수'를 줄이는 게 일반적인 풍토이다.

(2)

내가 3년 전, 네팔로 들어와 자원봉사 활동을 하려고 마음을 굳히고 휴먼재단에 자문을 해보니 네팔 전체가 미술시간 자체가 없다는 것이다. 뭐 그림을 어정쩡하게 배운 것보다는 차라리 백지상태가

‘엄홍길 휴먼재단’에서 신축한 비레탄띠 휴먼스쿨의 전경

비레탄띠 마비 현판 로고

낳을 것 같아 마음을 굳히고 보따리를 싸기 시작했다. 물론 이 비레탄띠 마을은 아주 오래 전에 뿐힐전망대 가는 길에 잠시 스쳐 지나가기는 했지만, 그리 강렬하게 기억에 남는 곳은 아니었다. 그러나 휴먼재단의 고참 이사이시고 나와 오랜 인연이 깊은 설산철안(雪山鐵眼) 스님이 추천하여 재단이 꼭 집어서 지정한 곳이니만치 그냥 한 일 년 정도 봉사나 하자는 심정으로 비행기에 몸을 실었다.

그리하여 2015년 8월 1일 재단의 네팔지부 박 지부장과 함께 까트만두에서 뽀카라까지 국내선을 타고 와서 우선 스마트폰을 개설한 뒤에 지프차를 대절하여 비레탄띠 마을로 들어오는데, 구절양장 길은 왜 그리 멀고 또한 그리 험했던지….

그때는 마음속으로 “내가 살아서 다시 이 길을 돌아나갈 수 있을까?”라고 생각이 들 정도로 서글프고 막막한 심정이었다.

누구나 삶의 여울목에서 새로운 길을 선택하고 첫 발을 떼어놓을

축제일을 맞이하여 교내에 있는 템플에서 뿌자를 올리고 있는 학생들

필자가 미술수업에 들어가서 “아름다음이란 무엇인가?”에 대하여 설명을 하곤 한다. 너희들이 사는 이 동네가 세상에서 가장 아름다운 마을 ‘샴발라’라고….

매주 금요일 마다 열리는 특별활동의 하나로 학년 대항 퀴즈게임을 하는 중이다.

비레탄띠 마비, by Monika Tamang 2017

때는 가슴이 설레기 마련이고, 한편으로 망설임도 생기기 마련이다. 그것은 나도 마찬가지였다. 문득 돌아보니 내 나이가 적지 않은데, 지금 내가 누구를 위한 삶을 살 수가 있을까? 그리고 그 일을 잘 회향할 수 있을까? 하는 우려 반 두려움 반이 섞인 감정이 번갈아 고개를 들기 시작했다. 내 한평생을 돌아보니 그런대로 열심히 살았다고는 하지만, 그 세월들은 어찌 보면 지극히 이기적인 삶이었다.

또한 내 어정쩡한 예술혼이라는 것도 평생 나를 묶고 있었던 쇠사슬이었기에 이타적인 삶은 성자들에게나 어울리는 뭐 그런 것인 줄로 여기면서 시간의 수레바퀴만 헛되이 돌리고 있던 때였다.

그러나 어느 날 문득 그 사슬들이 갑자기 풀린 뒤, 이제는 남은여생이라도 내 도움이 필요한 이웃을 위해, 나아가 그들의 꿈을 이루어 주기 위해 살아야 하지 않겠나? 하는 결기(結己)가 가슴속 깊숙한 곳에 들어차기 시작했다. 그래서 마치 단전에서 올라오는 뜨거운 에너지에게 떠밀려 설산 기슭으로 들어왔던 것이다.

(3)

그렇게 모진 마음으로 시작한 이곳 생활이었지만, 실제로는 거의 유배생활 그 자체였다. 처음에는 그래도 "인터넷은 된다니까!" 하고 자위하고 임지에 도착해서 우선 하숙집을 구하고 방을 좀 수리하고 짐을 풀어 놓았다. 그리고 노트북과 복합기까지 세팅해놓고 인터넷을 점검해보니 막상 믿었던 인터넷은 느려 터져서 한국으로 사진 몇 장 보내는 데 몇 시간이 걸릴 때도 있었고, 어떤 때는 중간에 스스로 인터넷이 꺼져 버릴 때도 있었다. 그럴 때는 노트북을 집어 던지고 모든 것이 구비된 뽀카라로 달려가 페와딸호수를 정신없이 거닐다가 해거름부터 호숫가에 죽치고 앉아 술 푸념을 할 때도 있었다.

당시가 어쩌면 첫 번째 고비였는데, 그때 당시 학교 선생들이 SNS로 '페이스북(Facebook)'를 하고 있기에 눈여겨보니 생각 이상으로 속도가 빨랐다. 처음에는 그것이 이해가 안 되었다. 인터넷은 느린데

학교 아침 정기 조회에 당시 교장 비슈누(Bishnu H. T)교장선생님이 훈화를 하고 있다.

어떻게 스마트폰으로 하는 SNS는 빠를 수 있단 말인가?

그래서 나도 한국에서는 가입한 지 오래되었지만, 별로 사용하지 않았던 페북 계정을 복구해서 사용해보니 정말 속도가 빨랐다. 스마트폰은 네팔로 들어올 때 유심칩(Usim Chip)을 네팔 것으로 바꿔 껴기에 네팔번호는 사용할 수 있지만, 한국전화는 사용할 수가 없었다. 그러나 카카오톡이나 페북은 불편함 없이 접속할 수 있었다. 그것도 WI-Fi가 되는 곳에서는 공짜로 말이다.

그로부터 뒤늦게 페북은 내 유일한 세상과의 창구였다. 그러니까 누가 뭐래도 페북은 나의 네팔 정착에 일등공신 노릇을 한 셈이었다.

그래서 'The letter come from Nepal Birethanti human school' 이란 제목으로 학교생활이나 드림팀에 대한 중계방송과 히말라야에 대한 생생한 정보 그리고 내 근황에 관한 소식을 올리게 되었다. 나와의 인연이 오래된 벗들 이외에도 생면부지의 사람들도 글을 읽어보고 댓글로 추임새를 넣어주면서 격려를 해주거나 그냥 '좋아요'를

교실이 좀 썰렁해지면 아이들을 데리고 교정 잡초 밭에서 수업을 하기를 다들 좋아한다.
이런 걸 뭐라 해야 하나? 낭만적?

눌러주는 이른바 '페친'들이 날이 갈수록 늘어났다. 때로는 내가 하는 일들이 안쓰러워 보였던지 익명으로 후원금까지 통장으로 입금해 주는 분들까지 생기면서 '페북질'에 가속도가 붙어서 벌써 4백 회를 넘긴 지 오래다. 분석해보면 이틀에 한 번은 포스팅을 한 셈이니 많이 하기는 한 것 같다.

제목을 '나마스떼, 김 써르'로 굳힌 이 책도 그 페북질에서 쌓인 정보들을 '데이터베이스'로 활용하여 수월하게 한 권의 분량을 채울 수 있었다. 혹자는 개인정보 누설 같은 부작용을 우려하여 페북을 멀리하는 분들도 많지만, 내게는 이 페북이 긍정적인 면이 많았기에 가능하면 내가 여기서 접할 수 있는 히말라야에 대한 싱싱한 정보와 학교와 드림팀에 대한 소식을 자주 페친들에게 알릴 예정이다.

(4)

우리 드림팀의 서울에서의 전시가 '엄홍길 휴먼재단'의 초청으로, 2017년 9월 13일부터 서울 인사동 라메르화랑에서 열리기로 확정되었기에 이번에 그 준비 차 서울에 보름 동안 머물다 '귀국' 아니 '귀(歸)네팔'로 돌아왔다. 다른 사람들은 까트만두공항에서부터 네팔 일정이 시작되겠지만 나는 까트만두를 떠나는 이 뽀카라행 버스에서 내 보름 동안의 한국으로의 출장 겸 외출이 끝나는 것이다.

아침 7시에 타멜(Tamel)[4] 근처에서 일제히 떠나는 이 투어리스트 버스가 편하고 안락하긴 하지만 가격이 좀 비싸기에, 나는 가능하면 야간 로컬버스[5]를 타고 다니지만, 짐이 많고 피곤할 때는 가끔은 이

4) 까트만두 구왕궁 근처에 있는 거리 이름으로 주로 외국인들의 관광거점 노릇을 하고 있는 것이다. 뽀카라의 레이크사이드와 함께 유명하다.

5) 야간버스는 뽀카라와 까트만두에서 오후 7~9시 사이에 여러 대가 시차적으로 출발

버스를 이용하곤 한다.

내가 자리를 비운 보름 동안 네팔은 여전하다. 네팔 특유의 냄새와 까마귀떼 울음소리로 시작되는 새벽 정취도 여전하고, 정류장의 짜이장수의 바가지 상술도 여전하다. 몇 마디 말을 건네다 보면 가격은 반으로 내려가지만, 그럴 때는 나도 뒤끝 있게 나가서 한 마디 쏜다.

"머 투어리스트 호이너", 즉 "나는 투어리스트 아닌데, 왜 비싸게 받으려고 하느냐?"고 따지면 미안한 표정 하나 없이 그저 어깨만 으쓱해 보일 뿐이다. 그것은 그저 그렇게 되어 있다는 뜻이 포함되어 있을 것이다. 대부분의 네팔리에게 돈 많은 외국인이란 그저 차 한 잔일지라도 더블가격을 받아도 괜찮은 그런 사람들일 뿐이다. 네팔에서 'Nepali Price'와 'Tourist Price'의 존재는 거의 네팔문화 또는 불문율(不文律) 그 자체이다. 법 조항에는 없지만 마치 법률적인 효력이 미치는 것 같은 오랫동안의 관습이니까, 그것은 당연한 거라는 인식이다. 그 주범이 바로 1854년에 제정된 '물루키 아인(Muluki Ain)'[6] 법이라는 것이다. 그때부터 소수종교인 이슬람과 외국인들은 천민계급인 수드라에 넣는다. 그러니까 현재의 네팔사회에 뿌리 깊이 박힌 외국인에 대한 차별정책이 이때부터 시행되었다고 보인다.

그래도 나는 네팔이 좋고, 네팔리들이 좋고, 더구나 여기 아이들

---

하는데, 다음날 새벽 5시 정도에 종착지에 도착하기에 하루 호텔비를 절약할 수 있는 반면에 앉아서 잠을 자야 하기에 허리가 부실한 분은 피하는 게 좋을 것이다. 최근에는 버스 안에 화장실을 구비한, 그리고 물과 차와 간식거리를 제공하는 디럭스 버스가 생겨서 비싸기는 하지만, 바쁜 사람들은 이용할 만하다.

6) 쿠테타로 샤흐 왕조의 정권을 탈취한 라나정권은 지독한 힌두이즘 우월주의적인 국수주의자들로써 1854년에 물루키 아인(Muluki Ain)법을 만들어서 네팔에 있는 모든 사람들을 힌두교의 카스트제도에 따라 분류를 하였다. 이 법에서는 토착민과 타종교인들을 각각의 민족 또는 직업에 따라 바이샤, 수드라, 달릿의 계급으로 나눴는데, 대부분의 토착민들은 중인계급인 바이샤로 분류를 하게 되고, 소수종교인 이슬람과 외국인들은 천민계급인 수드라에 넣는다. 그러니까 현재의 네팔사회에 뿌리 깊이 박힌 외국인에 대한 차별정책이 이때부터 시행되었다.

이 사랑스럽다. 왜냐고 묻는다면 아직은 "글쎄~"라고 대답할 뿐이지만~~.

"자~ '잠잠(Jam Jam)'[7] 가자~. 가자~."

물안개 피어나는 뽀카라로, 흰 구름이 걸려 있는 안나뿌르나 설산으로, 사랑스런 아이들이 기다리는 비레탄띠 마비로 어서 가자~~~.

(5)

지금도 그렇지만, 학생들과의 의사소통은 네팔에 도착할 때부터의 문젯거리였다. 그러나 어떠하든 학생들과의 거리는 좁혀야 했다. 그래야지 뭘 가르치거나 뭘 할 게 아닌가 말이다. 그러나 다 늙어서 남의 나라 말을 새로 배운다는 것이 생각처럼 쉬운 일이 아니었다. 나도 그렇지만, 주위 사람들도 우선 영어를 사용하기를 좋아해서 내 네팔어 학습은 더욱 진도가 나가지를 않았다.

그때 생각한 방법이 '학생들의 이름 불러주기'였다. 꽃이라 불러주니 꽃이 되었다는 것처럼 내가 그들의 이름을 불러주니 그들이 내게로 다가와 나의 제자가 되었다. 꼭 네팔말로 하는 의사소통은 필요하진 않았다.

그러나 네팔 사람들의 이름이라는 것이 그게 그거 같고, 저게 저거 같이 비슷한 데다가 2백여 명의 이름을 암기하는 것은 생각처럼 쉽지 않았다. 우선 매일 만나는 아이들에게 "떠빠이쿠[your] 남[name] 쿄 호?" 그러면 "메로[my] 남[name] **호(is)"라는 대답이 돌아온다. 그러면 특징을 기억해서 이름과 함께 기억하곤 했다.

그러나 전교생의 이름을 단시간 내에 외우는 것은 거의 불가능했다. 우선 단계와 대상을 나누어야 했다. 우선순위는 드림팀이고, 다

---

7) 잠잠이란 네팔어는 '가자'라는 뜻이다.

유아원 아이들이 나란히 서서 뭔가를 기다리고 있다.

음은 비레탄띠 본 동네에 사는 아이들은 길거리에서도 자주 부딪치니 이름을 불러줄 기회가 많았고, 그다음이 염소를 분양받은 학생들 차례였다. 염소를 분양해줄 때 한국식으로 후원자들이 염소이름을 정해주기 때문에 내식대로 아이들 이름을 지어 주기로 했다. 한국식으로 별명을 지어서 이름 위에, 실물 위에 얹어 놓으면 외우기 좀 수월했다.

예를 들면 '1호염소 형, 아누스', '호프염소 누나, 쇼바 파리야' 그리고 '털팔이, 모니카 따망', '세침때기 아이따수바', '얌전이, 스리자냐라이', '흑진주, 수스미따 파리야', '코 찔찌리, 수잘 케씨', '똘똘이 비샬 차빠이'라는 식으로 말이다.

내가 학교에서 하는 일은 크게 두 가지이다. 하나는 명예교장으로서 한국의 지인들이나 후원자들을 우리 학교를 연결시켜 학교에 도움이 될 만한 사업을 추진하는 것인데, 이에 대하여는 다음(제2부 7. 학용품, 염소, 교복 후원 프로젝트)에서 다시 언급할 예정이다.

그리고 또 하나는 미술교사로서 전교생을 상대로 기본 미술학습을 시키는 일이다. 학년에 따라 미술과제가 달라지는데, 저학년은 간단한 색칠하기 같은 것을, 고학년은 주제를 주어 그림을 그려오기 같은 것을 하는데, 그중에 유난히 특별한 재능이 보이는 학생들은 따로

학교 앞의 유일한 부디말라 씨의 매점 풍경이 정겹다.

숙제를 여러 장 내어주고 그 결과에 따라 드림팀으로 선발해 특별 미술교육을 시켰다.

내가 미술교사로서 무엇보다 힘주어 아이들에게 가르치고 싶은 것은 "너희들이 사는, 이 안나뿌르나 설산이 얼마나 아름답고, 얼마나 숭고하며, 얼마나 세계적인가?"였다. 그러니 너희들은 물질문명에 혹해서 조상들이 물려준 저 위대한 설산이 주는 가르침을 잃어버리면 안 된다. 또한 저 설산을 너희 후손들에게 깨끗하게 물려주어야 한다. "Understand? 부즈누 훈처?"

참, 드림팀의 활약상도 당연히 다음(제2부 5. 안나뿌르나 설산에 뜬 설산동녀와 설산동자의 '무지개 꿈', 6. 드디어 한국으로…)에서 다시 언급하기로 하겠다.

(6)

'비레탄띠 마비'장을 마감하면서 교육에 관련된 네팔사회와 우리 학교에 관련된 근본적인 문제점을 지적하는 사족을 달아야겠다. 그렇다고 개선될 성질의 것은 아니지만, 그래도 문제점은 누군가는 인식하고 있다는 사실은 중요하기에 용기를 내어본다.

롯지의 내 방에서 내려다보면 아침, 저녁마다 노란색 학교버스가 다리까지 와서 아이들을 데려가고, 또 데려온다. 아랫마을인 나야뿔(Nayapul)에서 온 '영어 보딩 스쿨(E. Bording school)'버스로, 이른바 사립학교의 통학차이다. 그 버스에 타는 학생들은 상대적으로 깨끗한 교복에 차림새도 말끔하다. 한 눈에도 '있는 집의 자녀들'로 보인다.

상대적으로 우리 학교 아이들은 거의 가난하다. 그렇기에 돈 많은 동네 또래 친구들이 노란 스쿨버스 타고 나야뿔 영어학교에 가는 그런 광경을 얼마나 선망의 눈으로 바라보는지는 굳이 물어보지 않아도 알 수 있다.

우리 비레탄띠 마비가 공립학교라는 것은 앞에서 이미 언급했다. 그래서 학비도 의무교육이라 저렴하고 학교가 같은 동네에 있기에 여러 가지로 편리할 것 같은데도, 대부분의 동네 유지들과 학교의 교사들은 그들의 자녀들을 우리 학교에 보내지 않는다. 교육의 질이 많이 떨어진다는 이유에서이다.

다른 것은 내가 자세히는 알 수 없으나 '출석일수'에서는 많은 차이가 나는 것은 확실하다. 공립학교가 무슨 핑계를 대가면서 수업을 안 하는 날에도 사립학교 아이들은 학교 가는 것을 자주 보아 왔으니까.

'환경의 날' 캠페인을 위한 가두행진

독지가들이 후원한 학용품을 받기 위해 줄서기를 하는 아이들

이상하게 들리겠지만, 네팔에서는 사립학교가 작은 마을에도 한두 곳 정도 있다. 기득권층 유지들이 부업삼아 사립학교 몇 개 정도는 기본으로 운영하기 때문이다. 시골에서도 보딩스쿨의 인가조건은 별로 어렵지 않다. 우리나라처럼 대도시에 몇 개 정도 있는, 아주 비싸고 특수한 귀족학교 같은 정도는 아니지만, 그래도 네팔에서는 '부티나는 학교'들이 즐비하다.

현재 네팔사회에서 중산층 이상의 사람들은 대부분 이런 보딩스쿨 출신들이다. 그들은 자식들을 대부분 공립학교에 보내지 않는다. 자신처럼 중산층 이상으로 살기 위해서는 반드시 보딩스쿨을 나와야 한다는 인식 때문이다. 나름대로 '특수층 사람들만의 리그'로 모종의 카르텔이 형성되어 있는 셈이다.

현재 네팔에서 영어는 외국어가 아니고 국어이다. 네팔의 상류계급층은 이전처럼 신분제 '카스트(Caste)'제도로만 분류되지는 않는다. 물론 카스트제도가 완전히 없어졌다는 말은 아니지만, "돈 있으면 상류층이 될 수 있다."라는 말은 유효하다. 그들은 영어로 수업하는 보딩스쿨을 다녔기에 영어가 아주 유창하다. 그것은 영국 시절 때부터의 사회적 관습이다. 그래서 일단 영어가 유창하지 않으면 '그들만의 리그'에 끼어들 수조차 없다.

(7)

그런데 정작 더 심각한 문제는 다른 데 있다. 이런 사회 분위기가 우리 학교 같은 공립학교 교사들의 교육자적인 인식이나 자질에 직결되기 때문이다. 우리 학교 선생들 중에도 자신의 자녀들은 노란버스에 태워 아랫마을 보딩스쿨에 보낸다. 비록 비싸더라도 자식들이 재대로 교육 받으려면 공립학교로는 어림없다는 인식의 발로이다.

내가, 지금 마치 내부 고발자 같은 심정이라 마음이 편치는 않지만, 우리 학교의 교장 이하 대부분의 교사들이 직업적인 전업교사라기보다는 부업삼아 하는 아르바이트 같은 인식을 가지고 있다는 사실을 확인하고는 놀라움을 금하지 못할 때가 많았다. 물론 교사로서의 자질도 사립학교 교사들보다 상대적으로 떨어질 것이다. 우리 학교의 교사들의 출근일수는 일 년의 반을 넘길 정도이다. 당연히 나머지는 집에서 생업에 종사한다고 한다.

아예 직접 보딩스쿨을 하나 차려서 운영하거나 레스토랑이나 구멍가게를 차리거나 하다못해 농사라도 안 짓는 선생이 없을 정도이다. 우리식으로 한다면 투잡(Two Job) 또는 쓰리잡(Three Job)이다. 그러니 그들에게 무슨 교육자로서의 열정과 자긍심을 기대할 것인가?

교사들의 월급이 고작 2백~3백 달러 선이라 하니 그들의 입장을 이해는 할 수 있어도, 하여간 네팔 교육의 앞날이 암울해 보이는 것은 사실이다.

참, 내가 여기서 하는 일 중에 한 가지가 더 있기는 하다. 철마다 뜻이 통하는 지인들에게 탁발(托鉢)하거나, 때로는 내 품위 유지비를 다 털어서라도, 전 교생들에게 깨끗하고 세련된 새 교복과 운동복을 맞추어 주는 일이다. 그때만큼 아이들이 행복해하는 것을 본 적이 없는 데다가 멋진 새 교복을 입을 때만큼은 노란버스 아이들을 부러워하지 않기 때문이다.

그 이유는 단 한 가지다. 우리 비레탄띠 마비 아이들이 노랑버스 아이들한테 기죽지 말고 씩씩하게 뛰어놀기 바라는 뜻에서이다. 그래서 노란색을 뛰어넘어 황금색 아니 플래티넘(Platinum) 네팔리로 자라나기를 바라면서 학교 소개를 마감하고자 한다.

## 2. '엄홍길 휴먼재단(UHGHF)'에 대하여

### ::: 엄홍길 휴먼재단(UHGHF)

주소: 서울시 중구 동호로 28길 12 장충빌딩 7층
연락처: Tel 02 736 8850/Fax 02 736 8858
E-mail: uhfg8848@hanmail.net
홈페이지: www.uhf.or.kr

2012년 2월 25일 제4차
비레탄띠 휴먼스쿨 기공식 사진

2013년 2월 19일 비레탄띠 준공식 사진

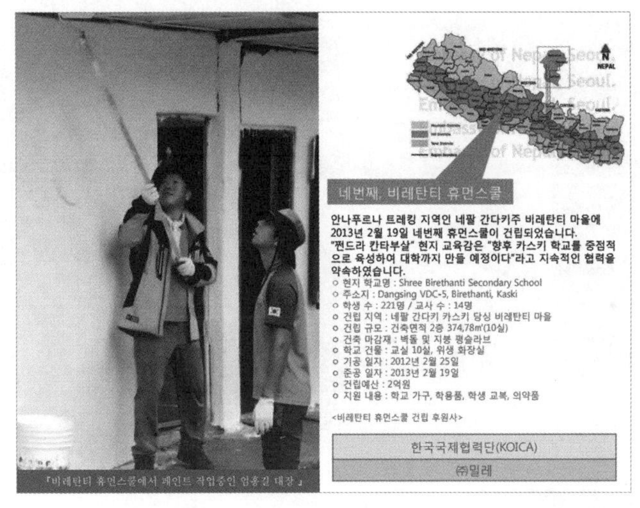

『비레탄티 휴먼스쿨에서 페인트 작업중인 엄홍길 대장』
네번째. 비레탄티 휴먼스쿨
안나푸르나 트레킹 지역인 네팔 간다키주 비레탄티 마을에
2013년 2월 19일 네번째 휴먼스쿨이 건립되었습니다.
"쩐드라 칸타부살" 현지 교육감은 "향후 카스키 학교를 중점적
으로 육성하여 대학까지 만들 예정이다"라고 지속적인 협력을
약속하였습니다.
○ 현지 학교명 : Shree Birethanti Secondary School
○ 주소지 : Dangsing VDC-5, Birethanti, Kaski
○ 학생 수 : 221명 / 교사 수 : 14명
○ 건립 지역 : 네팔 간다키 카스키 당싱 비레탄티 마을
○ 건립 규모 : 건축면적 2층 374,78㎡(10실)
○ 건축 마감재 : 벽돌 및 지붕 평슬라브
○ 학교 건물 : 교실 10실, 위생 화장실
○ 기공 일자 : 2012년 2월 25일
○ 준공 일자 : 2013년 2월 19일
○ 건립예산 : 2억원
○ 지원 내용 : 학교 가구, 학용품, 학생 교복, 의약품
<비레탄티 휴먼스쿨 건립 후원사>
한국국제협력단(KOICA)
㈜밀레


제4차 비레탄띠 휴먼스쿨 소개

## ≪엄홍길 휴먼재단 Story≫

'엄홍길 휴먼재단'은 지구촌 소외된 이웃에게 따듯한 사랑의 손길을 전한다.

세계 최초로 히말라야 8,000m 16좌 완등의 신화를 등정한 산악인 엄홍길 대장이 휴머니즘과 자연에 대한 사랑을 실천하고자 뜻을 같이하는 많은 분들과 설립한 재단법인이다.

Himalayas, the world's first 8,000m 16 left to climb the myth of climbing Um, hong gil mountaineer captain humanism and love for nature to practice Many people with like -minded Foundation is established. Foundation for Human Um, hong gil needy warm heart to the world I would like to touch.

::: 휴머니즘과 자연에 대한 사랑 실천

네팔 등 개발도상국가에 대한 교육 및 의료지원사업 등 국·내외 청소년 교육사업과 소외계층에 대한 지원사업, 환경보호를 위한 환경사업을 설립목적으로 하고 있다.

휴먼재단 소개 히스토리 부분

휴먼재단 소개

휴먼재단 소개 표지부분

Nepal and other developing countries, such as for education and health support program Bureau, Distinguished youth education programs for underprivileged and Support projects, environmental projects for environmental Protection.

네팔 여자어린이와 마주보고 인사하는 엄홍길 대장

▲ UHGHF 네팔 지부(까트만두) 배너

◀ UHGHF 네팔 지부 사무실

**≪엄홍길(嚴弘吉, 1960~)≫** '다음백과'에서

(요약본) 에베레스트 남서벽 원정등반을 시작으로 K2까지, 세계의 고봉인 히말라야 14좌를 한국 최초로 완등했다. 이어 얄룽캉, 로체샤르까지 등반해 세계 최초로 8,000m 이상인 16좌 모두를 완등한 기록을 세웠다. 의정부 양주고등학교를 졸업하고 한국외국어대학 중국어과에서 수학했다.

1985년 9월 에베레스트(8,848m) 남서벽 원정을 시도하였다가 실패하였으나 1988년 9월에 다시 도전하여 등정에 성공하였다. 이후 1993년 9월 10일 초오유(8,201m), 9월 29일 시샤팡마(8,012m), 1995년 5월 8일 마칼루, 7월 12일 브로드피크(8,047m), 10월 2일 로체(8,516m) 등정에 성공했다.

1996년 5월 1일 다울라기리(8,078m), 9월27일 마나슬루(8,163m), 1997년 7월 9일 가셔브룸1봉(8,068m), 7월 16일 가셔브룸 2봉(8,035m), 1999년 4월 29일 안나뿌르나(8,091m), 7월 12일 낭가파르밧(8,125m), 2000년 5월 19일 캉첸중가(8,603m), 7월 31일 K2(8,611m)를 등정함으로써 히말라야의 8,000m급 14좌를 모두 등정하는 데 성공했다.

그는 이어 히말라야 고봉에서 조금 떨어져 있는 8,000m 이상인 2개의 봉우리, 얄룽캉(8,505m)과 로체샤르(8,400m)를 2004년과 2007년 5월 31일에 등정함으로써 세계 최초로 8,000m 이상의 모든 봉우리를 완등한 산악인이 되었다.

2015년 11월 11일 김선현 교수(트라우마 협회), 엄 대장 동행방문

2016년 4월 3일 대구교육청 관계자 및 대구학생 비레탄띠 휴먼스쿨 방문

2005년에는 에베레스트 휴먼원정대를 이끌고 에베레스트 등반 도중 사망한 고 박무택 대원 등의 시신을 수습하러 떠났으나 험준한 에베레스트에서 시신과 함께 하산하지 못해 근처에 돌무덤을 만들어 주고 베이스캠프에서 위령제를 지내주었다.

2006년 상명대학교 자유전공학부 석좌교수를 역임했으며 네팔을 비롯한 개발도상국에 교육과 복지를 지원하는 '엄홍길 휴먼재단'을 설립해 상임이사를 맡고 있다.

이외에 밀레 기술고문, 대한산악연맹 자문위원, 한국외국어대학교 석좌교수, 국립등산학교 초대교장을 맡고 있고 푸르메재단, 서울복지재단, 한국토지공사, 기상청, 코이카 등 다수기관의 홍보대사로 임명되었다.

1989년 체육훈장 거상장, 1996년 체육훈장 맹호장, 한국대학 산악연맹 올해의 산악인상, 2001년 대한민국 산악대상, 체육훈장 청룡장을 받았고 2007년 파라다이스상 특별공로 부문 등을 수상했다.

저서에 『히말라야 8000미터의 희망과 고독』, 『엄홍길의 약속』, 『불멸의 도전』, 『꿈을 향해 거침없이 도전하라』, 『내 가슴에 묻은 별』,

『산도 인생도 내려가는 것이 더 중요하다』 등이 있다. 2003년 의정부 호원동 지하철 1호선 망월사역 앞에 '산악인 엄홍길' 전시관이 개관했으며, 2004년 모교인 의정부시 호원동 호암초등학교에 동상과 전시관이 세워졌다. 그리고 2007년 출생지 경상남도 고성군에 '엄홍길 전시관'이 경남 고성군 거류면 거류로 335에 건립되었다.

**'엄홍길 휴먼재단' 상임이사(58)가 네팔에서 16개의 학교를 짓고 있다.**

엄홍길은 2007년 로체샤르 등정을 마지막으로 세계 최초 히말라야 8,000m 고봉 16좌 완등에 성공했다. 그 이후 그는 더 이상 히말라야에 오르지 않지만 여전히 네팔을 찾는다.

1985년 에베레스트를 시작으로 22년간 히말라야에 오른 그는 실패를 거듭하며 수많은 동료들을 먼저 떠나보냈다. 마침내 16좌 완등이라는 신화를 이뤄냈지만 그에겐 마음 한 구석 부채의식이 남아 있었다.

2018년 4월 3일 학교에 VIP(9명), 엄 대장 안나뿌르나 트레킹 동행방문

2016년 4월 3일 비레탄띠 휴먼스쿨에 삼성지원 Smart class 개설

엄홍길 역시 생사의 기로에 놓일 때마다 "살려서 내려 보내주신다면 이 산과 이곳의 사람들에게 보답하겠습니다."라며 히말라야의 모든 신께 염원했다. 그리고 결국 그는 히말라야에서 살아남았고, 그는 히말라야, 또 자신과의 약속을 지키기 위해 네팔에 학교를 짓기로 했다.

20년 넘게 네팔을 드나들며 그는 네팔의 열악한 교육환경과 계속되는 가난의 대물림을 끊을 수 있는 길은 교육이라고 생각했기 때문이다.

에베레스트에서 먼저 떠나보낸 동료 술딤 도르지의 고향 팡보체를 시작으로 그가 올랐던 16개 히말라야 고봉들과 같은 수인 16개 학교들을 네팔에 세우기로 결심했다. 그의 이름을 건 엄홍길 휴먼재단이 이 일을 추진하고 있다.

::: **엄홍길 휴먼재단 네팔 휴먼스쿨 건립연혁**

제1차 팡보체 휴먼스쿨 2010. 5. 5 완공

제2차 타르푸 휴먼스쿨 2011. 2. 23 완공(건립후원사: 한국라이온스클럽 354-D지구, 코이카)

제3차 룸비니 휴먼스쿨 2012. 2. 21 완공(건립후원사: 밀레, 기업은행, AIA생명)

제4차 비레탄띠 휴먼스쿨 2013. 2. 19 완공[8] (건립후원사: 밀레, 코이카)

제5차 다딩 휴먼스쿨 2014. 5. 30 완공

제6차 산티뿌르 휴먼스쿨 2014. 3. 8 완공(건립후원사: 굿웨이위드어스, 기업은행)

제7차 따토빠니 휴먼스쿨 2014. 9. 30 완공(건립후원사: 신세계조선호텔)

제8치 골리 휴먼스쿨 2014. 12. 27 완공(건립후원사: 디케이락)

제9차 마칼루 휴먼스쿨 2017. 2. 23 완공(건립후원사: 하나금융그룹)

제10차 룸비니 순디 휴먼스쿨 2015. 11. 7 완공(건립후원사: 화엄군포교후원회)

제11차 네팔건지 휴먼스쿨 2016. 2. 23 완공(건립후원사: 한국프랜차이즈산업협회)

제12차 푸룸부 휴먼스쿨 2017. 3. 26 완공(건립후원사: 롯데홈쇼핑)

제13차 고르카 휴먼스쿨 2018. 3. 18 완공(건립후원사: 현대오일뱅크1%나눔재단)

제14차 둘리켈 휴먼스쿨 2018년 12월 완공 예정(건립후원: 부산 도원사 만오 주지)

제15차 심빠니 휴먼스쿨 2018. 4. 26 완공(건립후원사: 대구광역시교육청)

제16차 까트만두 인근 딸께쉴 지역 건립부지를 정하고 준비 중임.

지역병원 건립. 쿰부 남체 엄홍길 휴먼재단 병원 2017월 5월 11일 완공

::: 휴먼스쿨 운영 지원사업

준공된 엄홍길 휴먼스쿨에 원활한 운영을 위하여 교육 기자재, 학용품, 교사 급여 지원 및 도서관, 기숙사 건립 등을 시행한다.

---

8) 연면적 240.14m2, 건축면적 374.78m2 규모로 건립한 제4차 학교로 복층구조(2층)로 교실 8실, 교무실 1실, 도서실 1실, 위생화장실 등으로 구성.

엄 대장에게 초상화 증정, by Arjun Rai

::: 희말라야 의료봉사단

엄홍길 휴먼재단은 국내 종합병원과 연계하여 열악한 위생환경과 빈곤으로 고통받는 아이들과 주민들에게 의약품과 진료서비스를 제공하고 있다.

::: 히말라야 지원봉사단

청소년 오지마을 봉사활동을 통해 나눔과 사랑을 실천하며, 히말라야를 직접 체험하고 네팔의 종교와 문화를 이해할 수 있도록 하고 있다.

::: 희망날개 프로젝트

초기에 진료를 받을 수 없는 가난과 산악지대라는 지형적 특성으로 난치병을 안고 살아가는 아이들을 국내로 이송해 병을 치료하고 건강하게 자랄 수 있도록 희망의 날개가 되어 주고 있다.

::: 부록: 엄홍길 대장의 8천m급 등정기록

1988년 에베레스트(8,850m)
1993년 초오유(8,201m)
1993년 시샤팡마(8,027m)
1995년 마칼루(8,463m)
1995년 브로드피크(8,047m)
1995년 로체(8,516m)
1996년 다울라기리(8,167m)
1996년 마나슬루(8,163m)
1997년 가셔브룸1봉(8,068m)
1997년 가셔브룸2봉(8,035m)
1999년 안나뿌르나(8,091m)
1999년 낭가파르밧(8,125m)
2000년 칸첸중가(8,586m)
2000년 K2(8,611m)
2001년 로체(8,516m)
2001년 시샤팡마(8,027m)
2002년 에베레스트(8,850m)
2003년 에베레스트(8,850m)
2004년 얄룽캉(8,505m)
2007년 로체샤르(8,400m)

## 3. 비레탄띠 마을과 내 하숙 롯지

(1)

"음~ 역시 이 맛이야!"

한국에서 휴가를 끝내고 오랜만에 돌아온 안나뿌르나 설산 기슭의 마을 비레탄띠 마을에 있는 내 하숙집, 아니 하숙 롯지에서의 첫 아침은 '찌아(Chia)' 혹은 '짜이(Chai)' 한 잔 때리는(마시는) 일로 시작한다. 둘은 같은 말이지만, 일부 네팔리는 앞 것을 주로 사용하고 외국인들과 일부 네팔리는 후자를 즐겨 사용한다. 특히 우리 롯지의 '모닝 찌아'의 맛은 시세말로 죽여준다. 그럴 수밖에 없는 이유가 몇 가지가 있다.

우선 차를 마시는 자리가 명당이다.

롯지 식당은 모디콜라(Modikhola)[9] 강가에 있는데, 멀리 세계 '3대 미봉'[10] 중의 하나로 꼽히는, 물고기꼬리를 닮은 멋지고 성스러운 성산(聖山, St)[11] 마차뿌차레[12] 설산이 바라다 보인다. 그래서 롯지

---

9) 풍요의 여신 안나뿌르나의 만년설이 녹아 흘러내리는 지류 중의 가장 큰 하천 아니 작은 강이다.

10) 그 기준이 모호하기는 하지만, 쿰부히말에 있는 아마다블람(6,856m)과 안나뿌르나 마차뿌차레, 그리고 유럽 알프스에 자리한 마테호른(4,478m)을 일컫는다.

11) 힌두교의 죽음과 파괴를 관장하는 로드 쉬바(lord Shiva)신의 성지이기에 등반이 금지되어 있는 히말라야 유일의 성산이다.

12) 마차뿌차레산은 네팔 북부에 위치한 안나뿌르나 히말에서 남쪽으로 갈라져 나온 산맥의 끝에 위치한 봉우리로 네팔 중앙의 휴양도시인 뽀카라로부터는 북쪽으로 약 25km 떨어진 곳에 있다. 두 개로 갈라져 있는 봉우리의 모습이 '물고기의 꼬리' 모양을 하고 있다고 하여 네팔어로는 '물고기의 꼬리'라는 뜻을 가지고 있기에 'Fish Tail'이라는 별명으로 더 알려져 있다.

안나뿌르나 설산의 빙하가 녹아내리는 모디콜라 강 다리 건너로 옛 비레탄띠 마을이 자리 잡고 있다.

이름도 'New River view lodge'이다.

이런 멋진 카페에서 마시는 차가 무언들 맛이 없겠느냐마는, 특히 우리 롯지 안주인의 차 끓이는 솜씨는 인근에서도 소문이 나 있다. 그녀는 아침에 일어나자마자 찌아부터 끓인다. 우선 주전자에 맑은 물과 차[Black Tea] 한 숟가락과 허브향 잎[Dalchini ko Badda: Sinamon Tree leaf] 몇 개 정도 넣고 세 숨 정도 끓이다가, 그다음에 새벽에 배달되는 신선한 물소젖과 설탕을 적당히 넣고 다시 한 숨 더 끓이면, 찌아는 완성된다.

그러니까 찌아의 맛은 차 자체의 맛에 첨가되는 허브 잎과 더불어 우유의 신선함과 설탕의 분량에 따라 맛의 편차를 보이는 것이겠지만, 다른 곳에서는 좀처럼 이 같은 맛을 구경할 수 없는 것을 보면 끓이는 사람의 손맛도 상당부분 작용하는 것 같다. 그 외에 그녀의 솜씨를 최고로 유지시키기 위한 노하우가 하나 더 있기는 하다.

"그게 뭔데?"

그건 천기누설~~. 오늘도 나는 차를 한 잔 더 청하여 두 잔이나 마시고 자리에서 일어서면서 주방에다 대고 씩 웃어 가며 엄지를 치켜세워준다. 칭찬은 고래도 춤추게 하지 않다더냐? 이것이 비결이다.

마을 어디에서나 마차뿌차레 성봉이 언듯언듯 바라다 보인다.

음식 맛은 먹어주는 사람의 "미또처(Mitocher)" 한 마디로 결정되기 마련이다. 앞에 "엑덤"을 부쳐주면 금상첨화이다. "매우 맛있다." 라고… 필자가 장담하건대, 그러면 다음날은 당연히 더 맛있어진다.

나중에 이 책의 제5부 '먹거리와 마실거리 산책 편'에서 다시 언급을 하겠지만, 우선 맛보기를 보자면, 네팔 사람들의 '손맛예찬'은 알아주어야 한다. 그들은 음식을 우리처럼 색, 향, 미보다는 오히려 '촉(觸)', 즉 손맛을 더 중요시한다. 그래서 밥도 손으로 먹는다. 그들의 주식인 백반정식인 '달밧(Dal-Bhat)'을 먹는 모양을 보면 이해하기 쉽다. 우선 큰 놋쇠쟁반에 '밧(밥)'과 '달(녹두스프)'과 '떨거리(밥반찬)'라는 여러 종류의 반찬을 담아내어 오는데, 각자의 기호와 취향에 따라 그 재료들을 밥에 섞어 손으로 주물럭거려 가며 네 손가락을 주걱처럼 펴서 음식을 퍼서 엄지를 사용하여 입안으로 밀어 넣는다.

말하자면 음식을 주무르는 동안에 식욕을 느낀다는 그들의 미각의식을 이방인들이 어찌 완전히 이해하겠냐마는, 우리가 김치 겉절이를 무칠 때나 먹을 때 칼로 싹둑싹둑 잘라 먹는 거보다는, 손으로 쭉쭉 찢어서 먹고는 그 손가락에 묻은 양념마저 빨아 먹어야 제맛이 난다는 우리식의 논리로 그들의 음식문화를 이해하면 될 것이다.

(2)

비레탄띠 마을을 원래 구룽족(Gulung)[13]의 집성촌이었다. 그들의 특징은 '구룽'이란 말뜻처럼 농부들이다. 그래서 항상 등에는 바굴룽(Bagulung)이란 하얀 천보자기를 배낭처럼 매고 다닌다. 그러면 틀림없는 구룽족이다. 생김새는 네팔의 메이져 민족인 네와리(Newari)하고는 전혀 다르다. 오히려 몽골계와 비슷하다. 인구는 마을 안에는 수백 명을 넘지 않을 정도가 살고 있지만 큰 행사 때가 되면 이 골짜기 저 능선에서 많은 사람들이 쏟아져 나온다.

비레탄띠 마을을 비롯하여 안나뿌르나 남쪽 기슭에 퍼져 사는 구룽족들은 전통적으로 농·축산업을 생업으로 살아 왔다. 낮고 비옥한 땅은 네팔의 메이져 민족인 네와리들이 차지하고 있기에 구룽족은 2~3천m가 넘는 높은 고산지대까지 밀려 올라가 벼농사, 밭농사가 가능한 곳이면 엉덩짝을 붙이고 살면서 근면 성실하게 자식들을 키워오면서 오랫동안 살아왔다.

그러나 근래에 들어와서는 트레커들의 주머니를 바라보고 다른 민족들인 따카리족, 따망족, 세르빠족, 짜빠이족, 라이족 등이 슬금슬금 구룽족의 터전을 잠식하고 들어오자 구룽족의 일부 젊은이들은 농사만 지어가지고는 살 수가 없기에, 쫓겨나가듯 큰 도시로 나갈 수밖에 없었다.

물론 그들 중 일부는 고르카스(Gorkhas)[14] 용병에 지원하거나 또

---

13) 구룽족은 대부분이 안나뿌르나 산맥 인근 지역인 카스키 지구에 모여 산다. 2001년 기준으로 543,571명(전체 인구의 2.39%)의 구룽족이 있으며, 그 가운데 338,925명이 티베트버마어족의 언어인 타무카이어를 쓴다. '구룽'이란 말은 티베트어로 '농부'를 뜻하는 단어인 '그룽(Grung)'에서 유래된 이름이다. 구룽족은 자신들을 '말 타는 사람'이라는 뜻을 가진 단어인 '타무(Tamu)'로 부른다.

14) '2권 제2부 7. 용맹스런 용병, 고르카스'에서 다시 언급하겠지만, 고르카스 용병에

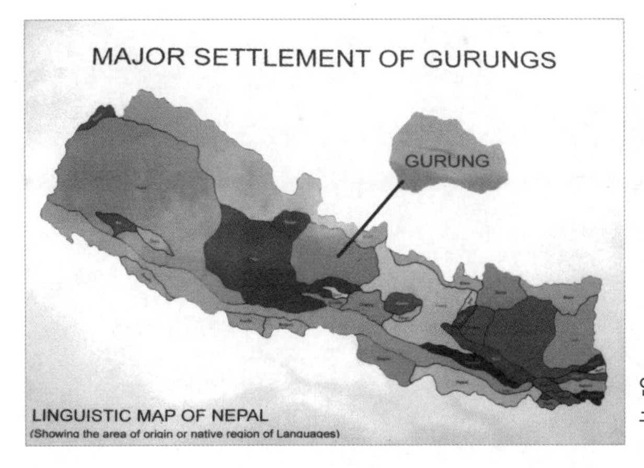


안나뿌르나의 원주민
구룽족 분포도

는 해외 근로자로 나가 돈도 벌고 견문도 넓혀서, 이른바 성공을 하고 돌아오는 사람들도 있지만, 누구에게나 그런 기회가 오는 것이 아니기에 대부분은 과도기적 혼란기에 머물고 있는 상태여서 네팔의 미래에 적지 않은 걸림돌이 되고 있다.

(3)

비레탄띠를 품고 있는 안나뿌르나 일대는, 우리의 풍수지리학 관점으로 보면 매우 특이하고 인상적인 곳이다. 안나뿌르나는 5개의 산군이 모여 이룬 형국인데, 모두 여신들이다. 그래서 '풍요의 여신'이란 닉네임이 붙여졌을 것이다. 그런데 그 사이에 유일하게 남성 신격을 가진 마차뿌차레가 자리 잡고 있다. 이 산은 특히 로드 쉬바(Lord Shiva)가 주석하고 있는 산이기에 인간의 출입이 금지된 성산인데,

---

선발되면 오직 맨 몸 하나로 높은 연봉과 은퇴 후 연금 그리고 명예와 밝은 미래가 보장되는 고르카스 용병은 '꿈의 직업'이다. 오늘날 이들 고르카스가 전 세계에서 벌어들이는 외화는 네팔의 주요한 소득원으로 한 나라 전체가 벌어드리는 관광수입을 앞지를 정도로 비중이 무겁다.

모디콜라 다리를 건너면 에켑[ACCP] 체크포스트가 트레커를 맞는다.

모양이 물고기꼬리를 닮아서 일명 '피시 테일(Fish Tail)'이라고 부르기도 한다.

풍요의 여신 속에 유일한 남신이 꼬리만 내놓고 박혀 있는 모습은 마치 힌두 쉬바이즘(Shivaism)의 음양합일의 심벌인 링가(Linga: Liṅgam)와 요니(Yoni)를 자연적으로 배치해 놓은 것 같은 형국이어서 딴뜨리즘을 지형적으로 옮겨 놓은 듯하여 의미심장하다. 링가는 힌두교에서 시바신을 상징하는 남근상(男根像)으로 힌두이즘에서는 생식력의 심벌로 숭배되어 인도와 네팔 전역의 사원에 아주 중요한 모티브로 모셔져 있는데, 주로 여성의 성기를 상징하는 '요니' 위에 꼿꼿이 곧추선 채로 서 있어서 힌두이즘을 이해 못하는 이방인들의 눈에는 해괴망측하게 보일 수도 있다.

그러나 '링가'와 '요니'의 의미와 상징은 음양의 원리는 일체유정물의 탄생 그 자체이기에, 상반된 두 원리는 영원히 분리될 수 없다는 사실을 시각적으로 표현한 일종의 패러디로 이해하면 될 것이다. 그

3년간의 내 하숙 롯지인 '뉴 리버 뷰 롯지 (New river view lodge)'의 가족과 이웃들

래서 풍요의 여신이요 다산의 여신이란 이름이 붙여진 것이다.

힌두이즘에서 로드 쉬바의 원래 신격은 파괴의 역할을 맡은 삼주신[Trimurti][15)]이 하나이다. 창조는 파괴의 다음 단계이니 파괴가 더 중요하다는 힌두이즘의 논리는 정연하다.

(4)

내 3년 동안 하숙 롯지의 주인은 따카리(Takhali)족 출신의 가젠드라 가우찬(Gajendra Gauchan) 부부이다. 그들은 이곳의 원주민인 구룽족은 아니고 무스탕 입구의 좀솜(Jomsom)이라는 곳이 본향(本鄕)이지만, 성격 좋고 부지런하고, 무엇보다 젊었을 때 홍콩에서 7년간을 노동자로 일한 경험이 있어서 영어를 꽤 잘 한다. 오래 전부터 단골 트레커들이 많아서 롯지에는 여러 부류의 손님이 끊이지를 않는다.

15) 글자 그대로의 뜻은 '세 개의 형상(Three Forms)'으로 풀이된다. 우주의 창조·유지·파괴의 세 가지 우주적인 작용들이 창조의 작용을 하는 신인 브라흐마, 유지 또는 보존의 작용을 하는 신인 비슈누, 그리고 파괴 또는 변형의 작용을 하는 신인 쉬바의 모습으로 의인화 또는 인격화되어 표현되어 있다.

다리 건너 꾸스마네
딸부자 집에서는 날마다
도넛을 만들어 판다.

이들은 모두 3형제인데, 큰 형은 고르카스 용병을 거처 현재 영국에서 영주권을 갖고 생활하고 있고 가운데 형은 뽀카라에서 역시 작은 호텔과 식당을 하고 있고 막내인 가젠드라만 이 마을에서 부친이 하던 롯지를 물려받아 지금 잘 끌어가고 있다.

이들 따카리족은 오래 전부터 농사에서 손을 떼고 대개 호텔이나 레스토랑 같은 2, 3차 서비스산업에 종사하기에 다른 이웃 부족에 비해 부유한 편이다. 이들 부부는 슬하에 쌍둥이 형제를 두고 있는데, 현재 모두 뽀카라와 까트만두에서 대학을 다니다가 집에 갑자기 큰 팀이 들어와서 일손이 딸리면 집으로 달려와 부모를 돕는 아주 착하고 부지런한 아들들이다.

안주인 역시 같은 따카리족이고 음식 솜씨가 역시 좋아 부부가 부창부수하며 적지 않은 규모의 레스토랑과 게스트하우스를 잘 꾸려가고 있다. 그리고 어렸을 때 집 앞에서 버려진 벙어리 소녀를 키워서 한 가족처럼 지내고 있는데, 지금은 꼬부랑 할머니가 되어서도 집안의 온갖 궂은 일을 도맡아하고 있다. 이 할머니 처녀는 나뿐만 아니라 누구든지 만나면 뭐가 그리 좋은지 함박웃음을 날리는 우리 롯지의 행복 바이러스이다.

주인 내외는 평소에도 아침마다 2층 사당에 들어가 뿌쟈를 올리며 힌두교도로서의 의무를 충실히 이행한다. 그런데 돌아가신 모친의 기제사(祈祭祀), 즉 사라다하(Shraddha)에는 해마다 근처 사원의 라마승 3~8인을 초빙하여 성대한 뿌쟈를 지낸다. 이때 친척이나 이웃들도 약간의 돈과 여러 가지 먹거리 음식을 한 소쿠리 가져와 같이 참여하고 음식을 나누어 먹는다. 우리식으로 보면 음복(飮福)행사이다. 나도 한솥밥을 먹는 가족의 일원이기에 지난 3년 동안 꼬박이 제사에 참가했다.

그런데 흥미로운 현상이 하나 있다. 제사의 용어와 형식은 힌두교 스타일로 용어도 '뿌쟈(Puja)'라고 부르고 축복받은 음식을 '프라사드(Prasad)'라고 부른다. 그러나 실제적인 의례는 라마승들이 집전하는 불교식이다. 그것은 이 집만 그리 하는 것이 아니고 구룽족 등 대부분의 산악민족이 그렇다고 한다. 티베트불교가 네팔리의 '삼스까라[Samskara: 冠婚喪祭]'를 접수해 나가는 상황은 네팔의 미래에 큰 키워드가 될 것으로 보인다.

(5)

내 방은 롯지의 3층인데, 일종의 옥탑방이다. 강과 다리를 내려다보는 조망이 좋아서 3년이나 한방에서 살았는지 모르겠지만, 더 멋진 곳을 소개하는 사람들이 있어도 한 곳에서 한 집밥만 먹고 산 거를 보면 내 엉덩이가 질기긴 한 것 같다. 비가 오면 비 오는 대로 낙숫물소리가 듣기 좋고, 아침 해 뜨면 여러 종류의 새들의 지저귐 소리와 밝은 햇살 때문에 늦잠을 잘 수 없어서 좋고, 달이 뜨면 달빛이 창문으로 기어 들어오는 것도 좋다.

내방에는 방문객이 많다. 그 중 단골손님은 뭐니 뭐니 해도 리자드(Lizard)를 첫손으로 꼽는다. 그게 누구냐고요? 이름만으로는 영국

다리 건너편 가운데 3층 지붕이 우리 롯지로 내방은 옥탑방이다.

의 귀족 리차드(Licard) 경(卿)의 친척뻘되는 중생이다. 하. 하. 바로 '비얌', 도마뱀이다. 그 외 전갈, 거미, 모기, 바퀴벌레, 두꺼비, 풍뎅이 같은 이름 아는 방문객과 이름 모를 희한한 방문객들도 없는 것이 아니지만, 그래도 나는 도마뱀을 최고의 진객으로 꼽는다. 누군들 이런 파충류 종류를 좋아하겠냐마는 저들도 먹고 살겠다고 한사코 방문하니 어쩌겠는가?

리자드 경은 낮에는 밖에서 놀다가 저녁이 되어 방안에 붉을 밝히면 용케도 벽의 구멍을 찾아서 방안으로 들어와 천정과 벽에 달라붙어 있다가 혀를 총알처럼 내밀어 모기나 나방 같은 날벌레를 낚아채서 입에다 털어 넣는다. 말하자면 밝은 전구 주변이 황금어장인 셈이다. 그러니 도마뱀 징그럽다고 보따리를 싸 가지고 한국으로 돌아갈 수는 없는 노릇. 해서 배수진을 치고 악으로 버텨보는 수밖에….

나도 이런 불청객들 때문에 여러 번 놀라기도 했다. 자다보니 뭔가 내 배에서 움직이는 느낌이 들어 눈을 떠보니… 아 글쎄, 도마뱀이 내 배 위를 도강하고 있는 중이 아닌가?

또 한 번은 잠을 자다가 전갈에게 눈 근처를 물려서 병원에서 해독제를 맞고 한 동안 안대 신세를 지기도 했지만, 이국 만리 산골생활 오래 하다 보니 나름대로 서로 규칙을 만들어서 지키는 수밖에 다른 방법이 없다는 사실을 깨달았다.

깨달음이야 꼭 보리수 아래에서만 가능하랴? 사바세계의 동업중생(同業衆生)으로 더불어 살자면 사소한 생존법칙도 깨달을 필요가 있는 법이거늘….

'룰'이란 바로 이런 거였다. 침대머리와 아래에 부적(符籍) 쓸 때 사용하는 붉은 주사(朱砂)로 "에비~ 무서운 사람 1m 이내 접근금지~~~"라고 크게 써 붙여놓았다. 그랬더니 정말 내 근처에는 안 오고, 지들끼리 놀다가 가는 것이었다. 대신 나는 과자 부스러기 같은 것을 매일 창문 밖에다 준비해주는 답례는 잊지 않고 있다.

네팔 사람들은 기본적으로 일체의 생명체에 대해서 너그러운 품성이어서 도마뱀을 일부러 쫓아내지 않는다. 그들에게는 이웃 사람들처럼 도마뱀들도 그저 그런 이웃일 뿐이다. 색계나 무색계가 아니고 같이 먹고 살아야 하는, 같은 까르마(karma)를 타고난 욕계의 중생이니만치, 뭐 그저 그런 이웃일 뿐이다.

그래서 요즈음에는 나도 혹 도마뱀과 눈을 마주치면, 내가 먼저 "Namaste! Lizard Sir?" 하고 인사를 건넨다. 그러면 알아듣기라도 하듯 큰 눈방울을 연신 굴리면서 슬그머니 사라진다. 그러면 도마뱀의 뒤통수에다 대고 "Good night! Lizard Sir~~~"이라고 한 소리 덧붙친다.

그러나 나에게 살생을 강요하게 하는 단 하나의 예외는 있다. 바로

'주가(Juga: Leech)'란 놈이다, 바로 흡혈거머리이다. 이놈들은 여름철 몬순 기간 내내 모든 트레커들에게는 공포의 대상들이다. 땅 바닥에서 기어다니다가 몸으로 달려 붙는 정도가 아니라 아예 나무 위에서 잠복하고 있다가 지나가는 동물의 피 냄새를 탐지하면 날아서(?) 정확하게 목표물에 떨어져 옷을 헤집고 들어가 기어코 그 중 말랑말랑한 곳에다 흡혈판을 꽂고 싱싱한 피를 빨아대기 시작한다.

그런데 당하는 동물들은 아프거나 가렵거나 하지 않기에 강제로 헌혈을 당하는지 눈치 채지 못한다. 그래서 다른 일행이 옷에서 피가 배어 나오는 것을 보고서야 그제서야 질겁을 하고 거머리를 떼어내서는 발로 밟아 버리는데, 이때 얼마나 많은 피를 빨아 댔는지를 두 눈으로 목격할 수 있다.

"나쁜 놈들! 헌혈증서도 안 주고 공짜로 말이야…."

## 4. '스승의 날' 선물

(1)

얼마 전에 아이들과 이야기하다가 "왜? 너희 나라는 별별 축제가 다 있으면서 '왜 Teacher's day는 없느냐?'"[16]고 한 말을 아이들이 귀담아두었던지 인터넷을 뒤져서 한국에서의 '스승의 날'이란 걸 알아냈던 모양이다.

그리고 오늘(5월 15일) 아침 학교에서 몇몇 아이들이 묻기를, 오후에 내가 사는 하숙집 아니 롯지에 놀러가도 되느냐? 해서 그러라고 하고 집으로 돌아와 아이들을 기다리고 있는데도 오지를 않는 것이었다. 그런데 오후 늦게 롯지 주인 가젠드라가 내 방으로 올라와 말하기를, "지금 학교에서 전화가 왔는데, 아이들이 학교에서 나를 기다리고 있다."라는 것이었다.

도대체 무슨 영문인지도 모른 채 학교로 가서 무심코 교실로 들어가니까, 갑자기 큰 소리가 나기에 "앗! 깜짝이야~." 하는 한국말이 튀어나왔다. 바로 여러 개 풍선 터뜨리는 소리였다. 이른바 '서프라이즈 파티'였다. 그리고 식순에 의해 노래도 부르고 촛불을 불어 끄고 케이크를 잘라서 먹기도 하였다.

그리고는 모자를 하나 선물로 내놓으며 돌아가면서 내 앞에 쪼그리고 앉더니 내 발등에 자기 이마를 대듯이 손을 대고는 합장하며 일어서는 것이었다.

물론 이런 인사법은 우리나라에서는 낯선 것이지만 네팔에 와서

---

16) 후에 알게 된 일이지만, '구루 뿌르니마'란 축제가 바로 네팔의 '스승의 날'이란 걸 알게 되기 전에 쓴 글이다.

여러 번 보았기에 이게 친척 웃어른에 대한 일반적인 예법이라는 것은 알고 있었지만, 학교 선생님에게 하는 것을 못 보았기에 좀 당황하기는 했다. 그러나 생각해보니 고맙고 감격하기까지 했고 한편으로 미안했다.

왜냐하면, 몇몇 아이들이 주머니를 털어 가깝지도 않은 이웃마을 나야풀까지 걸어가서 케이크를 주문해서 직접 초콜릿을 사서 녹여서 글씨를 써서 먼 길을 싸들고 왔다는 것이다. 그러니까 네팔에서 유일하게 '한국의 스승의 날'을 챙겨 먹은 선생이 되었는데도, 난 그것도 모르고서, 요즘 한국전시회 준비가 제대로 진행이 안 되어서 답답하던 참이라, 내가 요즘 좀 기분이 좀 예민해졌는지, 하여간 몇 놈이 몇 시간 동안 내 눈에 보이지 않기에 모두 벌점 하나씩 처리해 버렸기 때문이었다. 이 벌점제도는 한국에 데려갈 8명을 최종적으로 선발하기 위해서 기본적인 선발규정을 마련했는데, 기본 그림점수에다가 출석일에는 플러스 점수를, 결석일에는 마이너스 벌점을 받게 하였는데, 오늘은 날 위해 고생한 것도 모르고 벌점을 부과해버렸던 것이다.

더구나 내가 받은 인사법은 부처님이 생존할 당시부터 성행하던 최

드림팀 아이들의
감사 그림편지

스승의 날 교사 전원 축하파티

고의 인사법인 '우슬착지 정례법(右膝著地 頂禮法)'이라는 것을 알기 때문에 더욱 그러했다. 과연 고타마 붓다가 태어난 고향답다고나 해야 할까?

네팔의 로고가 된 합장인사~
"Namaste Nepal!"

아직도 그런 예경법이 아직까지 일상생활에 전해져 내려오고 있다는 사실이….

흔히 네팔인들이 주로 하는 합장(合掌)[17] 도 그러하다. 우리나라에서는 불교도끼리만 사용하는 인사법이지만, 네팔에서는 그것이 대중화된 인사법이다. 더구나 밀교 쪽에서는 합장에 더 큰 의미를 부여한다. 두 손을 마주 대하는 것을 정혜상응(定慧相應: 선정과 지혜가 서로 응함)과 이지불이(理智不二: 본체의 세계와 지혜로운 작용의 세계가 둘이 아님)를 나타내는 것이라 하여 그 공덕 또한 넓고 크고 한량없다고 보고 있다. 문득 "Buddha was born in Nepal"이란 눈에 익은 현수막이 새로워진다.

"하여간, 애들아! 고맙고 또한 미안하기 그지없구나.

대신 나도 내 가슴속에 남아 있는 사랑을 너희들에게 모두 쏟고 갈 것을 약속하마. 사랑한다. 우리 드림팀 모두모두~~"

---

17) 손바닥을 마주붙이는 것은 이 앞의 다섯 가지 감각기관을 감지하고 조정하는 제6식인 의식(意識)을 모은다는 뜻을 상징적으로 내포하고 있다. 이러한 뜻에서 보통 두 손바닥과 열 손가락을 합하는 것인데, 손가락만을 합하고 손바닥을 합하지 않는 것은 마음이 거만하고 생각이 흩어졌기 때문이라 하여 꺼리게 된다. 또한, 합해진 손 모양이 가지런하지 않을 경우에도 마음이 올바르지 않은 상태를 뜻한다 하여 몹시 주의한다. 또한, 이 합장의 자세는 다툼이 없는 무쟁(無諍)을 상징하는 것으로, 합장한 상태로는 싸움을 할 수 없으며 동정(動靜: 움직임과 고요함) 및 자타(自他)의 화합을 뜻한다.

드림팀의 그림 편지

(2)

요즘도 불교의식 진행할 때 번번이 읊어대는 '수아정례 공양(受我頂禮 供養)'이라든가 '지심정례 공양(至心頂禮 供養)'에서의 '정례'는 불교학자들도[18] "저의 간절한 예배를 받으시고…" 또는 "머리 숙여 절하는 인사를 받아주시고"라고 해석하고 있다. 물론 이게 잘못 해석한 거란 얘기는 아니다. 다만 주체와 객체가 좀 모호하다는 말이다.

그럼 붓다 재세 시의 예경법은 어떠했을까? 여러 불교예식집 같은 여러 자료들을 종합해보면 당시 불자들은 붓다를 뵐 때나 설법을 듣고 떠나갈 때 "두면예족 요불삼잡(頭面禮足 繞佛三匝)"[19] 또는 "정례쌍족 요백천잡(頂禮雙足 繞百千匝)" 한다고 쓰여 있다. 이는 "내

18) 한재영 교수의 『부처님 수학나라』
受(받을 수), 我(나 아), 頂(정수리 정), 禮(예절 예). 정례(頂禮, 바른 마음과 몸으로 예의). 따라서 '저의 간절한 예배를 받으시고…'라는 뜻이다. 현재 아침저녁 대웅전에 올리는 예배의식인 7정례를 한 다음에 하는 소원은 "유원 무진삼보 대자대비 수아정례 명훈가피력 원공법계제중생 자타일시성불도"이다.

19) 또는 "정례쌍족 요백천잡(頂禮雙足 繞百千匝)"라고 한 대목도 있다. 이는 역시 "붓다의 두 발에 머리를 대고 나서 백 천 번을 돈다."라는 의미이다.

부임초기 교직원 전원과 합동샷

이마를 붓다의 발에 대고 나서 일어나 붓다의 주위를 세 번 돈다" 또는 "붓다의 두 발에 머리를 대고 나서 백천 번을 돈다"이다.

이런 정례법은 붓다 재세 시부터 있어 왔던 힌두문화의 산물로 "나의 이마를 당신의 발등에 대며 인사를 하는 인사법"이다. 말하자면 나를 최대한 낮추고 상대방을 최고로 높이는 의식으로 주로 존경하는 스승이나 부모한테 행하는 예법인 것이다.

기원정사를 초기 교단에 기증한 수달타(Suddartha)[20] 장자와 부처님이 처음 대면하는 장면에 자세하다.

그때에 붓다는 장자가 올 것을 아시고 정사 밖에 나오셔서 거닐고 계셨다. 장자는 앞에 이르러 붓다를 직접 바라 뵈오니 거룩한 상호와 장엄한 위덕과 몸을 둘러싼 찬란한 빛은 호미장자의 말보다도 백

20) 불교 초기 교단에 기원정사를 기증하여 불교란 종교의 기초를 놓은 아나타핀디카라, 즉 고독한 사람들을 구원하는 독지가라는 뜻의 급고독장자(給孤獨長者) 또는 수달타 장자로 번역된다.

올해도 스승의 날에 합동 촬영이 있다 해서~

배, 천 배나 더 뛰어나 보였다. 장자는 기쁨을 참을 수가 없었다. 그러나 붓다에게 인사하는 예법을 몰랐다. 이때에 불교의 대표적인 수호신 제석천(帝釋天)[21]이 정거천(淨居天)[22]에서 장자가 붓다께 예배하고 공양하는 법을 알지 못하는 것을 민망히 여겨 몸을 낮추어 사람으로 나타났다. 그리고 "붓다 앞에 와서 머리를 땅에 대고 예배하고 무릎을 꿇고 문안 말씀을 드렸다. 그리고 오른 쪽으로 세 번 돌고 한 쪽에 머물러 섰다". 이에 장자가 곁에서 이를 보고 배워서 다시 예경을 드렸다.

'정례의식'의 핵심 포인트는 '머리'와 '발'에 있다. 예경을 드리는 쪽

21) 제석천은 불교의 수호신인 천부 중 하나로 힌두교의 번개의 신 인드라가 불교화된 것이다. 범천과 한 쌍의 형상으로 표현되는 경우가 많아 양자를 묶어 '범석(梵釈)'이라고도 하며, 한반도의 단군신화에서는 제석환인(釋提桓因)이라는 표현이 사용된다.

22) 불환과를 증득한 성인이 나는 하늘. 여기에는 무번천(無煩天)·무열천(無熱天)·선현천(善現天)·선견천(善見天)·색구경천(色究竟天)의 다섯 하늘이 있다. 5정거천과 같다.

의 가장 귀중한 머리를 받는 쪽의 제일 보잘것없는 발에다 댄다는 행위는 바로 최대한 자기를 낮추어서 상대방을 높이는 일이다. 이것이 당시의 예경의 정신이며 형식이다. 그런 의식이 불교사원도 아닌 우리 드림팀의 교실에서 행해졌다는 사실이 믿겨지지 않았다. 과연 붓다께서 태어나신 나라여서 그럴까?

스승의 날에는 학교에서도 학문의 여신 사라스와띠 여신에게 뿌쟈를 한다.

결론적으로 말하자만 붓다 제세 당시는 이마를 발에 대고 붓다의 주위를 세 번 돌았다는 것은 확인되고 있지만, 지금처럼 세 번 절을 올렸다든가 오체투지를 했다는 기록은 보이지 않는다.[23]

잘 알려져 있듯이 현재 한국불교뿐만 아니라 현재 남방불교 그리고 티베트권에서도 삼배와 오체투지는 일반적인 예법이다. 다시 말하자면 '일배삼잡'이 '삼배' 또는 '오체투지[24]'로 정착된 것으로 보인다.

---

23) '백장청규(修百丈清規)'(14세기)에는 "대전삼배 순당일잡(大展三拜 巡堂一)"이라 하여 '삼배일잡'으로 변형된다. 이후 '불 또는 당을 도는[行道]' 의식마저 사라져 현재의 부처님이나 은사 계사 스님들께 올리는 삼배로 관례화되었을 것으로 추측된다. 결국 문화적 차이 또는 관습의 변화로 말미암은 것이리라.

24) 오체투지(五體投地): 양팔꿈치, 양무릎, 이마의 5부분이 땅에 닿게 하여 자신을 무한히 낮추면서 상대방에게 최대의 존경을 표하는 가장 경건한 예법.

*고두례(叩頭禮): 세 번째 절을 하고 일어서기 전에 부처님에 대한 간절한 마음을 아쉬움을 표하는 방법으로 다시 머리를 땅에 대는 행위를 말한다.

*우슬착지(右膝著地): 법당 밖이나 야외에서의 예배법.

*합장(合掌): 두 손바닥을 마주 합치는 불교의 예법으로 두 손을 통해서 나의 마음을 모으고 나아가서 나와 남이 둘이 아니라 하나의 진리위에 합쳐진 동일한 생명이라는 의미.

## 5. 안나뿌르나 설산에 뜬 설산동녀와 설산동자의 '무지개 꿈'

(1)

서울 인사동에서 그림전시를 위해 한국을 방문한 설산동녀(雪山童女)와 설산동자(雪山童子)들은 히말라야 안나뿌르나(Anapurna, 8,091m) 설산기슭에 자리 잡은 비레탄띠 마을에 있는 '비레탄띠 휴먼스쿨(Shree Birethanti sec human shool)'의 학생들로, 그들은 '엄홍길 휴먼재단(www.uhf.or.kr)' 초청에 의해 한국에서 전시회를 열기 위해서 2년 동안 준비한 그림들을 들고 서울로 입성했다.

간드룩에서의 스케치

담뿌스에서의 일출 스케치

당싱모리아 마을 스케치

이 아이들에게는 공통된 꿈이 하나 있었다. 그것은 그들의 눈으로 직접 넓고 푸른 바다를 보는 것이다. 이 아이들 대부분은 외국은 커녕, 동네에서 가까운 큰 도시인 뽀카라(Pokhra)도 가보지 못했다. 뽀카라는 세계적으로 알려진 유명한 휴양도시로써 전 세계에서 수많은 사람들이 일부러 찾아오는 곳이지만, 정작 이런 뽀카라뿐만 아니라 자기나라 수도인 까트만두(Kathmandu)도 가보지 못했다. 그런 산골 아이들로서는 외국에 간다는 일은 꿈에서 조차도 가당치도 않은 일이었다.

더구나 그 목적이 전시회를 열기 위해서라는 사실은, 거의 하늘에 뜬 무지개를 잡는 것과 같은 그야말로 '꿈'과 같은 이야기였다. 네팔의 초·중·고등학교에는 미술, 음악을 포함한 예술관련 시간 자체가

지프차 대절하여 멀리 안나뿌르나 설봉이 보이는 마을까지 원정 스케치

한국에서 온 손님 모시고 당싱모리아 유채밭 스케치

학교 미술실 개관
가무단 창설 기념 연주발표회

마르디 히말 하이캠프(3,750m)에서 새벽의 안나 남봉의 일출 광경 스케치

멀리 룸비니까지 2박 3일 원정 스케치

고도 박타뿌르에서의 고생창연한 목조궁전 스케치

아예 없는 점을 감안하면 더욱 그러하다.

어느 맑은 날 오후, 한 차례의 소낙비가 지나가며 학교 뒷산인 안나뿌르나 설산에 쌍무지개가 걸리던 날, 빛 좋은 개살구 같은 명예교장 겸 미술교사로 비레탄띠 학교에 근무하고 있던 나는 그 무지개가 풍기는 신비한 자기장력(磁氣場力)에 빨려들어가, 그만 내 분수도 모른 게 아이들에게 덜컥 약속을 해버렸다. 그리고 즉석에서 미술반 이름을 '비레탄띠 드림팀(B. Dream Team)'이라 지었다.

그렇게 시작된 우리들의 '무지개잡기'는 12명 각자가 만든 각양각색의 수제(手製) 스케치용 판데기(畫板)를 어깨에 둘러메고 여러 곳

뽀카라 인근의 또 다른 풍물거리인
베그나스탈 호수 스케치

뽀카라 운동장에서의 세계 최대의
초대형 탕카 스케치

뽀카라 상류 마을 빠메에서의 전원마을 스케치

뽀카라 근교의 국제산악박물관 스케치

을 돌아다니며 스케치를 하는 작업으로부터 시작되었다.

그리하여 '풍요의 여신'이란 닉네임을 가진 안나뿌르나 설산, 물고기 꼬리를 닮은 쉬바신(lord Shiva)의 성산(聖山)인 마차뿌차레(St Machapucare), 아름다운 산골마을 간드룩(Gandrug), 당싱모리아(D. Moria), 담뿌스(Dampus)를 비롯하여 뽀카라의 페와딸(Fewa Tal), 세상에서 가장 긴 꾸스마(Kushma)의 출렁다리로 달려가 스케치를 하였다.

그리고는 반경을 넓혀가며 부처님이 태어나신 성지 룸비니

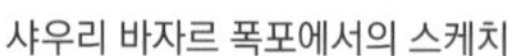

샤우리 바자르 폭포에서의 스케치

동네 앞을 흐르는 비레탄띠 모디콜라 다리 스케치

고도 빠탄의 두르바르 광장에서의 스케치

(Lumbini), 수도 까트만두의 유명한 불교사원 보우드나트 스뚜빠(Bouddhnath Stupa), 원숭이 템플로 더 많이 알려진 스와얌브나트(Swayambhunath Temple), 중세풍의 목조건물인 잘 보존되어 있는 고도 박따뿌르(Bhaktapur)와 빠탄의 두르바르 광장(Dubar Squar)에서 네팔문화의 진수를 화폭에 담았다. 그리고 다음으로는 신비의 무스탕(Musthang) 왕국 입구의 아름다운 마을 마르파(Marpha)와 좀솜(Jomsom) 그리고 험하고 높은 마르디 히말(Mardi Himal)에 올라 웅장한 대자연을 직접 보고 가슴으로 그 에너지를 담아서 그것들을 황금비율의 구도로 승화시켜 하얀 종이 위에 그렸다. 오직 꿈을 이루기 위한 집념 하나로….

까트만두 원숭이 템플 스와얌부나트 스케치

라마케트 부락에서의 염소 스케치

(2)

나는 오늘 아이들의 무지개 꿈을 또 다른 아이콘으로 해석해보려고 한다. 바로 '미람 바르도(Rmi-lam Bardo)' 곧 '꿈의 의식'이란 티베트불교 수행법으로 말이다. 우리는, 직접 보고 느끼는 것은 현실이고 불가능한 것은 꿈이란, 이분법적인 사고 방식으로 살아왔다. 그래서 꿈 앞에는 늘 무지개가 걸려 있기 마련이었다. 그래서 만약 무지개 같은 꿈이 실현된다면 얼마나 좋을까? 하는 소망도 품게 되었다. 물론 누구나 '어린왕자' 같은 시절에는 그 무지개를 뒷동산을 넘어가면

오스트리아 캠프에서의 일출 스케치

코트 단다에서의
랄리구라스 스케치

실제로 잡을 수 있겠구나 하고 생각하면서 자라났지만, 어른이 되어 보니 그것이 헛된 망상임을 현실에서 절실히 배우면서 무지개란 것을 어느 덧 가슴속에서 슬그머니 사라져 버리게 했다.

그러면 꿈이란 것은 정말 실현 불가능한 것일까? 결론부터 내리면 '아니다'이다. '꿈의 바르도'는 티베트 딴트라불교(Tantra B)의 '6가

레이크사이드(Lake side) 거리 스케치 중

평화의 탑
(Peace stupa)에서의
스케치

지 바르도' 중의 하나로 몇 가지 심리적인 문제만 극복할 수만 있다면 꿈이 현실에서도 실현된다고 말하고 있다. 어찌 보면, 믿거나 말거나 이겠지만, 이 방법은 바로 '긍정적 까르마(Karma)'를 습관화하면 가능하다는 논리이다. 이는 잠속에서 '꿈의 명상'이란 수행법을 잘 닦으면 꿈을 변화시켜서 꿈 자체가 현실이 될 수도 있다는 것이다. 원래 이 수행법은 인간이 깊은 잠에 빠져 머리와 감각이 정지 상태에 있을 때조차도 의식을 명료하게 유지시키는 수련을 통하여 마지막 죽음의

학교벽화 완공기념 방문한 엄대장, 삼성팀, 대구교육청 팀 합동 인증샷

순간에도 의식을 깨어 있게 한다는 데 그 목적이 있다. 다시 한번 더 요약하자면 이생의 의식을 다음 생에까지 연결한다는 것이다.

그러나 우리 드림팀의 꿈은 생사를 초월하자는, 뭐 그렇게 거창한 게 아니다. 그러기에 그저 '긍정적 마인드'를 유지하며 꿈을 이루기 위해 최선을 다하면 실현 가능한 일인 것이다.

그렇게 2년이란 '시간의 수레바퀴'가 구르는 동안에 나와 드림팀은 하나가 되어 혼신의 힘을 기울였다. 그리하여 이제 우리 12명의 설산 동녀와 동자들은 한국으로 건너가 전시회도 열고 또 꿈에도 그리던 푸른 바닷가 모래사장을 뛰어 다닐 것이다.

전시회 일정이 확정되자 나의 목표가 하나 더 생겼다. 바로 우리 드림들에게 몇 개의 악기와 춤을 가르쳐서 개막식 날 축하공연을 우리 스스로 하는 것이다. 내가 이를 고집했던 이유는 아이들의 타고난 '끼'를 발견했기 때문이었다.

(3)

드림팀의 출발은 처음에는 그리 거창하지 않았다. 2016년 3월에 있는 네팔의 도 단위 같은, 까스키(Kaskhi) 지역의 미술대회를 대비해서 6, 7, 8학년 중에서 그림그리기를 좋아하고 재능있는 학생들을 선발하여 미술반을 만들어서 미술대회에 출전할 선수학생을 선발하기 위해서였다. 그래서 당시 비슈누(Bishu H. T) 교장선생님과 의견을 조율해 왔다.

그래서 나는 그 일을 위해 전교생을 대상으로 재능이 보이는 학생들의 자료를 축적해 오면서 그 결과를 토대로 공정한 원칙을 적용하여 각반에서 4명씩 총 12명을 선발하여 이른바 '드림팀'을 결성하였다.

당시까지는 나는 전교생 이름을 다 외우지 못해서 실제로 어떤 학생이 선발되어 내 앞에 서게 될지 설렘에 잠을 설치기도 했고, 한편으로 선발에서 탈락한 학생들의 상처도 우려되기도 했다. 그렇게 하여 결국 3명을 최종 선발하여 미술대회에 출전하여 우리 드림팀은 1등상, 2등상 그리고 4등상을 거머쥐는 기염을 토했다.

그리고는 목표를 재설정하여 '한국에서의 전시회'라는, 그야말로 '무지개 꿈'을 꾸기 시작하였고, 결국 우리들은 그 꿈을 이루어냈다. 아쉽다면 12명 전원이 아니라 8명만 갈 수 있었다는 사실이었지만, 그래도 우리의 꿈은 실현된 것이다.

## 6. 드디어 한국으로…

(1)

엄홍길 휴먼재단: [보도자료] 雪山童女와 雪山童子들의 '무지개 꿈'

드림팀은 네팔 안나뿌르나 설산기슭의 비레탄띠(Birethanti) 마을에 있는 '비레탄띠 휴먼스쿨(Shree B. Sec human school)'의 학생들로써 이루어진 미술반의 애칭으로, 6학년부터 10학년까지의 12명으로 구성되어 있다.

이들에게는 공통된 꿈이 있다. 그것은 푸른 바다를 보는 것이다. 외국은커녕 유명한 휴양지 뽀카라도, 수도 까트만두도 가본 적이 없을 정도의 촌아이들에게 외국을 간다는 일은, 더구나 그 목적이 전시회를 하기 위해서라는 사실은, 마치 하늘에 뜬 무지개를 잡는 것과 같은 꿈같은 일이다. 네팔의 초, 중, 고등학교에는 미술이나 음악을 포함한 예술관련 커리큘럼 자체가 없다는 점을 감안하면 더욱 그러하다.

그러나 그들의 꿈은 다정 김규현 화백이 2년 전, 명예교장 겸 미술교사로 학교에 부임할 때부터 싹트기 시작하였다. 그렇게 시작된 그들의 '무지개잡기'는 안나뿌르나의 여러 골짜기마다 돌아다니며 스케치를 하는 현장수업으로부터 비롯되어 후에는 부처님이 태어나신 룸비니(Lumbini)로 가서 용왕못가에 어린 천년 보리수나무의 그림자를 그리게 되었고, 다음으로는 수도 까트만두로 향해 고색창연한 두르바르 광장(Dubar Squar)과 보우드나트 탑(Bouddhnath Stupa) 같은 고대 유적지에서 네팔문화의 정수를 보고 느끼면서 종이 위에 표현하는 작업으로 완성되었다.

드림팀의 그림은 천진하고 맑고 강렬하다. 그래서 보는 이들로 하

드디어 드림팀 인천공항 도착

UHGHF 휴먼재단 엄홍길 상임이사 공항 영접

여금 잃어버린 동심의 세계를 일깨우게 하는 그런 매력이 있다고 평가 받고 있다. 그런 점을 높이 사서 저희 휴먼재단에서는, 과도한 입시경쟁으로 꿈을 잃어가는 우리나라 청소년뿐만 아니라, 드림팀을 비롯한 네팔의 어린이들이 모두 스스로의 꿈을 키우며 밝게 성장하여 주위에 빛을 주는 동량으로 성장하기를 바라는 뜻에서 서울전시회를 개최하기로 하고 오랫동안 준비해 왔다. 이제 그날이 밝아왔다.

2017년 9월 13일 엄홍길 휴먼재단

드림팀 인사동 라메르화랑에서 120여점 작품 전시

인사동 라메르 화랑에서의 전시회 포스터

(2)

EBS 교육방송 녹취록 2017. 9.

'엄홍길 휴먼재단' 초청 방한… 인사동에서 '히말라야의 꿈' 전시회

히말라야의 능선과 계곡, 멀리 만년설과 푸른 하늘만을 바라보며 살던 네팔의 청소년들이 꿈속에서도 볼 수 없었던 바다를 두 눈으로 확인했다.

안나뿌르나 비렌탄띠 휴먼스쿨(제4차)에 다니는 학생 9명의 이야기다.

이들 학생은 네팔 청소년의 그림 전시회를 여는 '엄홍길 휴먼재단'의 초청으로 13일 인천국제공항을 통해 한국 땅을 밟은 뒤 버스를 타고 서울로 이동하면서 창문 너머로 바다를 보고는 일제히 탄성을 내질렀다. 이들이 바다를 두 눈으로 직접 본 것은 이번이 처음이다.

서울 종로구 인사동의 갤러리 '라메르' 2층 전시실에서 만난 사비

인사말씀을 하는 'UHGHF 휴먼재단' 이재후 이사장

전시장 입구의 화환 속에 파묻혀 있는 드림팀

지도교사 다정 화백과의 작전회의

따 빠리야(Sabita Pariya, 16, 10학년생) 양은 "모두 일어나 바다를 보면서 일제히 '와~' 하고 소리를 질렀다."며 "굉장히 놀랍고 기적 같은 일이었다."고 소감을 전했다.

그러면서 "지금까지는 안나뿌르나, 석가모니, 까트만두의 계곡과 보리수나무 등을 그려왔는데 이제부터는 푸른 바다를 그릴 수 있을 것 같다."고 말했다.

같은 학교에 다니는 비샬 차빠이(Bishal Chapai, 15살, 9학년생) 군은 "히말라야를 오르는 산악인들, 네팔 사람들, 힌두교와 불교인 모두 평안하고 행복하기를 기원하는 마음을 표현했다."며 "돌아가면 한국에서 본 큰 바다를 물감으로 채색하고 싶다."고 소망했다.

이들 학생이 네팔을 벗어나 외국 땅을 밟은 것도 이번이 처음이다.

재단은 이들이 그린 그림 100여 점을 오는 19일까지 선보인다. 미술반 활동을 하는 이들은 2년 전 자원봉사 미술 교사로 현지에 파견된 김규현 화백의 도움으로 화가의 꿈을 키우면서 틈틈이 도화지에 '히말라야의 꿈'을 그렸다.

준비한 드림팀의 네팔 춤 공연

오랫동안 준비한 렛쌈삐리리 등 드림팀의 네팔음악 공연

평택 심복사 공연후

재단의 학생들에게 더 큰 꿈을 품게 하려고 전시회를 기획했고, 개관식에 맞춰 우수 학생들을 초청했다. 이들은 앞으로 8일 동안 한국을 체험하고 돌아간다.

전시회 개관식에서 학생들은 네팔의 전통 음악을 연주하고, 관람객에게 자신의 그림을 설명하는 시간을 가졌다.

엄홍길 대장은 "학생들은 산속에서 태어나 산과 함께 살아왔기에 바다가 어떻게 생겼는지 한 번도 보지 못했다. 이들이 한국에서 바다도 보고, 발전한 도시도 보면서 더 큰 꿈을 꾸고, 장래 네팔을 발전시킬 수 있는 기둥으로 자라기를 바라는 마음에서 초청했다."며 "앞으

드림팀이 그린 한국인상 그림1
〈La mer~~ By Srijana Rai〉

드림팀이 그린 한국인상 그림2
〈Let's go Korea~~
By Monika Tamang〉

꿈에도 그리던 바닷가에…

롯데 타워 관람

로도 더 많은 학생이 혜택을 받을 수 있도록 노력하겠다."고 말했다.

그는 또 "과도한 입시 경쟁으로 꿈을 잃어가는 우리나라 학생들도 네팔 청소년들이 그린 그림을 보면서 순수함을 잃지 않기를 바란다." 고 기대했다.

'엄홍길 휴먼재단'은 세계 최초로 히말라야 8천m 고봉 16좌를 등정한 엄홍길 대장이 휴머니즘과 자연에 대한 사랑을 실천하고자 뜻을 같이하는 많은 이와 함께 지난 2008년 설립한 재단법인이다.

'자연사랑 인간사랑'이란 슬로건 아래 네팔 히말라야 오지에 16개 학교 건립 사업을 펼치고 있으며, 현재 12개교를 준공했고 3개교는 신축 중이다.

## 7. 학용품, 염소, 교복 후원 프로젝트

(1)

“나마스떼~~~”

다정 김규현 인사드립니다.

제가 뜻한 바가 있어서, 2015년 8월 이곳 네팔로 건너와 안나뿌르나 설산 기슭에 있는 비레탄띠 학교(Shree Birethanti sec school)의 명예교장 겸 미술교사로 부임한 지 벌써 3년이란 시간이 흘러갔습니다.

그간 여러분들이 직접 학교를 방문하셔서 상당한 분량의 학용품을 학생들에게 나누어주시기도 하셨고, 간접적으로 후원금을 보내셔서 가정 형편이 어려운 아이들과 성적 우수 학생들에게 학용품 및 각종 장학금을 수여해주시기도 했습니다.[25] 또한 너무나 열악한 학교 교무실을 전면 개조하고 책걸상 일체를 좀 더 튼튼한 것으로 교체하기도 했습니다.

그리고 해마다 학교 기숙사에 들어가 겨울 한철 동안 합숙생활을 하고 있는 10학년(35명) 졸업반 학생들의 영양 불균형이 우려되어 매일 우유 한 잔과 계란 한 알씩 그리고 일주일에 한 번은 닭고기요리를

---

25) 남양주 로터리 클럽 황영식 회장님, 대한트라우마협회 김선현 교수님, 제주 최종수 님, 춘천 이재용 원장님, 향산 변규백 님, 보성 티베트박물관 현장 스님, 영주 석원공 스님, 아차산 종대 스님, 다솔사 효공동초 스님, 제주 백지연 님, 부산 강인애 님, 하동 손대기 님, 네팔 담뿌스 석정보 스님, 공주 소여공방 님, 여수 남상영 법사님, 윤영옥 님, 정법계 님, 평택 청소년수련센터, 평택 장순범 님, 죽백초등학교 김미연 교장선생님, 조국열 님, 부산 이영희 님, 최종덕 법사님, 권마리 님, 우종윤 님, 이현숙 님, 홍병천 님, 김민숙 님, 서옥영 님, 남해흙집연구소 이재경 님, 황대선원 대웅스님, 반야 보살님, 송혜진 님, 포항 윤석홍 님, 안양 박성주 님, 곡성 김나연 님, 양산산악회팀, 차은정 님, 춘천 유재형 님 등등이 다양한 방법으로 후원을 해주셨습니다. 특히 익명의 독지가 2분은 끝내 이름을 밝히지 않으셨습니다.

아이들이 그린 염소 그림들1(By Sabita Pariya)

아이들이 그린 염소 그림들2(By Bishal Chapai)

급식 시에 지급해 왔습니다.

이렇게 학교 운영에 직·간접적으로 참여하여 적지 않은 기여를 했다고는 하지만 아직도 할 일이 많습니다. 우리 학교에는 점심시간[Break time]은 있지만, 거의 대부분의 학생들이 점심을 먹지 않습니다. 아니 먹지 못합니다. 한참 성장기에 있는 아이들이 점심을 먹지 못한다는 것은 안타까운 일이 아닐 수 없기에, 생각한 것이 우리나라와 같은 '급식제'를 운영하는 것이었는데, 그것이 비용과 운영체계의 미비로 그리 쉬운 일이 아니었습니다.

물론 단기간은 지탱할 수는 있겠지만, 장기적 대안이 없으면 용두사미 꼴이 되기 될 것이기에 여러분들과 의논 끝에 우선 급식을 좀 미루고, 대신 자연적인 초지(草地)가 무한정한 우리 동네의 여건과 튼튼하고 번식력이[26] 좋은 '바끄라(Bakra)', 즉 염소를 가정 형편이 어려운 학생순으로 분양해주고, 그 학생은 가족의 도움을 받아서 염소들을 키워서 스스로 경제력을 키워나가는 계획을 세웠습니다.

그리하여 (전) 비슈누교장(Bishnu H.T) 및 전 교직원 그리고 학교운영위원장인 비제이 구룽(B.J Gurung)님과 '염소 프로젝트 위원회(Bakhra Project Commitee)'[27]를 결성하여 여러 차례 회의와 심사를 거쳐 우선 도움이 시급한 결손가정 아이들을 엄선하여 튼실한 6개월 된 암염소를, 마리당 약 100$에[28] 구입하여, 2016년 3월 17일 학교교정에서 전교생과 동네주민들이 지켜보는 가운데 1차분 20마리(일련번호 #1~#20)를 20명의 학생들에게 인계인수하는 분양식을 거행하였습니다.

그리고 제2차분 20마리(일련번호 #21~#40)는 2016년 5월 11일에,

---

26) 히말라야 염소는 생후 1년간 성장한 후 번식을 하는데, 8개월을 터울로, 초산은 1마리 낳고, 2차 이후부터는 2~3마리씩 새끼를 낳는다. 선천적으로 잔병이 없고 튼튼하기는 하나 우리관리를 잘못하여 비를 많이 맞을 경우 감기나 이질 등의 병을 얻는 경우 또는 목줄이 감겨서 사고사하는 경우가 간혹 생기기는 하지만 대부분 건강하게 잘 자라는 편이다.

27) 염소위원회는 학교장과 필자를 당연직으로 하고 간사 1명 염소전문가 3명으로 구성되어 있다.

28) 어린 염소는 가격이 좀 저렴하지만, 조기사망율이 높아 상대적으로 안전한 6개월 이상의 암염소를 구입하였고, 그 외 차량운송비, 운영회 회식비, 염소종, 목줄, 감사장 제작비 등등 부대비용이 포함된 한 마리당 평균가격이다.

제3~4차분 40마리(#41~#80)는 2016년 7월 1일에, 제5차분 20마리(#81~#100)는 2016년 8월 12일에, 제6~7차분 40마리(#101~#140)는 2017년 2월 3일에, 제8차분 20마리(#141~#160)를 2017년 6월 1일에, 제9~10차분 40마리(#161~#200)는 2017년 6월 27일에 분양하였습니다.

(2)

특히 3년 동안 전폭적으로 후원을 해주신, 〈우리는 선우 제천지부〉 김연호 회장님, 제천 〈군법당〉 여철 법사님, 전주 모임 〈우리끼리〉 최연규 리장님, 〈미소지음회〉 김창덕 박사님, 화천 〈동춘선방〉 설산철안 스님, 화도읍 천마산 〈보광사〉 가산선우 스님, 〈동국대 식품공학과 불교학생회〉 회장 이혜린 님, 고문 이황 거사님에게 감사의 말씀과 함께 그 공덕을 회향합니다.

3년 동안 무려 60마리의 염소를 분양해주신 제천 '우리는 선우 제천지부(회장 김연호)팀' 회원들이 학교에는 오지 못하고 룸비니까지만 방문하였기에, 드림팀을 데리고 룸비니까지 가서 감사한 마음을 전하고 드림팀이 직접 제작한 환영 플래카드 앞에서 기념촬영을 하였다.

그리하여 현재 총 200마리를[29] 어려운 학생들 순으로 전교생에게

---

29) 《염소이름〉/한국 후원자/돌보미 학생/(학년)》

1. 〈Ippun〉 김예슬 임수진 부부/ ☆Anuj Chhetri(1)
2. 〈Suri〉 정대석 교수/ ☆Saroj Adhikari(8)
3. 〈Sammy〉 미국 배정화 여사/ ☆Sujal.K.C(4)
4. 〈Saebom〉 이미경 교수/ ☆Sital Pariya(8)
5. 〈Dream〉 최재관 사장/ ☆Anjali Pariya(5)
6. 〈James〉 조국열 선생1/ ☆Subas Rana(8)
7. 〈Lililan〉 조국열 선생2/ ☆Shanti Katri(7)
8. 〈J〉 박재용원장1/ ☆Sanita Poudel(8)
9. 〈Yuni〉 박재용원장2/ ☆Amil Thapa(7)
10. 〈Siwoo〉 박영교님/ ☆Bishal Capai(7)

☆우리는 선우 제천지회(JC- #1~#15)

11. 〈Je cheon 제천JC-1〉 '선우제천'/ ♡Priti K.C(10)
12. 〈Na To 내토JC-2〉/ ♡Manis Lalmi(2)
13. 〈Bong Yang 봉양JC-3〉/ ♡Susmita Timilsina(9)
14. 〈Geng Seong 금성JC-4〉/ ♡Arjun Nepali(9)
15. 〈Cheong Pung 청풍JC-5〉/ ♡Srijana Raj(8)
16. 〈Su Shan 수산JC-6〉/ ♡Melina pariya(9)
17. 〈Deok Shan 덕산JC-7〉/ ♡Suchita Grung(Moria sch)
18. 〈Han Su 한수JC-8〉/ ♡Niruta Pokhrel(6)
19. 〈Haeg Un 백운JC-9〉/ ♡Asmita Pariya(4)
20. 〈Song Hak 송학JC-10〉/ ♡Sabita Pariya(8)

제1차 분양식: 2016. 3. 17 (20마리 분양)

21. 〈Duli〉 나문수님1/ ♡Sangita Pun (5)
22. 〈Angel〉나문수님2/ ♡Puja Pariya(7)
23. 〈Happy〉김선현교수/ ♡Arjun Rai(8)
24. 〈Painter〉황영식화백/ ♡BipanaThapa(6)
25. 〈Oulim〉이병욱교수/ ♡Sumin Timilsina(1)
26. 〈My Hyun〉서현정님/ ♡Roshan Pariya(6)
27. 〈Seok Gu, JC-11〉 석구스님/ ♡Santoshi Pariya(4)
28. 〈Jin Ju, JC-12〉 김연호회장 / ♡Sita B.K(4)
29. 〈Jin Bae, JC-13〉 김진배님/ ♡Bipana Pun(9)
30. 〈Yong Ok, JC-14〉 김영옥님/ ♡Suk Bdr Thapa(6)
31. 〈Dong Bu, JC-15〉 홍순형님/ ♡Saroj Kunwar(10)
32. 〈Yeo Yeo〉 석영찬스님1/ ♡Anjan Nepali(8)

33. 〈Yeo Beob〉 석영찬스님2/ ♡Arun Pariyar(5)
34. 〈Young Hee〉 이영희님/ ♡Krihka Subedui(5)
35. 〈Night Star〉 이령수하님/ ♡Santosh Khatri(10)
36. 〈MGA,물골안〉 이희원님/ ♡Rajandra Pariyar(8)
37. 〈Indra〉 최종덕법사/♡ Aaitashba B.K(9)
38. 〈3.24 One〉 임도현님/ ♡Aitaman Gurung(9)
39. 〈3.24 Two〉 이덕희님/ ♡Pramod Chapai(9)
40. 〈3.24 Three〉 김채완님/ ♡Anjana Sunar(7)

제2차 분양식: 2016. 5. 11(20마리 분양)

☆우리는 선우 제천지회(JC- 16~37)

41. 〈Sunny, JC-16〉 김선희(써니)/ ♡Sachine Lamichane
42. 〈Ja Gi, JC-17〉 노재기(재기)/ ♡Sunita B.K
43. 〈Bo Ri, JC-18〉 김류경(보리)/ ♡Nirap G.C
44. 〈Gk Rak Hwa, JC-19〉 김민수(극락화)/ ♡Manisha Kunwar
45. 〈Beob Seong Hwa, JC-20〉 이병화(법성화)/ ♡Urjana Rai
46. 〈Sin Dong, JC-21〉 송동혁(신동)/ ♡Amil Timisina
47. 〈Ma Ji, JC-22〉 이정열(마지)/ ♡Alina Nepali
48. 〈Hope, JC-23〉 손경희(희망)/ ♡Rajib Hamal
49. 〈Jang Yeon Hwa, J.C-24〉 장연화(장연화)/ ♡Bipana Gurung
50. 〈Mu Han, J.C-25〉 김무한(무한)/ ♡Jeevan B.K
51. 〈Seo Nu, J.C-26〉 김선희.이현지.박재영(서누)/ ♡Bavana B.K
52. 〈Kim Ji Un〉 김지운님, J.C-27/ ♡Sapna B.K
53. 〈Gm Ang〉 최승덕님, J.C-28/ ♡Swastika Tamang
54. 〈Hope〉 김선영님, JC-29/ ♡Tekraj Chapai
55. 〈U Jin Hee〉 유진희,진성례님, JC-30/ ♡Monika Tamang
56. 〈Gi Pum I〉 주연실님, JC-31/ ♡Som Bdr Pariyar
57. 〈Da Bag I〉 조성숙님, JC-32/ ♡Samir Pun
58. 〈Da Ji Hea〉 박윤복님, JC-33/ ♡Srijana Pun
59. 〈Ja Un〉 석구스님, JC-34/ ♡Pushpa Pariyar
60. 〈Ju Ni〉 홍채은님, JC-35/ ♡Salina Gurung
61. 〈U Ni〉 김선희님2, JC-36/ ♡Antim Tiwari
62. 〈G Ni〉 김선희님3, JC-37/ ♡Shantosh Darji

☆화천 설산철안(CA-#1~#13)

63. 〈S.G〉 석곡스님, CA-1/ ♡Lohin Ghale
64. 〈B.U〉 법웅스님, CA-2/ ♡Arjun Sunar
65.〈 C.S〉 철산스님, CA-3/ ♡Bhim Kumari

66. 〈J.S〉 정수스님, CA-4/ ♡Sapana Pariyar
67. 〈J.M〉 정목스님, CA-5/ ♡Sapana Thapa
68. 〈H.S〉 혜성스님, CA-6/ ♡Sabina B.K
69. 〈C.A〉 철안스님, CA-7/ ♡Avisheak Gurung
70. 〈Un Dol I〉이은제님, CA-8/ ♡Asimita Nepali
71. 〈Du Dol I〉이두섭님, CA-9/ ♡Supriyar Gurung
72. 〈Jang Sun I 〉장미애님, CA-10/ ♡Anish Baniya
73. 〈Hi Mang I 〉채연재(청정안)님, CA-11/ ♡Gehendra Achariya
74. 〈Ha Na〉 김채정님, CA-12/ ♡Anup Pariyar
75. 〈Nu Rim〉 김연정님, CA-13/ ♡Dev Bdr B.K
76. 〈3.3.6.7〉 삼삼육칠, 최재관님/ ♡Asmita Pun
77. 〈Ma Um I〉 조출연(길상거사)님/ ♡Menuka Sirpali
78. 〈Dong Hwan〉 서현정님/ ♡Laxmi Pun
79. Sa Rang 원주 송미선 /4차 누락분/ ♡Sarita Bandari
80. Rainbow 정영미/ ♡Depana Mepali

제3, 4차 분양식: 2016. 7. 1(40마리 분양)

**☆ 전주 '우리끼리' 리장 최연규**

81. 〈John〉 최연규(우끼-1)/ ♡Sohit Neupane(1)
82. 〈Bombi〉 양건섭 (우끼-2)/ ♡Binita Gauchan(4)
83. 〈Heehee〉박정근 (우끼-3)/ ♡Sameer Nepali(5)
84. 〈Woori〉오현주 (우끼-4)/ ♡Biika Subedi(5)
85. 〈Joy〉 김대중 (우끼-5)/ ♡Nabin Nepane(10)
86. 〈Dream〉 조주영 (우끼-6)/ ♡Nishan Sunar(8)
87. 〈Lovely〉 박동환 (우끼-7)/ ♡Yubaraj Pun(9)
88. 〈Dasong〉 김병현(우끼-8)/ ♡Purnina Pariyar(7)
89. 〈Spring〉 이은심(우끼-9)/ ♡Bikey Lamichhne(4)
90. 〈Gold〉 주계숙(우끼-10)/ ♡Saguna Hamal(3)
91. 〈Ponty〉 선승전(우끼-11)/ ♡Sabin Tapha(9)

**☆남양주 보광사팀 (BGS #1~#19)**

92. 〈마하〉 보광사(BGS-1)/ ♡Binita Pariyar(2)
93. 〈반야〉 (BGS-2) / ♡Deepak B.K(6)
94. 〈파라〉 BGS-3/ ♡Sabita Neupane(10)
95. 〈밀다〉 BGS-4/ ♡Ranjana Pun(9)
96. 〈심경〉 BGS-5/ ♡Piyush Pun(3)
97. 〈관자재〉 BGS-6/ ♡Manisha B.K(9)
98. 〈보살〉 BGS-7/ ♡Sneeja Tapha(6)

99. 〈행심〉 BGS-8/ ♡Pramila Poudel(8)
100. 〈반야2〉BGS-9/ ♡Manisha Nepali(7)

제5차 분양식: 2017. 8. 12(20마리 분양)

101. 〈똑순Ddoksoon〉 서춘자1/ ♡Bishal Chapai(J)
102. 〈토마Toma〉 서춘자2/ ♡Monika Tamang(J)
103. 〈호조니Hozoni〉 백지연/ ♡Shova Pariya(J)

**☆ 윤영옥. 정법계 님팀**
104. 〈Milkyway(은하수)〉 정법계1/ ♡Aaitasuba(8)
105. 〈ChoWeol(초월)〉정법계2/ ♡Puja Pariyar(7)
106. 〈Ary(아리)〉 윤영옥1/ ♡Srijana Rai(8)
107. 〈Kary(카리)〉 윤영옥2/ ♡Anjana Sunar(7)
108. 〈Gam Hong〉 이민형/ ♡Pradeep Acharia(7)

**☆ 대구 돈오심보살님팀**
109. 〈Hui Mang〉 권희용님/ ♡Sajan Subedi(5)
110. 〈Ae Yong〉 박외용님/ ♡Bharat Ghotane(9)
111. 〈 Love〉 정학미님/ ♡Samjhana Neupane(6)

☆ 제천 여철스님팀 명화심보살님
112. 〈Paramita 1-보시〉/ ♡Pushpa Nepali(8)
113. 〈Paramita 2-지계〉/ ♡Suman Nepali(9)
114. 〈Paramilta 3-인욕〉/ ♡Bhawana Poudel(6)
115. 〈Paramilta 4-정진〉/ ♡Swastika Taman(8)
116. 〈Paramilta 5-선정〉/ ♡Sumi Mala(9)
117. 〈Paramita 6- 반야〉/ ♡Sapana Nepali(9)

**☆〈 미소나눔회 김창덕박사님〉**
118- MS1 〈지훈 (JI HUN)〉/ ♡Jyoti Serpa(9)
119- MS2 〈지호 (JI HO)〉/ ♡Milan Nepali(7)
120- MS3 〈채운(Chae Woon)〉/ ♡Sujan Pariyar(6)
121- MS4 〈도운(Do Woon)〉/ ♡Buddha Gurung(8)
122- MS5 〈선형(Sun Hyung)〉/ ♡Manju Gurung(9)
123- MS6 〈현경(Hyun Kyung)〉/ ♡Anisha Sharma(6)
124- MS7 〈승후(Seung Hoo)〉/ ♡Saroj Nepali(8)
125- MS8 〈시우(Si Woo)〉/ ♡Sumina Chetri(5)
126- MS9 〈준호(Jun Ho)〉/ ♡Sabita Kunwar(9)

127- MS10 〈민호(Min Ho)/ ♡Krishna Chetri(5)
128- MS11 〈루미(Lu Mi)〉/ ♡Sujina Kunwar(9)
129- MS12 〈현민(Hyun Min)〉/ ♡Binaya Nepali(8)
130- MS13 〈현준(Hyun Joon)〉/ ♡Susma Timlsina(5)
131- MS14 〈가영(Ga Young)〉/ ♡Preeti Bhandari(4)
132- MS15 〈서영(Seo Young)〉/ ♡Susmita B.K(7)
133- MS16 〈도연(Do Yeon)〉/ ♡Pradeep Acharya(7)
134- MS17 〈유지연(You Ji Yeon)〉/ ♡Susil Chapai(6)
135- MS18 〈 유조은(You Jo Eun)〉/ ♡Devi Sharma(6)

**☆ 천마산 보광사팀 (BGS)**
136-1. 〈도〉 BGS-16 황무명심 외 3인/ ♡Gauma Kunwar(9)
137-2. 〈일체〉 BGS-17 손영민님 외 2인/ ♡Aunsha Chapai(5)
138-3. 〈고액〉 BGS-18 이루리님 외 1인/ ♡Shantosh Neupane(7)
139-4. 〈사리자〉 BGS-19 김현호님/ ♡Aashuma Paija(9)
140-5. 〈색불〉 BGS-20 양정학님/ ♡Bikash Kunwar(2)
제6, 7차분양식: 2017. 2. 3(40마리 분양)

141. 〈Yea Lim〉 제주 이희경님/ ♡Anil Nepali(8)
142. 〈Jea Ha〉 대구 김이엽님/ ♡Narayan Tiwari(10)
143. 〈Strong〉 대구 조지윤님/ ♡Puja Bhandari(9)

**☆제천 〈우리는 선우팀〉**
144-38. 〈J.C 38〉 제천 김길수님/ ♡Amrita Subedi(Nus)
145-39. 〈J.C 39〉 제천 홍순형님/ ♡Subash B.K(6)
146-40. 〈J.C 40〉 제천 변종분님/ ♡Kriti Pun(6)
147-41. 〈J.C 41〉 제천 김우영님/ ♡Bismala B.K(9)
148-42. 〈J.C 42〉 제천 심순애님/ ♡Shova Pariya(8)

**☆ 제천 여철스님팀 명화심, 법성화 보살님**
149. 〈M 보시 2〉 명화심보살님7/ ♡Bimala Sirpali(6)
150. 〈M 지계 2〉 명화심보살님8/ ♡Prem Khatri(4)
151. 〈M 인욕 2〉 명화심보살님9/ ♡Aaisha Kunwar(6)
152. 〈M 정진2〉 명화심보살님10/ ♡Aaisha Nepali(8)
153. 〈M 선정2〉 명화심보살님11/ ♡Amrita B.K(10)
154. 〈M 반야2〉 명화심보살님12/ ♡Amrit B.K(Nur)
155. 〈B 보시〉 법성화보살님1/ ♡Prasanta Pariyar(4)
156. 〈B 지계〉 법성화부살님2/ ♡Sital G.C(7)

157. 〈B 인욕〉 법성화보살님3/ ♡Salina Pariya(6)
158. 〈B 정진〉 법성화보살님4/ ♡Bimal Tilija(3)
159. 〈B 선정〉 법성화보살님5/ ♡Susma Pokherel(10)
160. 〈B 반야〉 법성화보살님6/ ♡Ishor Kunwar(8)

제8차 분양식: 2017. 6. 1

**☆〈 D.G-F.S.T-B.T 동국대 식공과 불교학생회 이황거사팀〉**

161.〈D.G-1〉/ ♡Akanshaya B.K(2)
162.〈D.G-2〉/ ♡Sabin Nepali(3)
163.〈D.G-3〉/ ♡Susmita Gurung(3)
164.〈D.G-4〉/ ♡Binod Nepali(4)
165.〈D.G-5〉/ ♡Kusum Lamichhane(4)
166.〈D.G-6〉/ ♡Aalina Chetri(4)
167.〈D.G-7〉/ ♡Saraswati Sharma(6)
168.〈D.G-8〉/ ♡Aakash Patel(6)
169.〈D.G-9〉/ ♡Roshama Sharma(6)
170.〈D.G-10〉/ ♡Sudip Thapa(6)
171.〈D.G-11〉/ ♡Prabin Snar(6)
172.〈D.G-12〉/ ♡Sanish Nepali(6)
173.〈D.G-13〉/ ♡Bishwas Nepali(6)
174.〈D.G-14〉/ ♡Srijana Rana(7)
175.〈D.G-15〉/ ♡Ratish Mala(7)
176.〈D.G-16〉/ ♡Susil Timilsina(8)
177.〈D.G-17〉/ ♡Saral Nepali(8)
178.〈D.G-18〉/ ♡Monika Subedi(8)
179.〈D.G-19〉/ ♡Salina Gurung(8)
180.〈D.G-20〉/ ♡Sanish Nepali(9)
181.〈D.G-21〉/ ♡Satish Chetri(9)
182.〈D.G-22〉/ ♡AmritChetri(9)
183.〈D.G-23〉/ ♡Alisha Tamang(9)
184.〈D.G-24〉/ ♡Sajan Pariya(9)
185.〈D.G-25〉/ ♡Akanshaya B.K(2)
186.〈D.G-26〉/ ♡Preem B. Tapha(T)
187.〈D.G-27〉/ ♡Harikala Basntola(T)
188.〈D.G-28〉/ ♡Sheskanta Poudel(T)
189.〈D.G-29〉/ ♡Ekaraj Poudel(T)
190.〈D.G-30〉/ ♡Khadanada Adihikari(T)
191.〈D.G-31〉/ ♡Harimaya Sharma(T)

192.〈D.G-32〉/ ♡Sudan Gurung(T)
193.〈D.G-33〉/ ♡Bhaktu Raj(T)
194.〈D.G-34〉/ ♡Kanta Gurung(T)
195.〈D.G-35〉/ ♡Sures Gauchan(T)
196.〈D.G-36〉/ ♡Kul Prasad Dawadi(T)
197.〈D.G-37〉/ ♡Dipa Gurung(T)
198.〈D.G-38〉/ ♡Kim Kumari Chapai(T)
199.〈D.G-39〉/ ♡Sabitri Chapai(T)
200.〈D.G-40〉/ ♡Preeti K.C(H)

제9, 10차분양식: 2017. 6. 27(40마리 분양)

**☆ 제천 〈J.C 우리는 선우〉**

201. 〈J.C-55〉 보리심보살님/ ♡Prem Kumary Adhkari(11)
202. 〈J.C-56〉 불퇴전보살님/ ♡Alisha tamang(10)
203. 〈J.C-57〉 이청호님/ ♡Bishal Capai(10)
204. 〈J.C-58〉 이수영님/ ♡Monika Tamang(8)
205. 〈J.C-59〉 장범순님/ ♡Mohan mala(11)
206. 〈J.C-60〉 변종분님/ ♡Shova Pariya(9)

**☆청주 〈이강효 도예가팀〉**

207. 〈예삐〉 청주 손경희/ ♡Shantosh Sharma(11)
208. 〈바람(wind)〉 청주 이강효/ ♡Pradeep Achrya(9)
209. 〈Happy day〉 청주 최윤정/ ♡Anjana B.K(11)
210. 〈삼월이〉 청주 나미경/ ♡Roshani Gurung(11)

**☆ 하노이 〈서울부동산 팀〉, 해운대 〈강인애 팀〉**

211. 〈Jackson〉 하노이 이아람1/ ♡Resham Rara Magar(11)
212. 〈Huni〉 하노이 이아람2/ ♡ Anjan Gurung(11)
213. 〈Seni〉 하노이 이아람3/ ♡Radhka B.k(11)
214. 〈Loan〉 하노이 이아람4/ ♡ ?sha B.K(11)
215. 〈Sopia〉 하노이 최영만/ ♡Anjana Sunar(9)
216. 〈Hogun〉 하노이 전호근/ ♡Sumi Mallar(7)
217. 〈Bori〉 부산 차주복/ ♡Purnima B.K(11)
218. 〈Hope〉 부산 김윤희/ ♡Binita Gauchan(6)
219. 〈Nadi〉 부산 김보경/♡ Nabin Pariya(8)
220. 〈Hee〉 포항 박선희/♡ Puja Pariya(9)
221. 〈Bak〉 포항 이상백/♡ Srijana ray(11)

* 제11차 분양식: 2018. 10. 01(20마리 분양)

▲ 2016년 5월 11일 제2차 염소분양식

◀ 2016년 7월 1일 제3, 4차 염소분양식

한 마리씩 분양 완료하였습니다. 또한 현재까지 분양된 200마리에 분양식 상황을 '페이스북(Face book)'에 계속 올리고 있으며, 또한 후원자 개개인 분들에게 감사장을 비롯하여 염소와 염소종(鐘) 사진과 학교에서 분양 대상자 전원이 찍은 분양식 광경에 대한 사진들을 각기 연락처로 보내드린 바 있습니다.

졸업반 10학년 학교급식.
그날 2018.1.8 역시 점심은 건너뛰고 저녁메뉴는 '카레에 버물려 먹는 뿌리(쌀뻥튀기)정식'(?)이 나왔다.

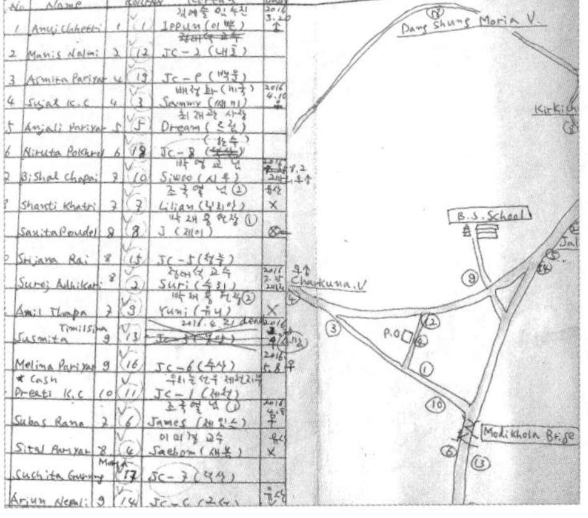


학교 직속의 '염소분양위원회(Bakhra Project Committee)'에는 학교장과 필자를 당연직으로 하고 간사 1명, 염소전문가 3명 총 6인으로 구성되어 있다. 또한 학교 선생 중에서 임명된 간사가 관리하는 '염소분양 장부'에는 일련번호 순서로 분양받은 학생의 이름, 학년, 주소, 염소새끼 분만 현황 등이 기록되어 있다.

그래서 염소분양 프로젝트는 제9~10차 분양으로 2017년 6월 27일 1차 목표인 200마리가 채워져 그간 숨고르기에 들어간 상태였으나 그 후로도 추가 후원금이 계속 답지되고 있어서 빠른 시일 내에 [2018년 9월 중으로] 제11차 분양식을 하도록 하겠습니다.

또한 이미 분양되어 성숙한 어미가 되어 있는 염소들이 예쁜 새끼

염소들을 순산하기 시작하여 현재 그 숫자가 기하급수적으로 늘어나고 있는 중입니다. 일 년에 한 번 이상 염소들의 번식상황을 파악하여 주기적으로 보고 드리도록 하겠습니다.

염소후원 후원인들에게 수여하는 감사장 및 염소 목에 달아주는
작은 종에는 분양일련 번호와 후원인들이 직접 지어준 염소의 이름이 쓰여 있다.

내가 학교에 도착하자마자 제일 먼저, 2015년 10월 11일 남양주 로터리클럽(회장 황영식)팀이 학교를 방문하여 많은 학용품 및 전교생 교복을 맞추어 주었다.

(3)

또한 '전교생 교복 맞춰주기' 프로젝트도 큰 성과를 올리고 있습니다. 제1차로 2015년 10월 11일 '남양주 로터리 클럽'(회장 황영식)에서 학교를 방문하셔서 여러 가지 학용품 및 전교생(230명)에게 깨끗한 교복을 한 벌씩 맞추어 선물하셨습니다.

제2차로 2018년 1월 19일 '동국대 식품공학과 불교학생회'(회장 이혜린, 고문 이황 거사님)가 학교를 방문하셔서 전교생(230명) 및 교사들(15명)에게 멋진 체육복 상·하복을 맞추어 주셨고, 또한 현재 제3차로 학교 로고가 새겨진 티셔츠를 제작 중에 있습니다. 새 교복을 입고 행복해하는 학생들의 기쁨을 역시 여러분들과 함께 나누려 합니다.

2017년 6월 27일 동국대 팀이 라마케트 마을을 직접 방문하여
염소 40마리를 어려운 학생들에게 나누어주고 분양식을 거행하였다.

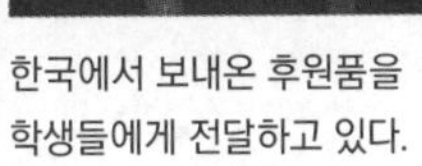

한국에서 보내온 후원품을
학생들에게 전달하고 있다.

2018.1.19. 동국대 식품과 불교학생회가 학교를 방문하여 전교생에게 운동복(츄리닝) 상하를 맞춰 주고 착복식을 거행하여 전교생과 기념촬영을 하였다.

동국대팀이 염소분양 현황을 라마케트(Lamakht) 마을을 방문하여 분양해 준 염소들의 상황을 직접 점검하고 있다.

착복식을 기다리고 있는 네 가지 디자인으로 제작 중인 학교로고 찍힌 티셔츠가 주인을 기다리고 있다.

또한 그림에 재능 있는 학생들을 발굴하여, 3년 동안 정성을 기울여 뒷바라지하고 있는 12명의 미술반 드림팀의 실력이 일취월장하여 지역 그림대회에서 금·은상을 모두 석권하기도 했습니다. 그리고 2017년 9월에는 '엄홍길 휴먼재단(UHGHF)'의 초청으로 서울 인사동 라메르화랑에서 전시회를 열기도 했습니다.

그 이후로 몇몇 아이들은 진로를 바꿔서 미술대학으로 진학하려고 마음을 굳혔다고 합니다. 또한 한국전시 이후로 국내, 국외에서 여러 건의 전시 요청이 있었지만, 아직 아이들이 학교공부에 매진해야 할 시기라 해외전시를 뒤로 미루어 놓고 있는 상태입니다. 역시 이 아이들에게도 지속적인 후원의 손길과 격려가 필요합니다.

2018년 맹하지절에 안나뿌르나 설산 기슭 비레탄띠 학교에서

다정 김규현 두 손 모음

माध्यमिक विद्यालय
Birethanti Sec. Human School
휴먼

제3부

# 아! 풍요의 여신, 안나뿌르나 설산

## Oh! Snow Mt. Annapurna, Goddess of Abundance

# 제3부
# 아! 풍요의 여신, 안나뿌르나 설산

## 1. 바다 속이었던, 히말라야

(1)

인도대륙과 티베트고원 사이에 동서로 마치 해삼같이 기다랗게 늘어져 있는 나라가 네팔이다. 우리 한반도보다도 조금 작은 이 나라가 세계의 관심을 끄는 이유는 단 한 가지다. 바로 히말라야라는 대 설산이 거기 있기 때문이다.

아시아대륙 가운데 동서로 2천 8백km나 뻗어 있는 이 거대한 산맥은 8천m급의 거봉 14좌(座)를 거느리고 있는데 그 중 네팔에만 8봉이 들어 있다.

서쪽으로부터 꼽아보자면 다울라기리, 안나뿌르나, 마나슬루, 시샤빵마, 초오유, 사가르마따[쪼모랑마: 에베레스트], 로체, 마칼루 등의 순서인데, 특히 중앙네팔에는 소위 '쿰부히말'이라 하여 5개의 8천m봉과 38개의 군소봉들이 지구별 최고봉 에베레스트(8,848m)를 호위하듯 솟아 있다. 그렇기에 세계는 히말라야를 '지구별의 척추' 또는 '세계의 지붕'으로 부르고 있다.

안나뿌르나 연봉 건너편에 솟아 있는, 하얀산 이라는 뜻의 다울라기리(8,172m)의 웅자

히말라야는 범어(梵語) '히마+말라야'가 합성된 단어로 '눈의 집'이란 뜻을 가지고 있다. 물론 이 거대한 '눈의 장원(莊園)'의 주인은 신들이다. 인간들이 발걸음을 몇 번 남겼다고 해서 이 신전이 인간의 소유로 바뀌는 것이 아니다.

히말라야는 분명 인간의 영역 밖이다. 그것은 히말라야의 깊이 모를 경이로움 앞에 마주서 본 인간이라면 누구나 자인하는 바 일 것이다. 그 앞에 서면 '옴(唵, Aum)'이라는 신비로운 파장이 자신도 모르게 전율같이 온몸으로 퍼져나간다. 특히 며칠 동안 구름에 덮여 있다가 문득 그 자태를 들어낼 때는 더욱 그러하다.

(2)

설산이라 해도 물론 그것은 바위와 흙 그리고 눈과 얼음으로 구성되어 있는 자연물이다. 그러나 우리들은 그것에서 어떤 성스러운 신

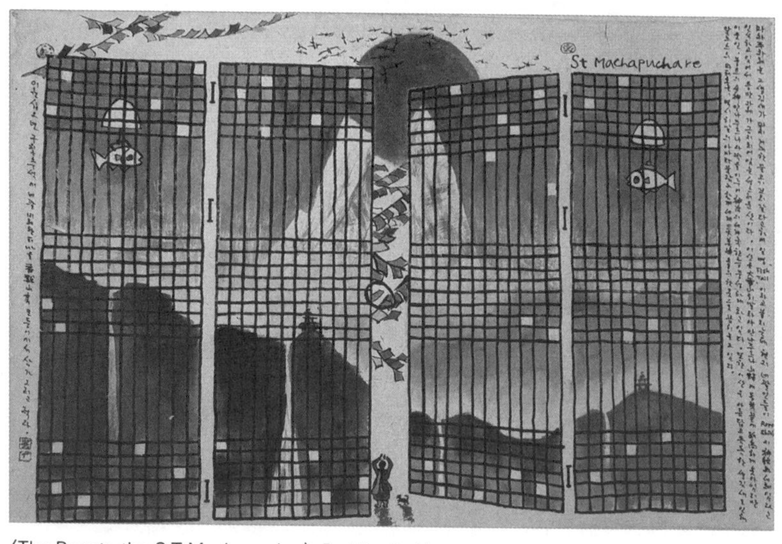


〈The Pray to the S.T Machapuchre〉, By Kim Ku Hyun

의 그 무엇인가를 느낄 수 있기에 열광하게 된다. 졸저 『티베트의 신비와 명상』[1] 한 구절을 인용해본다.

> "산들 중에는 그냥 산인 것도 있지만 특별한 성격을 지닌 산들도 있다. 그러한 산들의 성격은 단지 다른 산들과 구별되는 특이한 모습 때문만은 아니다. 사람들이 특이한 용모를 지녔다고 해서 그 사람의 인격마저 특이한 것이 아닌 것처럼 말이다. 한편 성격이라고 하는 것은 다른 것에 영향을 미치는 어떤 힘을 가지고 있다. 그 힘은 조화롭고 지속적이며 뚜렷한 방향이 잡힌 개성에서 비롯된다. 만약 누군가가 이런 자질을 자기 속에 가장 완전하게 갖추고 있다면 그는 지도자나 사상가 혹은 성자가 될 수 있다. 그리고 우리는 그를 성스러운 힘을 담고 있는 하나의 통로라고 여기며 성스러운 산이라고까지 부른다.

---

1) 김규현, 『티베트의 신비와 명상』, 도안사, 2000.

〈The sunrise of M.T Machapuchre〉, By Kim Ku Hyun

그러한 산의 힘은 너무나 위대하고 또한 섬세해서 강요하지 않아도 그것을 보는 이는 마치 자력에 이끌리듯 끌리게 된다. 그들은 설명할 수 없는 매력에 이끌려서 그 성스러운 힘에 중심에 접근하고 숭배하려고 많은 어려움과 손해를 참고 견딘다. 사실 아무도 처음부터 성스럽다고 제목을 붙인 사람은 없다. 하지만 모든 사람이 그렇게 인식하고 있다. 아무도 단체를 조직해서 억지로 산을 숭배하도록 할 필요가 없다. 단지 한번 그 산을 보게 되면 그 산이 단순히 존재하는 것만으로도 압도당해서 숭배하는 것 외에는 자신의 감정을 표현할 다른 길이 없기 때문이다."

볼리비아 출신의 티베트불교 까귀종파[2]의 승려이며, 『구루의 땅

2) 티베트 불교의 '4대 종파' 중의 하나인 까귀파는 다시 '4갈래 8지파'로 갈라져 각기 지방별로, 씨족별로 세력을 키워 나갔다. 때문에 전문가들도 그 많은 종파들의 갈래를 분간해 내기는 어려운 것이어서 티베트의 온전한 역사서가 쓰이거나 읽혀지지 않는다고 한다. 그러나 말을 바꾸면 '까귀파'란 고개만 넘으면 티베트의 역사는 한눈에 파악된다.

(The way of white clouds)』[3]이라는 유명한 순례기를 남긴 고빈다(A. Govinda)는 명상을 통하여 성산에 대한 탁월한 견해를 이처럼 피력하고 있다.

정말 그랬다. 우리의 기(氣)철학 용어로 풀이하면 히말라야는 그냥 한번 보는 것만으로도 사람으로 하여금 무릎까지 꿇게 하는 기가 뿜어져 나오는 산이다. 그냥 처음부터 성스러운 산(Saint M.)이 된 것은 아니었지만, 이 산을 본 사람의 입이나 글을 통해 다른 사람으로 퍼져나가면서 자연스럽게 성스러운 산으로 굳어졌을 것이다.

이런 현상은 실증 과학적 또는 고등 종교적 요인에서 비롯된 것은 아니다. 오히려 그 전 단계인 인간의 마음속에 자리 잡은 원초적 심리상태에서 비롯되었다. 원시상태에서의 인간을 압도하는 거대한 자연물이나 동물에 대한 두려움은 그들의 나약함을 자극하여 숭배의식으로 나타나게 되었다. 이른바 토템이즘(Totemism)이라 부르는 현상이다. 그리고 이런 자연물에는 나름대로의 영혼이 있다고 믿어서 인간의 영혼과의 교류를 시도하기도 한다. 이른바 애니미즘(Animism)이나 샤머니즘이다. 이런 영적이고 종교적인 마음은 산을 정복하여 에고를 자랑하고자 하는 것보다는 산을 바라보고 경배함으로써 가슴으로 그 산의 영혼을 받아들여 교감을 통해 자신의 영적 성숙을 꾀하는 쪽에 목적이 있다.

여기에서 시각의 차이가 드러난다. 산을 정복함으로써 얻는 희열보다 산을 받아들여 자기를 완성시키는 기쁨을 얻는 것이 인간정신의 요체로, 서양적이라기보다는 동양적이다.

"산은 살아있다"는 애니미즘적 인식은 "무생물에는 생명이 없다"고 단정한 서구적 유물론과 대립되어 내려왔지만, 요즘에는 현대 물

---

3) 국내에서는 이연화가 번역하여 『구루의 땅』으로 민족사에서 1992년에 발행한 것이 있으나 절판된 지 오래된 명저이다.

다울라기니(Dhaulagiri)

리학이 그 점을 조심스레 인정하는 추세여서 고대 동양의 은자들이 까마득한 옛날에 명상을 통해 밝혀낸 것들 쪽으로 저울추가 기울고 있다. 파란 눈의 수행승이 명상을 통해 이런 점을 생각해내었다.

"산은 자라기도 하고 쇠하기도 한다. 산은 쉬고 있으며 맥박이 뛰고 있다. 산은 주위에 있는 보이지 않는 에너지를 끌어모은다. 대기의 힘, 물의 힘, 전기와 자력 등등을 모아서 물과 구름을 생성시키며 천둥과 번개, 폭우 등을 만들고 또 폭포수, 안개, 시내, 강 등을 만들어낸다. 산은 주위에 있는 것들에게 생명력을 가득 채워주며, 살아있는 수많은 생명체들에게 보금자리와 양식을 제공한다. 그래서 산은 더욱 위대하고 능력 있는 것이다. 하지만 그 중에서는 가장 중요한 것은 산이 인간에게 지고한 열망의 상징이 된다는 점이다. 그것은 고대의 종교문명에서 공통적으로 나타나는 사실이다. 그것은 궁극적인 깨달음에 대한 영원한 대상이 되었으며 세속을 초월해서 우리가 태어

안나뿌르나 연봉은 4봉우리로 구성되어 있는데, 제1봉만이 8천급(8,012m)이고 나머지 제2봉, 제3봉 그리고 남봉(A. South, 7,219m)의 높이는 주봉보다는 못하지만, 역시 장엄하게 함께 솟아 있다.

나고 속해 있는 우주의 무한성을 향하는 지표가 되었다."

신령스러운 기운이 감도는 산 밑에 서면 우리는 두려움과 함께 안온함도, 마치 모태에 다시 들어가 앉아 있는 기분을 느끼게 한다. 그곳에서 우리는 자기의 본래 면목으로 돌아가고자 하는 의식의 꿈틀거림을 느낄 수 있다. 그리고 자신의 지금의 생활도 다시금 돌아보게 된다. 사실 티끌 같은 세상에서 아옹다옹 살다 보면 우리는 해, 달, 별 그리고 자연물에 이어진 보이지 않는 끈이 있음을 자각하지 못하고 살아가고 있다. 이것을 느낀 순간 우리는 자신을 둘러싸고 있는 굴레를 벗고, 돈·명예·쾌락을 추구하는 등등의 이기적인 생활을 벗어나 자연의 끈을 잡으라는 소리를 듣게 된다. 그러나 이를 실행하기에는 쉽지가 않다. 이미 스스로가 단단히 묶여 있음을 발견하기 때문이다.

그러나 몇몇, 이미 그렇게 되기로 운명지어진 사람들은 그 부름소리를 듣고 성스러운 것에 대한 열망이 가슴속 깊은 곳에서 일어남을 깨달아 그 영감의 근원지를 찾아 길을 떠나게 된다. 자연에 이어진 보이지 않는 끈을 자신의 영혼에 잇기 위하여, 오랫동안 잃어버렸던 자아를 찾아 순례의 길을 떠나게 되는 것이다. 자연과 신과 자아가 하나가 되기 위하여….

(3)

언제부터 신의 영역이던 설산이 인간의 에고를 드날리는 난장판 경주장으로 변했는지 정확히 말할 수는 없지만, 1953년 영국 힐라리경의 에베레스트 등반이 기폭제가 된 것만은 분명하다.

현재로서 네팔과 나란히 이웃한 부탄(Buthan)[4] 왕국은 극명한 대비를 이룬다. 전자가 신이 자신들의 나라에 내려준 설산을 팔아 돈벌이에 본격적으로 나선 반면 후자 같은 나라는, 산은 정복의 대상이 아니라 경배의 대상으로 여겨 설산의 정상에 올라 자신들이 섬겨오던 신을 모독하려는 사람들을 위해 돈 몇 푼 때문에 그 일에 앞장을 서거나 뒤에서 무거운 짐을 들어주는 자신들의 행위를 수치스럽게 생각하였다.

---

4) 부탄이라는 국명의 유래에 대해서는 여러 가지 설이 있다. 그 중에서 산스크리트어로 '티베트의 끝'을 뜻하는 '보타안타'에서 유래되었다는 설이 전한다. 그러나 그들 자신들은 '용의 나라'를 뜻하는 '추위'라고 부른다. 부탄 왕국은 히말라야의 동쪽에, 북으로는 티베트와 남으로는 인도의 아삼주 및 벵갈 서부 지방과 국경을 이루고 있다. 중앙에 히말라야 산맥이 있고 산들로 둘러싸인 내륙 국가로 티베트고원과 경계를 이루는 북쪽에서 남쪽으로 내려가면 높이가 낮아지면서 비옥한 계곡이 형성되어 있다. 경작이 가능한 중부와 히말라야 언덕에 인구가 밀집해 있는데, 남쪽의 다우르스(Daurs) 평원은 히말라야산맥보다 고도가 낮아 아열대숲과 사바나, 대나무숲으로 이루어져 있다.

그러자 국왕이 멋지게 한 말씀하시기를, "우리에게는 외화를 가져오는 등산객보다 밭에서 일하는 농민이 소중하다."라는 말을 남기고 농민을 포터로 고용하는 일을 금지시키고 외국 원정대의 등반 자체를 대폭 제한하였다. 그런 조치로 인해 현재까지 부탄에는 인간의 발길이 닿지 못한 거봉들이 즐비하게 신의 영역으로 남아 있다.

각설하고 '옴(唵, Aum)'이란 말은 인도의 고대 언어인 범어 산스크리트의 기본음절이며 그들의 문자인 대바가나리(Devaganari)의 시작에 해당되는 글자다. 그래서 만뜨라에서는 '옴'을 '개경계진언(開境界盡言)'이라 번역한다. 말하자면 모든 경계의 시작을 뜻하며 우리말의 '아!'에 해당되는 '영혼의 모음'에 해당된다.

인도철학에 매료되어 「싯다르타(Siddhartha)」라는 단편까지 쓴 대문호 헤르만 헤세(H. Hesse)는 싯다르타가 깨달음을 얻어 붓다가 된 후의 일성(一聲)이 바로 최초의 진언 '옴(Aum, 唵)'이었다고 못 박고 있다.

> "어느덧 싯다르타는 언어 중의 언어인 '옴'을 소리 없이 말할 줄 알게 되어 호흡과 더불어 그 말을 통일된 영혼으로 소리 없이 들이쉬고 내쉬었다. 그의 이마는 명철하게 사고하는 정신의 광채로 에워싸여 있었다. 어느덧 그는 자기 본성의 깊은 곳에서 불멸하는 아뜨만(Atman)을, 우주와 합일된 존재를 깨달았던 것이다."

인도의 최고의 고전 『베다』에는 "'옴'은 활, 영혼은 화살. '범(梵, Brahman)'은 우리가 필연코 맞춰야 할 화살의 과녁"이라는 구절이 있다. 내친 김에 '옴'을 좀 더 힌두이즘으로 풀이해보자면 우선 하늘과 땅과 대기의 삼계를 의미하며 또한 힌두의 삼주신(三主神: Trimurthi)[5]—브라흐마와 비슈누 그리고 시바신—의 신성을 의미하

---

5) '제4부 1. 힌두교의 나라, 네팔'에서 다시 이야기한다.

기도 한다. 이같이 '옴'은 한 마디뿐인 짧은 단어이지만, 우주의 정수를 함축성 있게 담고 있는 만뜨라(Mantra)[6]이다. 그렇기에 힌두인들은 모든 기도와 찬송과 명상을 시작할 때 반드시 이 음절을 읊게 된다.

한편 불교도나 자이나교도들의 의례에서도 매우 중요한 비중을 차지하고 있다. "옴 마니 빠드마 훔[7]"이 바로 대표적인 용례이다. 이를 우리 불교에서는 '육자대명왕진언(六字大明王眞言)'으로 무엇보다 중요하게 사용되고 있다. 그리고 자비의 화신인 관세음보살의 기원이 담겨 있기에 티베트불교를 대표할 정도로 유명하다.

이를 한 자 한 자 다시 풀이해보면, '옴'은 'AUM'의 범어 세 글자로 이루어져 있는데, 이것은 수행자의 몸과 말과 마음의 정화를 상징하여 모든 진언의 시작 부분에 사용된다. 다음의 '마니'는 보배 같은 자비의 방편의 요소를 상징한다. 보배가 가난함을 없앨 수 있는 것처럼, 깨달음의 이타심은 윤회의 가난이나 장애를 없앨 수 있는 의미가 들어 있다. 다음은 연꽃을 의미하는 '빠드마' 또는 '반메'는 지혜를 상징한다. 연꽃이 진흙에서 자라나더라도 진흙의 허물에 더러워지지 않는 것처럼, 진리를 깨닫는 지혜는 무엇보다 중요하다는 것을 의미한다. 마지막 음절 '훔'은 청정함으로 방편과 지혜의 불가분한 결합으로 완성시킨다는 회향의 의미이다.

그러니까 전체적으로 짧게 풀이하자면 '옴'으로 마음을 청정하게 열어서 연꽃 같은 지혜와 보석 같은 방편인 실천력을 합해 진리의 완성을 이루게 해달라고 기원한 뒤 '훔'으로 회향하는 만뜨라이다.

우리 인간들은 바위와 흙 그리고 눈과 어름으로 되어 있는 히말라야에서 그런 신성, 그 자체를 느낄 수 있다는 것이다. 그리고 그런 종류의 느낌은 설산을 가슴으로 받아본 사람만이 느낄 수 있다는 것이다.

---

6) 만뜨라 VS 만다라

7) 전체적으로 번역하면 "그대 가슴에 연꽃 같은 진리의 보석꽃이 피어나기를!"

히말라야가 바다 속이었다는 것을 보여주는 티베트 그림들

(4)

각설하고, 이렇게 현재 지구촌 최고의 산맥이 까마득한 옛날 호랑이 담배 피던 그때보다도 더 옛날에는 바다 속이었다는 이야기는 무척 흥미로울 수밖에 없다. 지질학에 의하면, 원래 아시아대륙판[A. Plate]과 분리되어 있었던 인도대륙판[India P.]이 지각변동으로 밀려와 두 판이 부딪히면서 한 대륙판을 들어올려 히말라야와 티베트고원이 생겼다는 것이고, 그것은 지금도 진행 중이어서 매년 히말라야는 더 높아지고 있다는 것이다.

이런 과학지식 말고도 히말라야의 여행자들은 지금도 그 증거들을—고대 암모나이트 조개화석[8]과 바닷물에서만 살 수 있는 살아 있는 물고기들과 바다와 관련된 많은 전설들을—도처에서 직접 확인할

8) 암모나이트 조개화석

히말라야에서 발견되는 암모나이트 조개 화석들

수 있다. 그런데 현대과학이 이제 겨우 밝혀내고 있는 이런 사실을 히말라야의 주위의 원주민들이 이미 옛날부터 알고 있었다면 이야기는 더욱 재미있어지지 않겠는가?

그러나 그것은 사실이다. 그들은 이미 히말라야가 바다였었다는 사실을 전설로 전해 내려왔고, 나아가 인간의 조상이 원숭이에서 변화했다는 '윤회론적 진화론'도 인식하고 있었다. 이런 문제들은 우리들의 갈 길과 거리가 먼 것이기에 생략하지만, 하여간 유일신적 창세기론이나 유물론적 서양과학이론이나 콧대를 꺾는 대목이 아닐 수 없다.

참, 에베레스트의 명칭은 한 번 집고 넘어가야 할 문제이다. 근대의 삼각측량법이 발달되기 이전에는 지구의 최고봉은 시킴(Skhim) 왕국 근처의 강쩬중가(8,586m)로 알려져 있었다. 그러나 1855년 정밀측량에 의해 당시 이름조차 없었던 무명봉(Peak XV)이 다크호스로 등장하였다.

이에 걸맞은 이름을 붙여야만 했는데, 그때 거론된 이름으로는 데바훙가, 샤가르마따, 친고빠마리, 가우리산카 등과 같은 범어로 '최고봉'이란 뜻을 가진 이름들이 있었다. 그러나 영국의 콧김에 의해 인도에서 주장한 이름이 임시로 불리게 되었다. 바로 영국왕립측량국장이었던 에베레스트(Sir G. Everest)이다. 그 후 영국의 인도통치 내내 그렇게 불리다가 고착화되어 현재에 이르렀다.

그러나 요즈음 국제사회에서는 이를 바로 잡아야 한다는 여론이 일어나고 있다. 물론 처음부터 이름이 없던 무명봉의 경우는 처음 발견한 사람이나 처음 등반한 사람의 이름을 붙이는 경우가 있지만, 엄연

뽀카라에서 오른 쪽으로는 마차뿌차레, 왼쪽으로는 안나뿌르나 연봉이 솟아 있다.

히 수천 년 동안 불리던 이름이 있는데, 강대국이라고 해서 고작 측량국장 이름을 갖다 붙인 것은 국제적 관례에 어긋난다는 논리이다.

그래서 다시 거론되고 있는 이름이 범어로 '최고봉'이란 뜻의 '사가르마따' 또는 티베트어로 '풍요의 여신'이란 뜻의 '쪼모랑마'라는 이름으로 복권시켜야 한다는 여론이 돌고 있다. 하지만 네팔에서는 오히려 사가르마따보다 에베레스트를 즐겨 쓰고 있어서 씁쓸함을 더해주고 있다.

## 2. 안나뿌르나 설산의 테라스, 뽀카라(Pokhra)

(1)

뽀카라를 수식하는 미사 어구는 많다. 그중에서 내가 가장 좋아하는 수식어는 '안나뿌르나의 베란다'이다. 필자가 과문하여 베란다(Belanda)와 발코니(Balcony)가 어떤 차이가 있는지는 잘 모르겠으나, 하여간 필자의 생각으로 한 전원주택에서 비유해보자면, 테라스란 가옥의 본채와 정원 사이를 연결하는 부속적인 휴식공간으로 이해하고 있는데 이게 올바른지는 모르겠지만…. 그리고 이 베란다는 특히 한 잔의 차를 마시기에 가장 적합한 공간이라는 정도로 알고 있다.

여기서 전원주택의 본채를 안나뿌르나로 비유해 본다면 페와딸 호수가 정원이 될 것이고, 호수를 본채로 본다면 설산이 정원이 될 것이기에 '안나뿌르나의 베란다'는 말하자면, 페와딸 호숫가 벤치에 앉아 호수 속에 투영되어 있는 안나뿌르나 설산을 바라볼 수 있는 곳이라는 의미이다. 설산이 호수 속으로 풍덩 들어가 잠겨 있는 정경이니 어

시시각각으로 변하는 페와딸 호수 속에 투영되어 있는 안나뿌르나 연봉의 환상적인 모습

평화의 스뚜빠에서 내려다본 페와딸의 모습은 평화롭기 그지없다.

찌 아무데서나 볼 수 있는 예사스런 풍광이리….

여기에 바람 한 점 없는 날, 거울 같은 수면으로 붉은 저녁 해가 떨어질 때 사랑하는 연인과 둘이 보트에 앉아 있다면? 그런 느낌이야 독자들 개개인의 상상력에 맡기겠지만, 아무튼 '절경(絶景)'이란 말이 어울리는 것은 사실이다. 절경이란 끊어질 '절'자와 경치 '경'이니 바로 '경치가 끊어진 곳'이라는 다분히 선문답(禪門答)적 뉘앙스가 풍기는 그런 경치인 것이다.

안나뿌르나는 한 개의 봉우리가 아니고 그 치마폭에 여러 자매봉을 거느린 넉넉한 연봉의 형태이다. 그래서 '풍요의 여신'이란 닉네임이 붙여졌을 것이다. 그러나 제1봉만이 8천m급(8,012m)이고, 나머지 제2봉, 제3봉 그리고 남봉(A. South, 7,219m)의 높이는 주봉보다는 못하지만, 역시 장엄하게 함께 솟아 있다.

여기서 이채로운 것은 그 여신들 사이에 유일한 남성 신격을 가진 마차뿌차레(Machapuchare, 6,914m)[9]가 자리 잡고 있다는 사실이

9) 마차뿌차레산은 네팔 북부에 위치한 안나뿌르나 연봉에서 남쪽으로 갈라져 나온 산맥의 끝에 위치한 봉우리로 네팔 중앙의 휴양도시인 뽀카라로부터는 북쪽으로 약

다. 이 산은 특히 로드 쉬바(Lord Shiva)가 주석하고 있는 산이기에 인간의 출입이 금지된 성산인데, 모양이 물고기꼬리를 닮아서 일명 '피시 테일(Fish Tail)'이라고 부르기도 한다. 한편 이 물고기 꼬리를 닮은 산은 '세계 3대 미봉'[10]의 하나로 꼽히는 명예도 갖고 있다.

풍요의 여신 속에 유일한 남신이 꼬리만 내놓고 박혀 있는 모습은 마치 힌두 쉬바이즘(Shivaism)의 음양합일의 심벌인 링가(Linga: Liṅgam)와 요니(Yoni)를 자연적으로 배치해 놓은 것 같은 형국이어서 딴뜨리즘에서는 그 의미를 확대해석하기도 한다. 링가는 힌두교에서 쉬바신을 상징하는 남근상(男根像) 그 자체이다. 힌두이즘에서는 생식력의 심벌로 숭배되어 인도와 네팔 전역의 사원에 아주 중요한 모티브로 모셔져 있는데, 주로 여성의 성기를 상징하는 '요니' 위에 꼿꼿이 곧추선 채로 서 있다. 그래서 힌두이즘을 이해 못하는 이방인들의 눈에는[11] 해괴망측하게 보일 수도 있다.

힌두이즘에서 로드 쉬바의 원래 신격은 파괴의 역할을 맡은 삼주신[Trimurti][12]이 하나이다. 창조는 파괴의 다음 단계이니 파괴가 더 중요하다는 힌두이즘의 논리는 논리정연하다. 그러나 한편 쉬바신은 본래의 역할 이외에도 매우 다양한 캐릭터를 소화하고 있어서 예측

---

25km 떨어진 곳에 있다. 두 개로 갈라져 있는 봉우리의 모습이 '물고기의 꼬리' 모양을 하고 있다고 하여 네팔어로는 '물고기의 꼬리'라는 뜻을 가지고 있기에 'Fish Tail'라는 별명으로 더 알려져 있다.

10) 세계 3대 미봉은 에베레스트 지역에 있는 아마다블람(6,856m)과 안나뿌르나 연봉의 마차뿌차레, 그리고 유럽 알프스에 자리한 마테호른(4,478m)을 일컫는다.

11) '링가'와 '요니'의 의미와 상징은 음양의 원리는 일체유정물의 생명 탄생 그 자체이기에 영원히 분리될 수 없다는 시각적인 상징성으로 이해하면 어떨까?

12) 글자 그대로의 뜻은 '세 개의 형상(Three Forms)'으로 풀이된다. 우주의 창조·유지·파괴의 세 가지 우주적인 작용들이 창조의 작용을 하는 신인 브라흐마, 유지 또는 보존의 작용을 하는 신인 비슈누, 그리고 파괴 또는 변형의 작용을 하는 신인 시바의 모습으로 의인화 또는 인격화되어 표현되어 있다.

뽀카라의 오른쪽에 웅장하게 솟아 있는 마나슬루(8,156m)

불허의 역할도[13] 무리 없이 해내는 만능 탤런트다. 한 마디로 표현하자면 매우 파워풀하면서 때론 수행자같이 깊고 조용하고 때론 익살맞을 정도로 해학적인 모습을 보여주고 있다.

로드 쉬바의 원래 고향은 서부 티베트고원인 솟아 있는 지구별 최고의 성산인 까일라스(ST Kailas)[14]이다. 그의 어(御)부인은 '히말라야 신'의 딸인 빠르바띠(Parvati)라는 절세미인인데도 시바는 항상 넘치는 에너지를 감당 못해서인지 가는 곳마다 그럴싸한 로맨스를

13) '세또 마친드라나트 자뜨라'의 유래를 보면, 우리가 아는 막강한 파워를 가진 쉬바(Shiva)가 '로케스바라'라는 구루를 만나 명상수련을 통해 모종의 비술을 전수 받았다고 하는 설정이 되어 있는데, 쉬바가 불교의 가르침을 받는 다는 것임으로 매우 이채로운 설정이라 할 것이다.

14) 까일라스(6,638m)는 티베트 고원 서부에 우뚝 솟은 독립된 봉우리로 산스크리트어로는 "카일라사 빠르바띠'인데, 여기서 '까일라스'라는 어원은 '수정'을 의미한다. 현재 영어권 지도에는 범어(梵語)의 음을 따서 까일라스(Kailash, 6,714m)라고 표기돼 있고 한어권이나 티베트 권에서는 강디세(岡底斯) 혹은 강린뽀체(岡仁波齋)로 표기되어 있다. 그리고 우리의 일부 불교사전에서의 계라사산(鷄羅沙山)으로 표기되어 있다. 필자는 이 산에 매료되어 지난 30년 동안 수십 차례 이 산을 순례하였기에 누구보다도 이 산을 잘 이해한다고 자부한다. 졸저『티베트의 신비와 명상』, 도안사, 2000;『바람의 땅 티베트』, 실크로드사, 2010 등에 자세하다.

뿌리고 다닌다. 말하자면 힌두이즘 최고의 바람둥이다. 그는 오늘도 여기 마차뿌차레 성산에 거꾸로 박혀서 거대한 꼬리를 움직여 우주를 헤엄쳐 다니고 있을 것이다.

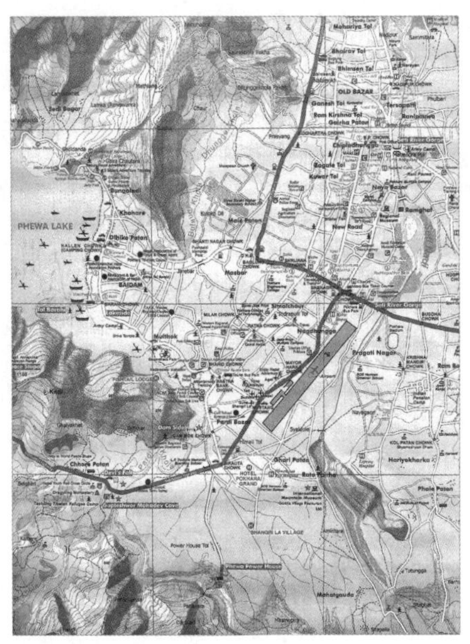

뽀카라 시가지 지도

뽀카라 병풍처럼 둘러싸고 있는 설산은 안나뿌르나 연봉만은 아니다. 시내에서 보자면 왼쪽(서쪽)으로부터 안나 연봉의 최고봉인 1봉, 시내와 가장 가까운 남봉, 강가출리, 히운출리, 마차뿌차레 그리고 맨 오른쪽으로는 마나슬루(Manaslu, 8,156m)[15] 봉의 웅장한 자태가 지호지간으로 바라다 보인다. 그 설산들은 대개는 구름과 안개에 가려져 있지만, 하루 몇 번 정도는, 특히 일출이나 일몰 때는 살짝 베일을 걷고 사바세계 인간들의 영혼을 정화시키는 서비스를 해주기도 한다.

(2)

필자가 3년 동안 살고 있는 안나뿌르나 산기슭 비레탄띠 마을에서 뽀카라는 로컬버스로 1시간 반 거리이다. 이 도시는 인구가 20여만 명 된다. 우리나라에서야 20만 명 정도면 대도시의 일개 구에 해당되

15) 마나슬루산은 세계에서 8번째로 높은 산으로, 산스크리트어로 '영혼의 산'이라는 뜻을 가지고 있다. 1956년 5월 9일 일본팀에 의해 초등되었다. 그러나 한국팀에서는 1970년에 이어 김기섭·김호섭 형제가 조난당한 김정섭 4형제의 비극이 서려 있는 곳이다.

지만, 네팔에서는 수도 까트만두 다음으로 큰 도시이다. 수도 까트만두가 정신 차리기 힘들 정도로 혼잡스러운 반면에 뽀카라는 안나뿌르나 설산 기슭에 자리 잡고 있는데다가 페와딸(Phewa Tal)이라는 호수를 끼고 있어서 상대적으로 조용하고 쾌적하고 아름답다.

그래서 예부터 세계적인 휴양도시로 널리 알려져 있다. 그 외에도 기후가 온화한 것도 큰 매력 중의 하나이다. 해발 800m 정도의 고도에 위치하고 있지만, 위도상으로는 아열대이기에 겨울에도 노천에서 꽃들을 볼 수가 있다. 그러니까 추운 겨울이 없다는 것은 우리 인간들의 심정을 그만큼 여유롭게 만들어준다. 또한 그 외에도 휴양지로서의 모든 관광인프라가 잘 구비되어 있다. 그래서 많은 외국인뿐만 아니라 내국인들도 즐겨 찾는다.

뽀카라는 시내 곳곳에 설산바라보기 좋은 '뷰포인트(View Point)'가 많다. 그곳에서는 히말라야 연봉들이 언뜻언뜻 바라다 보인다. 길을 가다가도 무심코 고개를 들어 하늘을 올려다보면, 방금 전까지 구름밖에 없던 하늘에 눈부신 여신이 홀연히 나타났다가, 또 한 구비 돌다보면 어느덧 신기루처럼 사라져 버리는 식이다. 그렇기에 길을 걷다가도 넋을 놓고 한 참을 바라보게 된다. 그러니까 뽀카라의 하루는 이런 '설산 바라보기'의 반복이라고 할 수 있는 것이다.

특히 대낮보다도 이른 아침의 일출이나 저녁나절의 일몰 때는 장엄하기 이를 데 없기에 지난 3년 동안 매일같이 보아 왔어도 질리거나 싫증나지 않는다. 어찌 보면 그런 재미에 빠져 뽀카라를 떠나지 못한다고나 할까?

뽀카라는 옛 무스탕 왕국 쪽으로 뻗어나간 옛길을 따라 조성되었던 구도시 지역과 까트만두 쪽으로 뻗어 있는 신도시 상업구역과 관광지구인 호숫가의 3개 구역으로 나눠지는데, 최근에는 아무래도 시가지의 중심은 '레이크 사이드(Lake Side)'라는 호숫가 거리로 몰리는 추세이다. 이전에는 '댐 사이드(Dam Side)'라는 곳이 관광지로

뽀카라의 중심지 마핸드라뿔의 멋진 꽃나무. 까트만두로 가는 마이크로버스와 로컬버스 그리고 야간 버스는 쁘리띠비 촉(Prithivi Chowk)이란 곳에서 타면 되고 안나뿌르나, 바글룽, 좀솜, 무스탕으로 가는 로컬버스는 바글룽 버스팍(Baglung bus park)에서 타면 된다. 그러나 까트만두, 무스탕, 좀솜, 룸비니, 치뜨완 가는 투어리스트용 버스는 레이크사이드에서 미리 예약을 하고 타야 한다.

개발되었는데, 언제부터인가 무게추가 옮겨졌다. 말하자면 돈과 물건이 모이는 곳으로 사람들도 모여들었다고나 할까?

그러니까 까트만두의 타멜(Tamel)거리가 외국인들에게는 마치 네팔의 모든 것이 모여 있는 것처럼 인식되어 전 세계 배낭족이 모여드는 것처럼, 그 다음 번 행선지로는 설산의 테라스에 자리잡은 아름다운 뽀카라로 발길을 옮기는 것은 자연스런 일이다. 뽀카라에는 타멜 못지않은 다양한 특성과 가격대를 가진 숙소와 온갖 음식을 먹을 수 있는 다양한 종류의 식당이나 카페가 즐비한데다가, 달랑 맥주 한 병 시켜 놓고 하루 종일 노닥거리기 좋은 곳도 곳곳에 있어서, 돈이 많으면 많은 대로 적으면 적은 대로 지갑사정에 맞추어, 느긋하게 시간을 때우기 좋기에 현대판 히피 같은 트레커들이 모여든다고나 할까?

석양 무렵의 페와딸 호숫가의 카페들은 촛불을 켜고 손님을 유혹한다.

과거 한때 히피족(Hippie)이라 불리던 전후 반전세대와 물질보다는 영적이며 신비적 체험에 몰두하던 뉴에이지 마니아들이 뽀카라로 모여들던 시절이 있었다. 그들이 히말라야 기슭으로 모여들었던 배경을 몇 가지로 꼽아보자면, 우선 '자연으로의 회귀'를 모토로 삼는 히피들과 힌두적인 삶이 상당 부분 일치했기 때문이었다. 현생에서의 가난과 고난을 신의 뜻으로 받아들여서 가난하지만, 오늘 하루만은 무엇이든지 즐기면서 행복하게 살려는 힌두인들의 삶속에서 히피들은 아마도 대리만족을 느꼈기에 마치 고향처럼 죽치고 머물렀을 것이다.

다음 이유로 '행복한 담배[Happy Smoking]'라는 애칭을 가진 대마초를 손쉽게 구할 수 있었던 점도 그 이유 중의 하나였을 것이다. 현재는 뽀카라를 포함한 네팔 전역에서 대마는 금지품목이지만, 얼마 전까지만 해도 길거리에서 얼마든지 싼 값으로 구할 수 있었던 물건이었다. 그렇기에 그들은 이곳으로 몰려들었고, 대마초 한 개비에 행복을 만끽할 수 있었다. 물론 현재 네팔 당국은 법적으로 제재조치를 취하고는 있지만, 아직도 뽀카라에서는 대마초만큼은 관대하게 대하는지 자유롭게 사고 팔고 피우는 광경이 쉽게 눈에 띈다.

그러나 요즘은 뽀카라가 '히피들의 아지트'라는 오명(?)에서 벗어나 트레킹의 B.C로 변해 가고 있다. 정규 히말라야 원정대들뿐만 아니라 가벼운 차림으로 안나뿌르나의 다양한 트레킹을 즐기러 온 트레커들이 이곳으로 모여든다. 그 외에도 패러글라이딩, 래프팅, 번지 점프 같은 자극적인 스포츠를 즐기러 오는 신세대적 취향의 젊은이들도 따라서 모여든다. 그런 추세에 힘입어 히말라야 트레킹을 직접 해보고 싶은 사람들의 3분의 2가 이곳 안나뿌르나 지역을 찾을 만큼 트레킹 붐이 불고 있다고 한다.

(3)

우리 독자들 중에서 혹 뽀카라에 들리시게 되면 둔가스(doongas)라는 보트를 타고 우선 호수 가운데 섬에 들려서 비슈누신을 모신 바라히 만디르(Varahi Mandir) 힌두사원을 참배하고 여행길의 순탄함을 가볍게 빌어보는 것도 좋을 것이다. 더 많은 시간이 허락된다면 배로 호수를 건너서 가파른 산을 올라가서 하얀색 '피스 스뚜빠(Peace Stupa)'가 있는 정상까지 가는 것은 금상첨화이다. 그러면 눈 아래 페와딸 호수와 더불어 뽀카라 시내가 한 눈에 들어올 것이다. 물론 날이 맑으면 호수 넘어 건너편으로 안나뿌르나 설산이 하늘의 반쯤 가린 듯이 솟아 있는 것도 볼 수 있을 것이다.

그 다음으로는 호수를 끼고 댐 사이드 쪽으로 조금 내려가면 건너편 섬으로 가는 공짜 나룻배가 보인다. 그것을 타고 건너편에 보이는 '피시 테일(Fish Tail)'이라는 리조트에 들어가서 잘 가꾸어진 이국적인 정원을 한 바퀴 둘러보고 야외 테이블에 앉아서 히말라야 커피나 한 잔 때리면서 역시 호수면에 투영된 설산을 바라보는 호사를 누려보는 것도 좋을 것이다. 이곳은 지금은 누구나 들어가 볼 수 있는 열려 있는 리조트가 되었지만, 실은 이곳은 18세기 때부터 역대 네팔 국왕들과 로열패밀리들의 휴양지였기에 일반 백성들은 들어갈 수조차 없는 라트나 만디르(Ratna Mandir)궁전이었다.

네팔인들은 뽀카라에 오면 으레 호숫가의 중앙에 있는 바라히 가트(Varahi Ghat)에서
둥가스(doongas)라는 보트를 타고 호수 가운데 떠 있는 섬으로 간다.
그리고 비슈누신을 모신 바라히 만디르(Varahi Mandir) 템플에서 뿌쟈를 올린다.

그 다음은 등산에 관심이 있는 독자들이라면 국제산악박물관(International Mountain Museum)을 방문하여 '한국산악인 부스'를 찾아서, 지금도 안나뿌르나 어딘가에 만년설 아래서 영면하고 있을 박영석 대장 영전에 꽃이나 한 송이 바치는 것도 좋을 것이다. 그리고 땅속으로 물이 쏟아져 들어가 버리는 데이비스 폭포(Davis water fall) 구경으로 나머지 시간을 때우고 나서 밤에는 레이크사이드의 야경을 구경하고 일찍 잠자리에 들었다가 다음날 이른 새벽에 사랑 콧(Sarang kot)[16]으로 올라가서 설산 위로 솟는 장엄한 일출을

16) 뽀카라 근처에도 히말라야 전망대로 유명한 사랑콧(Sarangkot)이 있으니 일정이 바빠 트레킹을 할 수 없는 사람은 짬을 내서 꼭 한번 다녀오길 바란다. 특히 일몰, 일

보아야 할 것이다.

또한 인류학이나 민속학에 관심이 있는 분들이라면 구시가지를 한 번 구경하는 것을 권하고 싶다. 우선 신시가지의 중심지인 마핸드라 뿔(Mahendra Pul)까지 간 다음 북쪽으로 난 옛 도로를 따라서 바이랍(Bhairab Tole)을 지나 무역의 신 빔센(Bhimsen Temple)[17]의 사원까지 걷다보면 레이크사이드와는 전혀 분위기가 다른 고풍스런 풍물들을 곳곳에서 만날 수 있다.

그리고 설산이 비치는 호수의 경치는 보고 좋은데, 이미 페와딸을 여러 번 와 보았고, 또한 페와딸의 혼잡함이 버거운 성격이고, 또한 장기적으로 있을 계획이라면, 뽀카라 근교의 또 다른 호수인 베그나스딸(Begnas Tal)을 권해드리고 싶다. 페와딸에 비할 정도는 아니지만, 저렴하고 조용한 롯지들과 레스토랑이 꽤 많다. 여기 또한 저녁나절에 배를 타고 나가서 호수에 잠긴 설산을 건지러 다니는 맛도 쏠쏠하다. 메인 버스터미널 프리티비 촉(Prithvi C.)에서 까트만두 방향 시내버스정거장에서 그린버스를 타면 된다. 교통편도 많고 편하다.

---

출 시 태양 빛에 젖어드는 안나뿌르나 산군의 황금빛 조망이 아름다운 곳이다. 해발 1,592m에 위치하며 뽀카라에서 택시로 약 40여 분 소요된다. 정상 부근에 여러 개의 숙소가 있어 숙박이 가능한 곳이다.

17) 빔센사원은 인도의 대 서사시 『마하바라타』에 나오는 비마신을 모신 사원이지만 언제부터인가 빔센 사원으로 불리고 있다. 네팔인들은 이 비마신을 상인들과 대상들의 후원자이며 수호신이라고 믿고 있어서 상인들에게는 빔센이, 코끼리 코를 가진 시바신의 아들이며 재물의 신인 가네쉬보다 더 상위의 신으로 여긴다. 특히 사업을 하는 상인들은 모두 빔센의 신봉자들인데, 그 이유는 히말라야를 넘어 라싸까지의 교역로를 개척한 사람이 바로 빔센의 화신이라고 인식하고 있기 때문이다. 그리하여 네팔공주가 티베트 라싸로 시집을 갈 때 빔센신이 수행원으로 모습을 나투어 길 안내를 했기에 히말라야를 무사히 넘었다는 이야기가 생겨났다. 말하자면 엄연한 역사적 사실도 힌두교의 신화로 둔갑시켜 버린 것이다.

## 3. 안나뿌르나 & 마르디 히말 트레킹

담뿌스와 오캠프(1안), 1박2일 코스
안나뿌르나 트레킹(1안), 2박3일 코스
안나뿌르나 트레킹(2안), 7일~9일 코스
안나뿌르나 트레킹(3안), 10일~12일 코스
안나뿌르나 트레킹(4안), 5일~7일 코스
마르디 히말 트레킹(1안), 5일~7일 코스
마르디 히말 트레킹(2안), 3일~4일 코스
토룽라 고개를 넘는 트레킹(1안), 14일~16일 코스
토룽라 고개를 넘는 트레킹(2안), 1달 코스

(1)

요새 트레킹(Trekking)이란 말이 대세다. 사용빈도가 비슷한 뜻의 여러 단어들[18]—Travel, Tour, Trip, Journey, Voyage, Backpacking, Climbing—을 앞지른 지 벌써 오래다. 원래 트레킹은 아프리카 지역에서 달구지로 집단 이주하던 것에서 유래된 것으로 근래에 와서는 전문등산보다는 좀 가벼운 산행을 의미하는 행위로 굳어져 버렸다. 그 중심에 네팔이, 히말라야가 서 있는 셈이 되어 버렸다.

---

18) Travel: 일반적인 여행의 의미로 가장 널리 사용되는 말. 과거에는 힘들고 고된 여행의 의미를 내포하는 순례여행에 가까운 말로 쓰였다.
Tour: 계획된 일정에 맞춰진 짜인 여행. 즉 관광이라는 의미에 가깝다.
Trip: 대체로 짧은 기간의 여행.
Trek: 달구지를 타고 이동하는 여행. 고된 여행, 탐험여행의 개념이 강하다.
Journey: 비교적 긴 여정의 여행.
Voyage: (먼 거리의) 항해 여행.
Backpacking: 배낭여행.

안나 남봉의 풍요로운 자태

뽀카라는 안나뿌르나 일대의 모든 트레킹 코스의 출발지이며, 또 종착지이다. 우선 여기에서 입산허가증을 만들어야 한다. 여행사나 가이드를 통하지 않아도 댐 사이드(Dam Side) 근처의 에캡(ACAP) 사무실로 직접 가면 어렵지 않게 만들 수 있다. 사진 2장과 네팔 루피 4,000Rs(permits 2,000Rs+Tims[19] 2,000Rs)를 내야 하는데, 우리 돈으로 4만 4천원 쯤 되는 금액이다. 여기서 '팀스(TIMS)카드'란 '트레커의 정보관리 시스템(Trekkers' Information Management Systems)'으로 역시 필요하다. 혹시 사진이 없으면 근처에서 즉석으로 찍을 수 있다. 이 입산허가증의 정식 명칭은 '안나뿌르나 보호구역 프로젝트 허가증(ACAP: A. Conservaition Area Permit)'인데, 줄여서 그냥 '에캡'이라고 부른다.

19) TIMS(Trekkers' Information Management Systems) Card For safety all trekkers in Nepal must acquire the TIMS Card before trekking. TIMS Card is mandatory to ensure the safety and security of trekkers in the general trekking areas. NRs. 2,000 per trekking route per person per entry.

1986년 설립된 이 프로젝트의 목적은 7,600km² 이상 되는 드넓은 안나뿌르나 전 지역을 '보존지역'으로 지정하여 관리·감독·보호를 하자는 것인데, 그 지역 안에 사는 주민들도 관리대상이어서 각종 교육을 시키고 있다. 가끔 우리 학교를 빌려 교육을 해서 교실 뒷전에서 나도 참관을 한 적도 여러 번 있었다. 주된 슬로건 중의 하나는 안나뿌르나를 'Plastic free'하는 것도 포함되어 있다.

교육의 세부적인 목표는 전 주민들에게는 산림자원에 대한 벌목금지 계몽, 자연환경 및 주민들의 위생환경 개선지원, 지역 내의 레스토랑 및 롯지 주인들에게 음식, 숙박비를 협정금액으로 받을 것을 주문하고 트레커들을 상대함에 있어서 지켜야 할 예절과 또한 자국문화적인 자존심도 고양시키는 교육도 한다. 현재 에캡공단에서는 무분별한 땔감벌목을 우려하여 고산지대에서는 취사나 난방용 연료로 나무 대신에 가스를 쓸 것을 강요한다지만, 잘 지켜지지 않는 모양이다.

또한 트레커에게는 선전물을 이용하여 허가증 휴대의무 주지, 네팔법률에 대한 준수, 네팔문화와 내국인에 대한 인격적 존중, 구역 내의 취사금지, 쓰레기 분리수거 및 처리, 마약류 소지금지, 마차뿌차레 성산구역 안에서의 육류 섭취금지 등을 요구하고 있다. 물론 이를 위반할 때에는 법적 처벌이나 벌금부과가 따르지만, 심한 경우는 추방되는 경우도 간혹 생긴다고 한다.

사실 에캡공단에서 걷어 들이는 돈은 막대하다. 그 돈으로 '보존구역' 안의 제반사항을 관리한다고 하지만, 딱히 가시적으로 보이는 것은 그리 많아 보이지 않는다. 그래도 경찰관까지 대동하고 길을 막고 표를 검사하니 허가증을 사는 수밖에 다른 방법은 없다. 표면에 내건 슬로건처럼 부디 '플라스틱 없는 클린 히말라야'를 후손들에게 물려줄 수 있도록 에캡이 좀 더 효율적이고 적극적으로 운영되었으면 하는 바람이다.

(2)

네팔 히말라야 트레킹을 희망하는 사람들의 3분의 2가 이곳 안나뿌르나 지역을 찾을 만큼 이곳의 트레킹 인프라는 잘 구축되어 있다. 주목표인 안나뿌르나 설산뿐만 아니라 주위의 여러 설산도 함께 즐길 수 있는 메리트가 쏠쏠하기 때문일 것이다. 물론 산행 후 뽀카라에서의 꿀맛 같은 휴식도 뿌리칠 수 없는 유혹이기에 전 세계의 트레커들은 늘 뽀카라를 가슴에 품고 산다.

뽀카라에서 보면 서쪽 끝으로부터 다울라기리(Dhaulagiri, 8,167m), 닐기리(Nilgiri, 6,940m), 안나 1봉(Annapurna, 8,091m), 안나 남봉(7,273m) 외 안나 2, 3, 4봉들, 히운출리(Hiunchuri, 6,441m), 강가뿌르나(Gangapurna, 7,455m), 마차뿌차레(Machapuchare, 6,997m), 마

안나 베이스캠프(A.B.C 4,130m) 뒤로 솟아 있는 안나뿌르나 1봉(8,091m)

마르디 히말 하이캠프(3,720m)에서 바라본 로드 쉬바(Lord Shiva)의 성지, 마차뿌차레의 위용

나슬루(Manaslu, 8,156m)[20] 등이 반원형으로 뽀카라를 둘러싸고 있다. 또한 티베트 풍격이 잘 보존되어 있는 무스탕 왕국으로 가는 길도 뽀카라에서 시작되고 있고, 산행 중에는 고지대에 사는 구룽족(Gurung)과 같은 산악 민족들의 진솔한 삶을 여과 없이 들여다 볼 수 있는 문화적 경험도 쌓을 수 있는 메리트가 있는 것도 많은 트레커들을 불러 모으는 요인이다.

물론 히말라야의 눈부신 설봉을 보기 위해서 먼 길을 달려오는 만큼, 그 시기가 무엇보다 중요하다. 매일 구름이 끼어 있으면 설산이고 뭐고 다 '꽝'이다. 내 경험으로는 몬순이 끝나는 9월 말에서 12월이

---

20) 네팔 중북부 히말라야 산맥에 있는 산으로 높이는 8,156m이다. 산스크리트어로 '영혼의 땅'이라는 뜻이다. 티베트 어로는 간푼겐이라고 하며, '눈(雪)의 어깨'라는 뜻이다. 산의 동쪽은 빙하 지형이 발달했고, 서쪽은 급경사의 빙벽으로 이루어져 있다. 1950년 영국 등반대가 정찰한 이후 세계의 주목을 받기 시작했다. 히말라야 산맥에서 8번째로 높다.

마르디 히말의
베이스 캠프 M.B.C

최적기이다. 춥긴 하겠지만 맑은 날씨가 계속되기 때문에 설봉을 볼 기회가 상대적으로 많아진다. 한 겨울인 12월에서 2월도 하늘은 푸르고 날씨도 좋지만, 다만 추위에 대비한 장비를 철저히 준비해야 함으로써 배낭이 무거워지는 것을 감안해서 계획과 일정을 짜야 한다.

사실상 배낭 무게가 대략 20kg이 넘으면 포터를 구하는 것이 좋다. 가이드나 포터 없이 독립군으로 생존하려면 무엇보다 체력과 세밀한 정보와 계획을 짜야 한다.

몬순철인 6월 말에서 9월 초는 본격적인 우기이지만 비는 대부분 밤에 집중적으로 내리기 때문에 준비만 잘한다면 여름이라고 트레킹을 못할 이유는 없다. 단 날아다니는 흡혈거머리[네팔이름 Juga]에게 헌혈할 각오는 해야 한다. 참, 나는 히말라야 능선이 천상의 붉은 화원으로 변하는 5월 달을 추천하고 싶다. "랄리구라스가 난리블루스이다."[21]라는 말이 실감나게 될 것이다.

---

21) 이 책의 다음(제3부 4. 하늘나라의 붉은 장원(莊園), 랄리구라스 숲길)에 다시 자세하게 다루었다.

무스탕으로의 길목에 자리잡은 꼬방(Kobang)마을에서 바라본 닐기리봉과 안나 1봉

(3)

안나뿌르나 트레킹은 다양한 루트가 있기에 각자의 사정에 따라 적합한 코스를 선택할 수 있다. 대부분의 코스는 트레킹 인프라가 잘 만들어져 있어서 트레킹의 초짜라도 큰 어려움 없이 즐길 수 있다. 가이드나 포터가 있으면 더 편해서 좋고, 없다고 해서 트레킹이 불가능한 것은 아니기에 각자의 취향대로 고고 싱싱하면 된다.

그동안의 필자의 경험을 토대로 하여 몇 가지 루트를, 우선 짧은 코스부터 차례대로 소개하도록 하겠다. 마지막에는 한 달씩이나 걸리는 '빅 라운딩'까지 말미에 달았다. 단 필자는 전문산악인도, 직업적인 여행가이드도 아닌 점을 감안하여 기본 자료로만 참조하되, 만약 정말로 배낭을 메게 될 때는 전문가나 여행사에게 실질적인 조언이나 도움을 받고 떠나기 바란다.

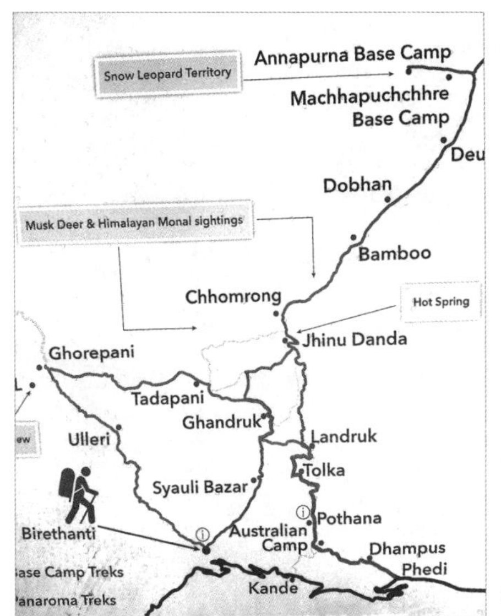

안나뿌르나 트레킹 지도 1, 2

### :: 담뿌스(Dhampus)와 오갬프(Austrian Camp), 1박2일

뽀카라-하리촉-페디-담뿌스 혹은 카레-오스트리안 캠프

시간적 여유가 전혀 없거나 거동이 불편하여 그저 차를 타고 뽀카라의 뒷산인 사랑콧(Sarang Kot)에서의 당일 일출만으로는 뭔가 많이 부족한 분들에게 적합한 대안은 1박2일로 담뿌스나 오캠에 올라 일출을 보는 방법을 권해 드리고 싶다.

담뿌스는 하리촉(Hari C.)이라는 곳에서 1인당 요금으로 올라가는 지프차를 타면 된다. 아니면 시내버스를 타고 페디(Phedi)까지 가서 1시간 정도 걸어 올라가도 된다. 그리고 오캠은 비레탄띠나 나야뿔 방면으로 가는 아무 버스나 타고 카레(Kẖale)라는 곳에서 내려 2~3시간 걸어 올라가면 된다. 안나 연봉과 마차뿌차레 그리고 마나슬루 설산에서 뜨는 아침 해를 가슴 깊숙이 느낄 수 있을 것이다.

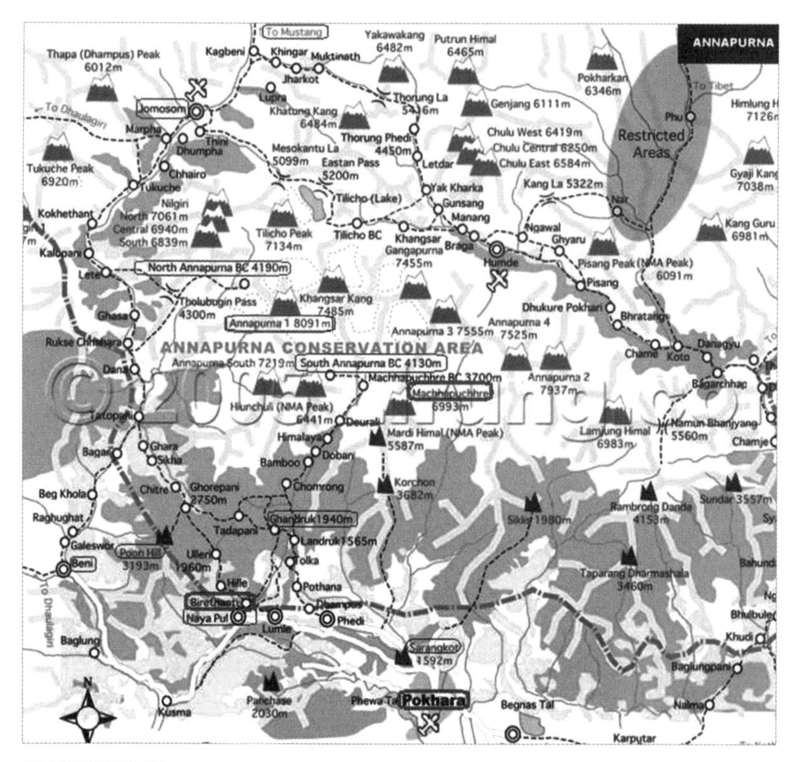


안나 빅 라운딩 지도

## :: 안나뿌르나 트레킹(1안), 2박3일 코스

뽀카라-나야불-비레탄띠-고레빠니-뿐힐 전망대(3,250m)-비레탄띠-뽀카라

비레탄띠에서 왼쪽 계곡길로 접어들어 수다메(Sudame)-힐레(Hille)-울레리(Ulleri)-띠게둥가(Tigedungga)-고레빠니(Ghorepany, 2,850m)에서 뿐힐(Punhil)에서 일출을 보고 다시 역순으로 비레탄띠-나야뿌르-뽀카라로 돌아오는 코스이다.

요즘[2018년 여름부터] 뽀카라에서 체크포인트가 있는 비레탄띠를 지나 힐레 마을까지 가는 로컬버스가 생겨서 가장 짧은 일정의 경

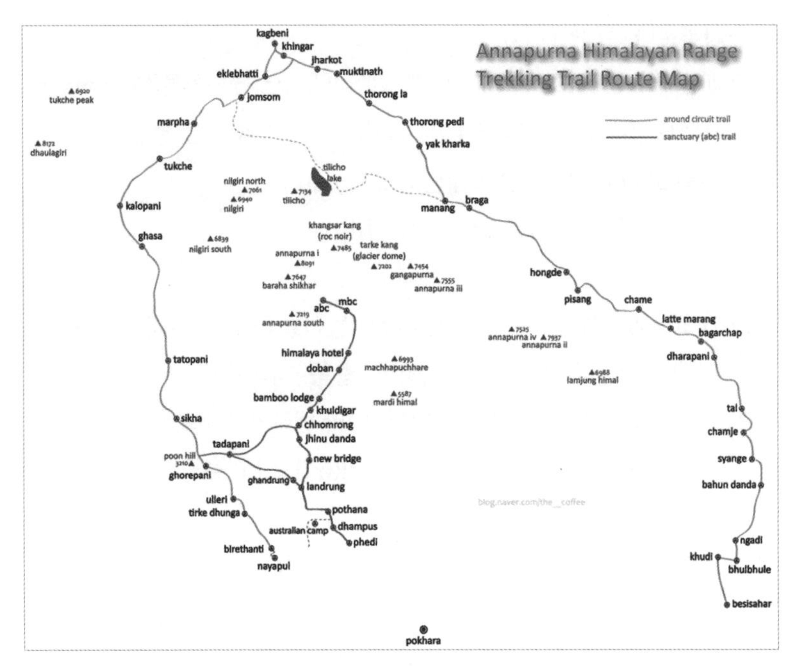

안나뿌르나 빅 라운딩 지도

제적인 트레킹도 가능해졌다.

이 길은 비레탄띠를 지나 곳곳에 작은 폭포가 이어지는 아름다운 계곡길을 따라가다가 띠게둥가 마을을 지나면서 악명 높은 3,400계단을 올라야 한다. 63빌딩을 3번 정도 오르는 난코스이다. 그렇게 고레빠니 마을에 올라 하루를 쉬고 다음날 반드시 꼭두새벽 어둠 속에서 2시간 정도를 걸어 올라가야지 장엄한 일출을 구경할 수 있다. 뭐 롯지가 있는 고레빠니에서의 일출도 볼만은 하지만….

전망대에서 왼쪽으로부터 8천m급의 다울라기리와 닐기리 그리고 안나 1봉과 7천m급의 자매봉인 안나 남봉과 강가추리, 히운추리 그리고 성스러운 마차뿌차레가 차례로 찬란한 햇빛 아래 자태를 드러내면 그 광경을 숨죽여 바라보고 있던 모든 트레커들의 가슴에 신비한 파동이 물결치듯 퍼져 나갈 것이다.

**:: 안나뿌르나 트레킹(2안), 7일~9일 코스**

고레빠니(Ghorepani, 2,850m)-따다빠니(Tadapani)-촘롱(Chhomrong)-시누와(Sinuwa)-데우라리(Deulari)-M.B.C-A.B.C-촘룽-간드룩(Ghandruk) 혹은 지누단다(Jinudanda) 온천-샤우리 바자르(Syauli Bazar)-비레탄띠-뽀카라

2-1) 고레빠니에서 동쪽으로 뻗어나간 능선을 타고-따다빠니-촘룽-뱀부-데우랄리-M.B.C-A.B.C-촘룽-비레탄띠

2-2) 고레빠니에서 서북쪽 계곡길을 따라 내려가다가 시카(Sikha)-따또 빠니(Tatopani) 온천-닐기리(6,940m) 설산 조망-(버스) 뽀카라

2-3) 고레빠니-따또빠니 온천-투쿠체(6,920m)-꼬방-닐기리, 다울 라기리(8,167m) 설산 조망-마르파(Marpha)-좀솜(Jomsom)-무스탕 혹은 묵티나트사원

2-1) 코스를 갈 경우 뿐힐을 내려와서 행장을 다시 추스른 다음 고레빠니를 출발해 M.B.C-A.B.C로 가는 코스는 대개 2박3일이 걸리는데 내리막길과 오르막길이 한없이(?) 이어진다. 물론 요소요소마다 롯지는 있다. 그러나 고도가 높아질수록 모든 가격은 비례적으로 비싸진다. 뜨거운 물도, 전화기 충전도, Wi-Fi 사용도 돈을 내야 한다. 시설은 비교적 깨끗해 보이나 문제는 난방시설이 없기 때문에 여름이라도 해가 떨어지면 썰렁하기에 가벼운 우모침낭은 필수이다. 뜨거운 물을 핫팩에 부어 침낭 속에 넣어두면 짱이다. 일회용 핫팩도 아주 유용하다. 높은 고도에 따른 일교차와 고산반응을 대비하여 뜨거운 물을 자주 마셔주어야 한다.

롯지에서 현지인들이 마시는 '짜이' 혹은 '찌아'는 열량이 높기 때문에 체력 유지에 큰 도움이 되니 가능하면 자주 마셔두는 것이 좋

다. A.B.C 가기 전에 또 다른 난코스는 촘롱(Chhomrong, 2,140m)인데, 마을 이름이 '고개를 넘어서'란 뜻처럼 건너편에 빤히 건너다보이는 마을 시누와(Sinuwa, 2,340m)에 가기 위해서는 급경사 계단을 무려 3,400개를 내려가서 다리를 건너서 다시 내려간 것보다 더 올라가야 한다. 에휴~

그 뒤부터의 길은 본격적으로 좁은 협곡 속으로 들어가는데, 대나무가 많아서인지 마을 이름이 뱀부(Bambu)이다. 대바람소리 소소히 들리는 대나무 숲길을 지나면 큰 폭포가 있는 도반(Dobhan, 2,505m)에 이른다. 흔히 길동무를 도반(道伴)이라 부르지만 여기서는 '물줄기가 하나로 모이는 곳'이라는 뜻이다. 길은 이제 막바지로 치달아 데우라리(Deulari, 3,230m)를 지나면 바로 M.B.C이다. 한국 방송국 엠비씨가 아니고 마차뿌차레 베이스캠프이다.

현재 마차 봉은 등반금지구역이라 원정대가 오래 머물 수 있는 B.C가 필요 없기에 조그만 롯지가 M.B.C 간판을 달고 있을 뿐이다. 그래서 대부분의 트레커들은 그냥 A.B.C로 직행하기 마련이다. 다시 경사길을 몇 굽이돌면서 오르다보면 돌로 쌓은 캐룬(Carin)[22]과 오색 깃발 다르촉들이 바람에 휘날리는 것이 보이면 "Wellcome to Annapuruna Base Camp"이다. 드디어 해발 4,130m에 도착한 것이다.

"Namaste! A.B.C."

그러나 방 배정을 받고 배낭을 내려놓기 급하게 다시 갈 곳이 한 곳 더 남았다. 롯지 위쪽으로 50m가량 올라가면 아직도 여신의 품에서 영면에 들어 있는 박영석 대장과 신동민 대원, 강기석 대원 그리고 홍일점 지현옥 대장의 추모탑이 바로 그곳이다. 일동 묵념~~

---

22) 우리의 성황당 돌탑 같은 형태이다. 물론 오색 깃발이 펄럭이고 있다.

**:: 안나뿌르나 트레킹(3안), 10일~12일 코스**

고레빠니-따다빠니-간드룩(Ghandruk)-촘룽-데우랄리-M.B.C-A.B.C-뉴브리지(New Brige)-란드룩(Landruk, 1,565m)-똘카(Tolkha)-뽀타나(Pothana)-오켐-담뿌스 혹은 카레-뽀카라

A.B.C에서 하산할 때 비레탄띠를 경유하지 않고 뉴브리지에서 모디콜라강을 건너 란드록으로 다시 올라가서 마르디 히말 능선을 따라 똘카-뽀타나-오캠으로 내려오는 코스로 다양한 맛을 느낄 수 있다.

**:: 안나뿌르나 트레킹(4안), 5일~7일 코스**

비레탄띠-뿐힐-따다빠니-간드룩(Ghandruk)-지누단다(Jinu Danda) 온천-샤우리 바자르(Syauli Bazar)-비레탄띠-뽀카라

푼힐을 찍고 나서 여건상 정식으로 A.B.C를 가지 못하는 트레커를 위한 대안으로 마련된 코스로 따다빠니에서 간드룩으로 내려온 다음에 지누단다 온천-시와이-비레탄띠-뽀카라로 내려온다. 비교적 짧은 코스라 시간적 여유도 있으니 아름다운 간드룩 마을을 지날 때 그곳의 노래나 한곡 들어보는 것도 좋은 생각. 또한 지누단다 노천온천은 꼭 들려서 새벽에 하얀 산신령 같은 원숭이와 조우해보시기 바란다.

〈간드룩 마을 처녀의 노래(Ghandruk[23] young girl song)〉

크고 붉은 랄리구라스 꽃을 머리에 꽂고

크고 붉은 랄리구라스 꽃을 머리에 꽂고

간드룩 마을의 소녀는 노래를 부르네.

내 노래에 들판과 숲이 따라서 춤을 추고

내 얼굴은 천천히 평화로워져요

아침 해가 빛날 때면 물가로 가요

아침 해가 빛날 때면 물가로 가요

간드룩 마을의 소녀는 노래를 부르네.

내 옷[24]들에게 물어 보세요

아마도 그것들을 마낭, 매이샤르마, 바라하 그리고 데우라리의 템플[25]

에서 볼 수 있을 거예요.

산을 바라보며 미소 짓고 그리고 난 눈을 감아요.

간드룩 마을의 소녀는 노래를 부르네.

내가 어떻게 바라보는지, 내 얼굴을 보면서 속삭여줘요

난 절대로 우리 마을 떠나 다른 곳으로 가지 않아요

내 달콤한 소로테[26] 노래는 내 가슴속에서 울어 나와요.

간드룩 마을의 소녀는 노래를 부르네.

---

23) 안나뿌르나 산속에 있는 해발 1,940m의 산악마을로 산악민족인 구룽족의 고향으로 ABC로 가기 위해서는 필수 경유지인 마을이다. 수많은 트렉커들과 짐꾼 말들의 발길에 반드레하개 달은 돌바닥길과 듬성하게 쌓아올린 돌담으로 이어진 길을 따라 구룽족의 전통적인 2층 돌집이 아름다운 곳이다. 이곳의 대표적인 민요가 바로 간드룩 마을 천년의 노래이다.

24) 구니요, 초로, 파투키, 갈케는 간드룩의 원주민들인 구룽족 여인들의 민속복장 종류 이름.

25) 마낭, 매이샤르마, 바라하, 데우라리는 안나뿌르나 산 인근의 유명한 사원들의 이름.

26) 소로테는 민속음악의 한 종류.

(4)

**:: 마르디 히말 트레킹(1안), 5일~7일 코스[27]**

뽀카라-담뿌스(Dhampus, 1,650m)-오캠프(Austrian Camp)-뽀타나(Pothna)-삐땀 데우랄리(Pitam Deulari, 2,100m)- 포레스트캠프(Forest Camp, 2,520m)-로우캠프(Low Camp, 2,970m)-하이캠프(High Camp, 3,550m)-마르디 히말캠프(Mardi Himal Camp, 4,200m)-하이캠프-시딩(Sidhing, 1,900m)-향쟈(Hyangja)삼거리-뽀카라

한국 트레커들에게는 아직 생소한 이름이긴 하지만, 또한 그동안 안나뿌르나 트레킹의 명성에 가려 빛을 보지 못했지만, 마르디 히말(Mardi Himal, 5,587m) 코스는 떠오르는 다크호스이다. 사실은 '마르디 히말 트레킹'이라 부르지만, 실제로는 '마차뿌차레산 트레킹'이라 부르는 게 마땅하다. 원래 마차 B.C가 현재도 A.B.C 조금 아래 3,700m에 있기는 하지만, 마차 봉이 로드 쉬바의 성지라고 인식되어 등반금지 구역이 되어 버린 탓에 베이스캠프 자체도 유명무실해져 버렸다.

그러나 현재의 마르디 히말 B.C는 마차뿌차레산 정상 바로 아래에

---

27) 〈Mardi Himal Trek〉
Planned duration: 6 days (16 - 21 April) /Actual duration: 4 days (16-19 April)
Day 1 Taxi from Pokhara to Kande (2 hours). Walk from Kande (1700 m) to Pitam-Deurali (2100 m) (2.5 hours)
Day 2 Walk Pitam-Deurali (2100 m) to Forest Camp (2550 m) (4-5 hours)
Day 3 Walk Forest Camp (2550 m) to Low Camp (2990 m) (3 hours), then Low Camp to High Camp (3580 m) (3 hours)
Day 4 Walk High Camp (3580 m) to Mardi Himal base camp (4500m) and return to High Camp (6-7 hours)
Day 5 Walk High Camp (3580 m) to Sidhing (1850 m) (6 hours)
Day 6 Walk Sidhing (1850m) to Lumre (3 hours). Taxi/Jeep from Lumre to Pokhara (3 hours)

위치해 있는데다가 해발표고도 4,200m 지점에 있어서 실제적으로 마차의 B.C 역할을 하고 있지만, 다만 정상 공격용 전진기지 역할은 못 하고 있을 뿐이다.

마르디 트레킹의 주능선길은 오른쪽으로는 '세계 3대 미봉'으로 꼽히는 마차뿌차레를, 왼쪽으로는 안나 남봉을 지척에서 바라보면서 걷을 수 있다. 특히 랄리구라스 고목들이 붉은 꽃을 만개하는 5월 6월 사이는 가히 환상적이라 부를 만한 루트이다. 울창한 원시림 사이로 이어지는 능선길은 A.B.C 길처럼 인공적인 돌계단의 연속이 아니라, 부드러운 자연친화적인 오솔길이어서 걷는 느낌이 최고이다.

하산 길에 르왕(Lewang) 마을에 들려서 산릉에 조성된 히말라야 차밭구경을 하고 '안나뿌르나 차(Annapurna Organic Tea)'라는 상표의 유기농차 몇 봉지씩 선물로 사서 차 좋아하는 친지들에게 나누어줘도 좋을 것이다. 기교를 부리지 않은(못하는?) 제다법 때문에 오히려 차 자체의 순수한 맛을 즐길 수 있다.

**:: 마르디 히말 트레킹(2안), 3일~4일 코스**

비레탄띠-시와이(Siwai)-뉴 부리지(New Brige)-란드룩(Landruk)-포레스트 캠프(Forest Camp, 2,520m)-로우캠프(Low Camp, 2,970m)-하이캠프(High Camp, 3,550m)-마르디 히말 캠프(M.B.C, 4,200m)-하이캠프-포레스트 캠프-뉴브리지-비레탄띠

이미 담뿌스를 지나쳐 안나 트레킹 권으로 들어 왔다면, 비레탄띠나 간드룩에서 모디콜라 다리[New Brige]를 건너서 란드룩 마을을 경유하여 포레스트 캠프의 주능선으로 올라서서 로우캠프(Low Camp)-하이캠프(High Camp)-마르디 히말캠프(M.B.C)를 찍고 하산 길에는 담뿌스로 내려가도 좋고 아니면 포레스트 캠프에서 왔던 길로 도로 내려와 란드룩에서 다리를 건너 비레탄띠로 돌아가도 좋다.

(5)

## ≪토룽라(Thorung la, 5,416m) 고개를 넘는 빅 라운딩(Big Rounding: Cirkit)≫

**:: 안나 트레킹 빅 라운딩(1안), 14일~16일 코스**

뽀카라-베시샤하르(Beshishahar)-바훈단다(Bahun Danda)[28)]-카니가온(Khanigaon)[29)]-상제(Syanje)[30)]-참제(Chamje)-딸(Tal)-다라빠니(DharaPani)-자가트(Jagot, 1,300m)[31)]-바라땅(Bhratang)[32)]-다냐규(Danagu)-디꾸르뽀카리(Dikur Pokhri: Swarga Dwar, 즉 하늘문)[33)]-삐상(Upper Pisang)[34)]-

---

28) '바훈'은 바로 브라흐만(Brahman)의 네팔어이다. 힌두교의 국가인 네팔에서도 카스트제도가 현재도 엄연히 존재하고 있지만 용어는 약간 다르다. 브라만을 '바훈'으로, 크샤트리아를 '체뜨리'라고 한다. 그리고 '단다'는 언덕이니, '바훈단다'는 '브라만의 언덕'이란 뜻이 된다.

29) 카니(Kaani)는 마을 입구의 돌로 된 스뚜빠인데, 입구에는 마니통이 서 있고 안에는 불교의 수호신들이 그려져 있다. 가온(gaon)은 마을이라는 뜻이다. 이는 이제부터는 본격적으로 티베트 권역으로 들어왔다는 것을 의미한다.

30) 샹제(샹게)와 참제는 같은 어원에서 나온 말로써 '샹게'는 일체지자(一切智者), 즉 '모든 것을 다 아는 사람' 붓다를 의미한다.

31) 옛날 '차염고도(茶鹽古道)' 시절의 상인들에 대한 세관(Toll station)이다.

32) 마르샹디 구간에서 가장 큰 사과 과수원이 있는데, 생사과주스도 사과브랜디도 아주 훌륭하다.

33) 장엄한 바위벽 '스와르가 드와르(Swarga Dwar)', 즉 하늘문이 앞을 가로 막는다. 네팔말로는 '파웅다 단다(Paungda Danda)'라고 하는데 1,500m가 넘는 거대한 단일 암석이다.

34) 피상부터 마낭, 캉사르까지 지역을 니에샹(Nieshang)이라 하고, 이곳에 사는 사람을 니에샹뵈(Nieshang Bhod)이라 한다. 뵈란 티베트 사람을 일컫는 말이다.

나왈(Ngawal)[35]-마낭(Manang, 3,540m)-군상(Gunsang)-
야크카르까(Yak kharka)-토룽라 뻬디(T.L Pedi)-
토룽라(T.L, 5,416m)-묵띠나트(Muktinath)-까그베니
(Kagbeni: 무스탕 갈림길)[36]-좀솜(Jomsom: Air port)-
마르파(Marpha)-따도빠니(Tatopani: Hot water: 뿐힐 갈림길)-
베니(Beni: Bus Park)-나야뿔-뽀카라

안나뿌르나 라운딩 혹은 서키트는, 안나 연봉을 남면으로만 보고 올라갔다가 내려오는 그런 단기간의 트레킹이 아니라, 뽀카라에서 동쪽으로 하루거리를 이동하여 베시샤하르라는 도시로부터 트레킹을 시작하게 된다.

왼쪽으로 람중히말(Lamjung Himal, 6,983m), 안나 2, 3, 4봉, 강가뿌르나(GangaPurna, 7,455m), 깡사르깡(Kangsarkang, 7,485m), 띨리초(Tilicho, 7,134m) 같은 장엄한 설산들을 바라보면서, 오른쪽으로는 출루(Chulu, 6,580m) 3연봉과 야크와깡(Yakawakang, 6,482m) 등의 설산들을 올려다보면서, 대협곡 사이로 겨우 나 있는 옛 순례로를 따라 마침내 토룽라를 넘어 묵띠나트-까그베니-좀솜으로 가는 코스이다.

좀솜에서는 비행기나 버스를 타고 바로 뽀카라로 돌아와도 되고 다시 드넓은 깔리간다끼(Kali Ggandaki) 강을 따라 왼쪽으로는 '푸른 산', 닐기리(Nilgiri, 7,061m)를, 오른쪽으로는 뚜꾸체(Tukuche, 6,920m)와 '하얀 산' 다울라기리(Daulagiri, 8,172m)를 올려다보면

---

35) 티베트 사람들은 방바(Bangba)라고 한다. 역시 아름다운 마을로 마을 중심에 둥꼬르(Dungkhor)가 있고 여기서 길은 갈라지는데, 왼쪽은 뭉지(Mungji)쪽으로 가는 길이고, 오른쪽 출루 봉우리 쪽으로 보면 2km 남짓 고개 위에 Karma Samten Ling Monastery라는 아주 큰 까규파 수도원이 있다.

36) 카그베니에서 길은 좀솜과 무스탕으로 갈라진다.

서 서서히 고도를 낮추어가는 인상적인 옛 순례로를 따라 마르파-꼬방(Kobang)-깔로빠니(Kalopani)-울창한 히말라야 소나무가 우거진 마을 가사(Ghasa)까지 트레킹을 계속해도 좋다.

좀솜 아래의 마르파(Marpha)[37] 마을은 꼭 들려서 고풍스런 옛 민가들 사이로 뻗어 있는 옛 차마고도 길을 거닐어보기도 하고 또 참한 카페에 들어가서 유명한 애플파이와 애플브랜디를 맛보는 여유를 부려도 좋겠다. 백 년 전에 일본의 승려 카와구치 에카이(河口慧海, 1866~1945)[38]가 티베트로 밀입국하기 위해 1달간 머물렀다는 집도 보존되어 있다.

### :: 안나 트레킹 빅 라운딩(2안), 20일~30일 코스

(1)안과 같이 출발하여 마낭(Manang, 3,540m)에서 캉사르

---

37) 이 마을은 세계 7위의 거봉이며 '하얀 산'이라는 뜻을 가진 다울라기리(Dhaulagiri, 8,167m)를 배경으로 앞으로는 '푸른 산'이라는 뜻을 가진, 닐기리(Nilgiri, 6,940m)를 바라보는 포인트이기 때문에 아침저녁마다 찬란한 설산의 변화를 볼 수 있으므로 그것만으로도 매력적인 곳이다. 마르파는 나무와 돌로만 지은 티베트식의 가옥들과 골목골목 이어지는 돌길은 오랜 세월의 자연스런 마모로 인해 반질반질 윤이 날 정도로 고풍스러움을 자랑하고 있다. 더구나 그 아래로는 맑은 물이 소리 내어 흐르고 있기 때문에 온 마을이 공명상자처럼 온 마을을 울려 퍼져서 정말로 인상적인 분위기를 풍기고 있다. 우선 짐을 풀고는 먼저 애플쥬스를 한 잔 들이키면 뱃속까지 상쾌한 기분이 된다. 그리고 석양의 베란다에 앉아 설산을 바라보며 '마르파표' 애플브랜디를 한 잔 시켜서 애플파이 한 조각을 안주삼아 홀짝홀짝 마시면 더 바랄게 무엇이겠는가?

38) 그는 일본 황벽종(黃壁宗)의 승려로서 단신으로 네팔을 통하여 설역고원에 올라 까일라스산 꼬라를 마치고 라싸에 잠입하여 몽골인으로 위장하여 세라사원에서 3년간 승려 노릇을 하면서 티베트불교를 공부하다가 신분의 위협을 느껴 귀국하였다가 10년 뒤 다시 한차례 더 잠입하여 티베트대장경을 수집하여 가져갔다. 그의 수집품은 지금 일본의 동북대학(東北大學)의 '가와구찌 콜랙션'으로 보관되고 있다. 그의 『티베트여행기』(전5권)는 다시 『Three years in Tibet』이란 이름으로 영역되어 세계적으로 알려진 이 방면의 고전으로 꼽히고 있다.

(Khangsar)-띨리초봉(7,134m) 아래의 펼쳐져 있는 신비한 빙하호 띨리초 호수 B.C(Tilicho lake Camp, 4,990m)를 참배하고 다시 마낭으로 돌아나오거나, 아니면 호수를 왼쪽으로 끼고 동쪽고개(Eastern Pass, 5,200m)와 메소깐뚜 고개(Mesokantu La, 5,099m)를 넘어 좀솜으로 직행해도 된다.

또한 좀솜-베니-따또빠니 온천에서 일정을 며칠 더 늘려 다시 안나뿌르나로 들어가 시카(Sikha)를 경유하여 고레빠니(Gorepani)에서 비레탄띠로 내려와도 된다. 이렇게 되면 거의 한 달이 소요되는 최장기간의 대장정이다. 그러니까 이 빅 라운딩은 보전구역 전체를 크게 한 바퀴 도는 루트이니 진정한 의미의 안나뿌르나 트레킹이라 할 수 있다.

(6)

**:: 부록: 트레킹 준비물 체크리스트**

A. 가방

1. 중형배낭, 일일용 경배낭
2. 여권용 목가방은 기내 반입(여권 비자 복사본 따로 챙겨두고, 까트만두 공항 비자 신청시 필요하니 꼭 볼펜을 준비할 것. 단, 노트북, 폰, 배터리는 휴대품)

B. 옷 종류

1. 우모방한복

- 가벼운 패딩/중형 우모(#바람을 빼가며 말아서 비닐봉지에 넣고 테이프를 붙여 부피를 최대한 줄일 것)

2. 방풍용 후드달린 경 고어텍스 파카

3. 기능성 외복, 내복-바지 2벌/-남방/-조끼형 스웨터/-기능성 폴라
4. 양말(일반용+등산용)
5. 실내용 추리닝
6. 모자, 장갑, 목도리, 목수건, 손수건

C. 개인준비물
1. 비누, 목욕수건, 수건
2. 로션, 화장품, 치약, 칫솔, 썬 크림
3. 충전용 핸드폰 배터리, 핸드폰 충전코드, 보온병, 물통
4. 개인 상비약, 감기약, 외부상처용 연고, 벌레용 연고

D. 트레킹 장비
1. 가능하면 우모 스리핑백(#바람을 빼가며 말아서 비닐봉지에 넣고 테이프를 붙여 부피를 최대한 줄일 것)
2. 침낭용 고무 핫팩 및 일회용 핫팩
3. 선글라스
4. 등산 스틱
5. LED해드랜턴
E. 비상식량 & 기타

## 4. 하늘나라의 붉은 장원(莊園), 랄리구라스 숲길

(1)

"랄리구라스(Laliguras)가 난리블루스이다"라는 한국식 풍자어는 아마도 어느 트레커가 즉흥적으로 지어낸 말이겠지만, 적어도 날이 갈수록 사용빈도가 늘어나는 중이다. 이는 누구나 그 말을 한 번 듣는 순간에 묘한 매력을 느끼게 되면서 오래 머릿속에 각인된다는 뜻과 닿아 있다. 그냥 꽃이 폈다는 사실을 '난리 났다'라고 표현하는 자체는 물론 어찌 보면 너무 오버하는 것 같기도 하다. '난리(亂離)'란 전쟁에 준하는 비상사태를 뜻하기 때문이니까. 그런데 여기에 다시 '블루스'란 꼬리를 붙여서 듣는 사람으로 하여금 잠시 고개를 갸우뚱하게 만들다가 급기야는 '빵' 터지게 만든다.

이 말을 다시 뜯어보자면, 네팔의 나라꽃인 로도댄드론(Rhododendron)의 속명인 '랄리구라스'에 붉다는 뜻의 형용사인 '랄리' 대신에 우리말의 '난리'를 앉히고, 다시 거기에 꽃이란 뜻의 '구라스' 대신에 발음이 비슷한 '블루스'를 붙인 게 고작이다. 그러나 이 제멋대로 조합된 말 속에 극적 반전이 숨어 있을 줄은 이 말을 만든 당사자도 처음에는 몰랐을 것이다.

다시 사족을 붙여보자면, 여기서 '블루스(Blues)'[39]란 아마도 남녀가 끌어안고 추는 이른바 사교춤을 말하는 것 같은데, 원래 이 단어

39) 미국 남부의 흑인들 사이에서 일어난 두 박자 또는 네 박자의 애조를 띤 악곡. 12마디를 기본으로 하며 장조와 단조가 뚜렷이 구별되지 않는다. 애가로 출발하여 후에 재즈에 도입됨으로써 재즈의 음악적 기반을 이루기도 하였다. 또는 느린 곡조에 맞추어 추는 춤의 하나이다.

는 어둠침침하고, 빵빵이 오색 조명이 돌아가는 카바레[40]와 한 조를 이루며 연상되기에 이 한 마디로 '난리불루스'라는 단어가 주는 뉘앙스는 좀 퇴폐적인 냄새가 풍기기는 하다. 그러나 어쨌든 이 말은 붉은 꽃이 피어 장관을 이루는 설산의 풍광이 마치 녹색의 장원에 붉은 군대가 쳐들어와서 혼란스러운 난리상황으로 풍자한 것으로 이해하면 될 것이다.

대설산 히말라야의 나라 네팔의 나라꽃은 '로도댄드론'이다. 식물학적 분류로는 '진달래목'에 속하는 여러해살이나, 흔히 일반적으로는 '랄리구라스' 또는 '랄리구란스'라고 불린다. 그리고 그 글자 자체의 뜻은 그냥 '붉은 꽃'이다. 사실 이 나무의 꽃은 여러 가지 색깔이 있는데, 그 중 특히 붉은 색이 주종을 이루기에 다른 색깔은 무시되어 도매금으로 그냥 '붉은 꽃'으로 넘어간 셈이다.

이 요란한 꽃나무는 주로 히말라야 고산지대에 주로 자생한다. 물론 다른 나라에도 없는 것은 아니다. 우리나라의 만병초(萬病草)[41]라

---

40) 프랑스어 카바레(cabarett)에서 유래된 말로 '작은 예술무대'가 있는 주점을 말한다. 샹송·패러디극·무언극·강연·무용 그리고 산문이나 운문 형식의 작품이 공연되고 낭독된다. 직업 배우·아마추어·작가 등이 등장하여 당면한 정치·사회·예술 문제 등을 예리한 위트와 풍자로 조소하고 비판한다. 1881년에 화가인 사리가 파리 몽마르트의 보헤미안들과 진가를 인정받지 못한 천재들을 위해 카바레 '검은 고양이(chat noir)'를 설립한 것이 그 시발점이다. 그러나 흔히 한국의 카바레는 음악과 춤을 위한 무대를 갖춘 서양식 술집을 가리키는 것으로 변질되어 사용되었다.

41) 학명은 Rhododendron brachycarpum으로 진달래목에 속한다. 고산지대에서 자라며 1~4m까지 자란다. 나무껍질은 잿빛이 섞인 흰색이고 잎은 어긋나지만 가지 끝에서는 5~7개가 모여 달리고 타원형이거나 타원 모양 바소꼴이며 혁질(革質)이다. 꽃은 6~7월에 피고 10~20개씩 가지 끝에 총상꽃차례로 달린다. 작은 꽃자루는 붉은빛을 띤 갈색으로서 털이 빽빽이 난다. 화관은 깔때기 모양으로 흰색 또는 연한 노란색이고 안쪽 윗면에 녹색 반점이 있으며 5갈래로 갈라진다. 수술은 10개이고 암술은 1개이다. 씨방에는 갈색 털이 빽빽이 난다. 열매는 삭과로서 타원 모양이며 길이 약 2cm이고 9월에 갈색으로 익는다. 진홍색 꽃이 피는 것을 '홍만병초'라고 하며 화초로 재배되며 민간요법에서는 만 가지 병을 치유하는 풀로 알려져 있으나, 실제는 구토와 메스꺼움을 유발하는 독성성분이 들어 있어 식용은 불가능하다.

마치 우리의 진달래처럼 생긴 로도댄드론(랄리구라스)

는 것이 바로 그것으로, 나무와 잎은 많이 닮았지만, 우리나라 것이 질과 양면에서 히말라야의 그것의 상대가 되지 못한다.

랄리구라스의 꽃잎을 자세히 뜯어보면 마치 우리나라 진달래같이 검은 점이 박혀 있고, 색깔 또한 비슷하다. 이 꽃은 무더기로 다발다발 소담스럽게 피는 특색이 있어서, 특히 짙푸른 하늘에 솟아 있는 만년설을 뒷 배경으로 피어나면 극적인 대비효과를 연출하여 세계 각국에서 모여든 히말라야의 트레커들의 가슴에 영원히 지울 수 없는 강한 인상을 심어 주기에 충분하다.

특히 능선을 따라 조성되어 있는 원시밀림 사이로 수십 년 내지 수백 년 묵은 고목 랄리구라스에 다닥다닥 붙어 있는 엄청난 꽃다발 군락지는 마치 '천상의 붉은 화원'에 온 것 같은 신비롭고 환상적인 느낌을 받는다. 특히 만년설을 이고 있는 순백의 설산을 배경으로 피어 있는 광경은 보는 사람을 '심쿵'하게 만들기에 충분할 정도로 강렬하기 그지없다.

타고난 역마살 덕분으로 오지란 오지의 모든 것을 많이 보아온 필자가 감히 단언하건대 그냥 '아름답다, 장관이다, 환상적이다'라는 보통의 감탄사로는 '난리블루스'가 지니는 느낌을 제대로 표현하기 부족하다.

랄리 꽃 터널을 걷는 트레커

(2)

'네팔'하면 우리나라에서는 히말라야가 연상되어 눈발이 날리는 추운 겨울 같은 기후로 연상되지만, 그것은 고산지대만 해당되는 이야기이고, 저지대는 위도상으로 아열대기후여서 겨울에도 빙점 이하로 떨어지지 않는다. 그렇기에 사시사철 꽃들을 볼 수 있는 곳이지만, 역시 난리블루스가 벌어지는 4~5월이 피크를 이룬다.

로도덴드론의 꽃 색깔은 다양하다. 우선 진붉은 랄리구라스, 즉 '라또 로도댄드론(Rato R.)'이 단연 다름 종을 압도하지만, 핑크색[Gulafhi Rhodo.]과 흰색[Seto Rhodo.]도 드물지 않게 보인다. 자료상으로는 노란색[Pahelo]이나 보라색[Bajani Rhodo.]도 있다고는 하나 매우 희귀한 탓인지 인터넷을 한참 검색해야 겨우 실물사진을 찾아볼 수 있을 정도이다.

필자는 보라색을 좋아한다. 짙은 색보다는 연보라를 더 좋아한다. 그래서 해마다 온 산을 뒤져서라도 이 희귀한 보라색 '바자니 로도댄드론'을 찾아내고자 매년 각오를 해보지만, 그런 행운은 아직도 맛보지 못했다.

드림팀이 마르디 히말 스케치 중에
랄리꽃 나무 아래서 기념 촬영

올 해도 좀 이르긴 하지만 간간히 높은 곳에서부터 벌써 바람결에 난리소식이 들려오기 시작한다. 사실 우리 드림팀 아이들도 그 꽃을 제대로 본 적이 없다기에 작년에도 아이들을 재촉하여 A.B.C 길목의 산악마을 간드룩(Gandrug) 윗 마루인 코트단다(Kot Danda)[42]로 향했지만, 철이 너무 일러서인지 겨우 눈요깃거리 정도의 꽃만 피어 있었다. 할 수 없이 그중 큰 나무 아래에 드림팀을 풀어놓고 그림을 그리게 했던 적이 있었다.

그렇기에 난리블루스에 대한 갈증은 채워지지 않았기에, 올 봄에는 각오를 단단히 하고, 그동안 새로운 루트를 모색하면서 보아둔 '마르디 히말(Mardi Himal, 5,587m)'의 랄리구라스 군락지로 올라가서 제대로 스케치를 하고자 계획을 세웠다.

그리고는 마침내 며칠 전에 아이들을 앞세워 마르디 능선을 타고 안나뿌르나 남봉(A. South, 7,219m) 아래의 하이캠프(High Camp)까지 올라가서 마주보고 서있는 남봉에 해가 뜨는 숨막히게 장엄한

---

42) 여기서 '코트'란 사랑코트 나가르코트 같은 작은 꼭대기의 전망대[View Point]를 말한다.

고래빠니 마을의 우박 속의 '난리블루스'

광경을 만끽하면서 그 광경을 아이들에게 화폭에 담게 했다.

마르디 히말은 우리에게는 비교적 덜 알려진 산이지만, 현재는 담뿌스(Dumpus)나 오스트리아 캠프(O. Camp)에서 출발하는 주 능선길이 일부 트렉커들에게는 사랑을 받고 있다. 그러나 우리 드림팀이야 학교에서 버스를 타고 샤우리 바자르(Syauli Bajar)에 내려서 뉴부릿지(New Bridge)에서 모디 콜라강을 건너는 짧은 코스를 택할 수 있다. 그래서 란두룩(Landrug, 1,565m) 마을에서 급경사면을 올라 포레스트 캠프(Forest Camp)로 올라가서 인적이 드문 호젓한 분위기 속에서 거의 자연 그대로의 굽이굽이 산길을 따라 원시정글의 터널을 지나는 능선길을 따라 로우캠프(Low Camp), 미들캠프(Midle Camp)를 거처 하이캠프(High Camp, 3,720m)로 올라가는 루트를 잡았다.

그리고 우선 아침에는 숨 막히는 안나뿌르나 남봉의 일출을 만끽하고 저녁에는 세계 3대 미봉의 하나로 꼽히는 마차뿌차레(Machapuchare, 6,993m)[43]의 황홀한 낙조를 바라볼 수 있도록 계

---

43) 마차뿌차레산은 히말라야 유일의 미등정 산으로도 유명한데, 1957년 지미 로버트

고래빠니 능선에서 바라본 랄리구라스 꽃밭 넘어로 솟아 있는 안나 남봉

획을 잡았다. 물론 트레킹이 목적이라면 하이캠프에서 가벼운 차림으로 뷰포인트(4,300m)를 지나 마르디 히말 베이스캠프(M.B.C)를 다녀올 수도 있으나, 우리의 목적은 랄리꽃 스케치였다.

(3)

드림팀 중 졸업반을 제외한 10명과 또 한 명의 인솔교사로 구성된 우리 드림팀은 학교를 출발한 지 이틀 만에 하이캠프에 도착하여 스케치 준비를 시작했다. 우선 전날 밤에는 각가지 색깔의 랄리구라스를 유심히 관찰하여 화병에 꼽아 놓고 정물화를 한 장 그리게 하여

---

가 이끄는 영국등반대가 정상 50m 앞까지는 등반한 적은 있으나, 네팔인들이 신성시하는 산으로 등반이 금지되어 있다.

이 꽃의 특징을 파악하게 하였다. 그리고는 다음날 새벽부터 남봉을 배경으로 피어난 난리블루스를 그릴 예정이었으나, 밤새도록 우박과 폭우가 쏟아졌다. 할 수 없이 간간히 우박이 쏟아지는 롯지의 마당에 스케치북을 펴놓고 구름 사이로 눈앞에 언듯언듯 사라졌다 나타나는 안나 남봉을 그리게 하였다. 물론 한동안 아이들은 그 장엄함에 기가 눌려

드림팀의 나빈(Nabin Praiyar)군이 그린 랄리 그림

손을 움직이지 못했으나, 이윽고 2년 동안 닦아온 현장스케치의 내공을 끌어내어 점차로 흰 종이를 빠르게 채워나갔다.

아마도 우리 드림팀 아이들에겐 그 자체가 잊지 못할 경험이었으리라. 물론 그들이 숭배하는 안나뿌르나 여신이나 신성한 마차 봉우리에 산다는 로드 쉬바(Lord Shiva)[44]를 그토록 가까이에서 마주 대한

44) 쉬바신의 사전적인 정의는 다음과 같다. 힌두교의 중요 신들 중의 하나로 힌두교의 삼주신 중의 하나로 본래 힌두교 경전『리그 베다』에 등장하는 바람과 폭풍우의 신 루드라(Rudra)의 별칭 또는 존칭이었다. 원래 쉬바는 부와 행복, 길조를 의미하는 신이었으나, 나중에 파괴의 신이 되었다. 쉬바를 최고신으로 숭배하는 힌두교 종파를 쉬바파(Shivism)라 한다.

적도 없기 때문이기도 했겠지만, 그 외에도 아이들은 눈을 자기 손으로 처음 만져보는 사실도 쉽게 흥분을 가라앉히게 못하게 했다.

뭔 소리냐고? 명색이 설산동자, 설산동녀라는 아이들이 눈을 처음 만져보았다고?

네팔은 위도상으로 아열대 기후에 속하기에 높은 고산지대를 제외하고는 겨울이 없다. 빙점으로 떨어지는 겨울이 없는데, 어찌 눈을 만져볼 수 있겠는가? 사실이 그러해도 다른 나라에서는 네팔이 만년설로 덮인 히말라야의 나라로 인식하고 있기에, 눈이 내리지 않는다는 것이 선뜻 이해가 되지 않는 것 같다. 물론 해발 3천m 이상의 고산지대에는 여름에도 눈이 내린다.

내가 3년 동안 살고 있는 비레탄띠 마을은 해발 1천m 정도인데, 겨울에도 눈을 볼 수가 없지만, 하루만 뒷산으로 올라가면 눈을 맞을 수가 있다. 그래서 오밤중에 함석지붕을 때리며 요란하게 폭우가 내리면 나는 기분이 좋아진다. 간밤에 비가 내렸다는 사실은 그 다음날 날이 좋다는 것이고, 그렇다면 아침에 눈을 뜨면 새 하얀 옷으로 갈아입은 황홀한 여신의 자태를 바라볼 수 있기 때문이다.

(4)

다시 랄리구라스로 돌아가 이번에는 네팔 문화에 스며 있는 이 꽃의 의미를 더듬어보자. 우선 네팔의 국가 〈백송이의 꽃(Sayaun Thunga Phool Ka)〉[45]도 랄리구라스가 중요한 모티브이다. 나는 매

---

또 다른 호칭으로는 마헤슈바라(Maheśvara)가 있는데 이 이름이 불교에 수용되어 대자재천(大自在天) 또는 자재천(自在天)이 되었는데, 이는 '커다란 능력이 있는 신'으로, 우주를 생성하고 유지하고 파괴하는 역량이 있는 신을 뜻한다.

45) 뱌쿨 마이라 작사, 암바르 구룽 작곡, 2007년 제정.

드림팀의 막내 모니까 따망(Monika Tamang)양이 그린 랄리 그림

일 아침 조회시간에 교단에 서서 오른손을 가슴에다 얹고서 200여 명 전교생이 부르는 네팔국가를 듣는 기쁨을 만끽하고 있는데, 특히 '백송이 꽃'이 랄리구라스를 의미하는 것을 안 뒤로부터 더욱 이 네팔국가를 따라 부르게 되었다.

> 우리는 백송이의 꽃, 하나로 통합한 우리의 언어
> 소박한 우리의 땅에서 전 세상으로 퍼졌도다. (…중략…)
> 여러 민족이 사는 이 땅, 다양한 문화가 보존되어 있는
> 우리들의 조국, 네팔이여! 영원하라!

네팔 사람들에게 랄리구라스는, 마치 우리에게 진달래가 그러하듯이 어릴 때부터 정서적으로 깊게 각인된 꽃이다. 마을 뒷산에 지천으로 피어나는 꽃이기에 설산동자 동녀들의 로맨스에 자연스럽게 등장한다. 염소 줄 꼴 베러 뒷산에 올라갔다 내려오는 설산동녀의 '로

꼬'[46]에는 으레 한 송이 붉은 꽃이 얹어져 있다는 식이다.

그런 정서적 배경으로 한 노래 중에 우선 네팔을 대표하는 민요인 〈렛삼삐리리〉가 떠오른다.

> 바람결에 휘날리는 비단처럼 내 마음 두근두근 펄럭인다오.
> 날아가는 게 좋을지 언덕 위에 앉는 게 좋을지 모르겠어요.
> 단발총인가요, 쌍발총인가요? 당신이 겨눈 건 사슴인가요?
> 나의 목표는 사슴이 아니라 내 사랑이라오. (…후략…)[47]

또한 직접적으로 랄리구라스를 노래하는 다른 버전의 노래도 유명하다. 바로 네팔의 국민적인 가수인 나라얀 고빨(Narayan Gopal)이 부르는 '마타 랄리구라스 바에츄'[48]란 제목인데, 번역하면 '나는 랄리구라스'이다.

> 난 한 송이 붉은 랄리구라스.
> 난 온갖 숲속에서 살 수 있구요.
> 난 모든 사람들의 가슴에 살 수 있어요.
> 난 한 송이 랄리구라스. (…후략…)[49]

---

46) 등에 메는 대나무광주리로 끈으로 이마에 걸어 맨다.

47) 강아지에겐 요요요요, 고양이에겐 야옹야옹
우리의 사랑은 갈림길에서 기다리고 있다오.
작고 어린 송아지에게 절벽은 너무나 위험해요.
송아지를 거기다 놔둘 수는 없어요. 같이 가요. 내 사랑.

48) 〈Ma Ta Lali guras Bhayechhu〉

49) 누가 언덕위의 바위에서도 살 수 있냐고 물으면,
난 역시 살 수 있다고 대답하지요
충분히 행복하진 않아도 충분히 행복하진 않아도
난 강가 둔덕에서도 살 수 있어요.

그 외에도 랄리구라스에 대한 노래는 여러 가지 버전이 있다. 네팔 출신의 한국 유학생이며 싱어송 라이터인 고니(Goni)양의 것도 그 중 하나이다. 홍익대학교에서 미술을 전공한 그녀는 시골학교의 미술선생인데 아이들을 가르치면서 틈틈이 기타를 배워 방과 후에 저녁나절이면 숲속에서 혼자 노래를 부르면서 한 편으로 노래가사를 지었다고 한다.

> 그녀는 물고기 같은 사람이었지.
> 영리하고 힘이 넘쳐 모두의 사랑을 받는 그녀는 붉은 꽃 같은 사람이었지.
> 화려하고 달짝지근한 향기를 풍기는 걱정할 필요 없이 의심의 여지없이
> 너무나 당연하게 그는 그녀를 사랑하였지.
> 랄리구라스 랄리구라스 랄리구라스 랄리구라스
> 꽃은 피고 향기는 지고 물고기는 강을 거슬러 오르고
> 랄리구라스 랄리구라스 랄리구라스 랄리구라스
> 아름다운 그녀의 춤도 다 한철의 랄리구라스. (…후략…)[50]

---

난 한 송이 랄리구라스.
누구라도 내 꽃을 바라봐 주세요.
조그만 시냇가에서도 난 살 수 있어요.
혹시 누가 손으로 내 꽃을 거기로 데려다 준다면
가을철에도 난 살 수 있어요.
난 한 송이 랄리구라스.
난 온갖 숲속에서 살 수 있어요.
난 모든 사람들의 가슴에서 살 수 있어요.
난 한 송이 랄리구라스.

50) 걱정할 필요 없이 의심의 여지없이 너무나 당연하게 그는 그녀를
랄리구라스 랄리구라스 랄리구라스 랄리구라스
꽃은 피고 향기는 지고 물고기는 강을 거슬러 오르고
랄리구라스 랄리구라스 랄리구라스 랄리구라스
아름다운 그녀의 춤도 다 한철의 랄리구라스.

## 5. 한 송이 붉은 꽃으로 다시 피어난 산 사람들

(1)

히말라야산맥 중서부 안나뿌르나 설산 베이스캠프[A.B.C]에는 유난히 한국 산악인들의 추모 페넌트가 많다.[51] 아직도 산에서 내려오지 못하고 있는 박영석 대장을 비롯하여 신동민 님, 강기석 님, 그리고 김여훈 님, 그리고 홍일점 지현옥 대장 등을 잊지 말자고 살아생전 그들과 인연 있는 선후배 친지들이 세운 일종의 추모비(追慕碑)들이다.

며칠 전 반가운 손님이 내가 머물고 있는 학교를 방문했다. 그는 나의 외아들의 춘천고등학교 교장선생님이었고, 또한 나와 동년배였기에 내가 춘천에서 살 때 사석에서는 가끔 만나서 소주잔을 기울이던 사이였다. 그 유재형 교장이 퇴직 후에 소일거리로 '길따라 여행'이란 여행사를 차렸기에 이번에 몇 분과 같이 A.B.C트레킹을 가는 길에 학교를 방문하겠다고 연락이 오더니, 정말로 며칠 뒤에 내가 묵고 있는 롯지를 방문하였다. 유 교장과는 내가 네팔로 들어온 뒤로는 소식이 끊겼다 이어졌다 반복하던 차에 안나뿌르나 기슭에서 다시 만났으니 어찌 그냥 보낼 수 있을까?

부랴부랴 술이 익어가는 집을 수소문해보니 마침 우리 드림팀 학생의 집에 알맞게 익은 술 한 동이가 있다는 연락이 왔다. 우리 비레탄띠 마을은 거의 산악민족인 구룽족(Gulung)이 모여 사는 마을이

---

51) 2007년 안나뿌르나에서 오희준과 이현조를 잃은 박영석 대장과 동료들은 마침내 2009년 안나뿌르나 남서벽을 올랐다. 그러나 감격도 잠시, 박영석 대장과 신동민, 강기석은 히말라야 안나뿌르나 남벽에서 오희준과 이현조가 먼저 간 그 길을 따라 히말라야의 한 송이 꽃으로 승화되었다.

라 집집마다 럭시(Roksi)라는 이름의 순곡주(純穀酒)를 직접 빚어서 마시는 습관을 아직도 유지하고 있다.[52]

이 술의 원료는 밀렛(Millet)이란 잡곡인데(우리식의 피쌀) 만드는 방법은 우리식 소주와 비슷하지만 주정도수가 그리 높지 않고 순곡주이기에 요즘 술을 멀리하고 있는 나도 가끔은 반주삼아 마시는 편이었다. 그런데 이번은 그 럭시가 아니고 아주 귀한 '뚬바(Tum-ba)'라는 티베트식 술을 대접하고 싶었기에 좀 부산을 떨게 되었던 것이다. 술 자체보다도 부속적인 도구가 좀 필요한 술이었기 때문이었다.

(2)

강원대산악부의 원로인 유재형 대장의 가슴 아픈 사연은 오래 전부터 익히 들어 알고는 있었지만, 그 비극적인 사건의 현장을 실로 오랜만에 찾아 온 그의 눈빛은 오히려 담담했다. 아마도 오랜 시간의 수레바퀴가 흐른 탓이리라….

그러나 그간 간간히 주고받은 메시지에서 그의 가슴에 새겨진 주홍글씨의 흔적은 여전히 배어나왔다.

"꼴 나게 산에 다니면서 72년도에 인수 '취나드 코스'에서 한 명 떨기고, 97년에 안나뿌르나 팡에서 하나 떨기고, … 그랬습니다. (운운) A.B.C 길목의 하트형 패에는 1997년 제가 안나뿌르나 '팡 원정대' 대장일 때 7,500m 능선에서 떨어뜨려서, 아직도 능선에 남아 있는 후배 김여훈의 추모패입니다."

---

52) 네팔 민속주를 비중 순으로 꼽자면 '럭시(Roksi)'와 '창(Chhaang)' 그리고 '뚬바(Tum-ba)'로 정리된다. 그리고 곡주는 아니지만, 무스탕 입구 마르파 마을의 특산품인 '애플브랜디(Apple Brandy)'도 지명도가 많다. 그중 대표선수는 단연 '럭시'이다. 네와리(Newari)들이 '아일라(Aaila)'라고 부르는 술이다.

고 김여훈님의 하트형 추모비 아래서 먼저 간 후배를 그리워하는 유대장님

그러니까 유 대장은 1997년 안나뿌르나 '팡' 원정대장으로 왔다가 대원 한 명을 떨어트리고 아직도 시신을 찾지 못하고 있었다는 이야기였다. 그리고 이번에 20년 만에 다시 그 악몽의 안나뿌르나에 왔다는 것이다.

오랜만에, 그것도 그 안나의 길목에서, 귀한 '뚬바' 술잔을 앞에 두고 있으니 할 말이야 만리장성이겠지만, 일행들의 바쁜 일정으로 인해 트레킹을 끝내고 하산한 뒤 다시 날을 잡아 까트만두에서 만나기로 하고 각자 갈 길을 재촉하였다. 그들은 뿐힐전망대로 올라가고, 나는 다음날 드림팀을 데리고 룸비니로 스케치 여행을 떠났다.

물론 며칠 뒤 우리는 약속대로 타멜거리의 '소풍'이란 한국식당에서 다시 만났다. 그리고는 김치두부와 그 비싼 소주를 앞에 놓고 앉아 있기는 했지만, 우린 둘 다 말을 잃은 상태였다. 무슨 말을 어떻게 꺼내야 할지 몰랐다는 게 더 솔직한 심정이었을 게다.

(3)

이야기의 두서가 바뀌기는 했지만, 사실 유 교장은 네팔에 오자마

고 정 지부장 영전에 놓여 있는 드림팀의 조문화

자 오밤중에 까트만두에서 만난 사람이 한 명 있었다. 공항면세점에서 좋은 양주를 사 오라는 부탁을 할 정도로 가까운 대학산악연맹 후배였기도 했지만, 워낙 술을 좋아했기에 별명도 '술'자돌림으로 불리던 주당이기에 다음날까지 기다릴 수가 없었다는 이유였다.

그래서 둘은 오밤중에 타멜거리에서 만나 양주전달식을 하고 맥주에 소주를 말아 후다닥 한 잔씩하고 헤어지면서 트레킹이 끝나고 돌아와서 제대로 한 잔 빨자면서 헤어졌다고 한다. 그리고 한 명은 여기로 또 한 명은 고르카(Gorkha) 휴먼스쿨 준공식을 준비하러 떠났다.

그 나머지 한 명이 다름 아닌, 우리 '엄홍길 휴먼재단'의 네팔지부장이었던 정광식이었다. 이제는 그 이름 앞에 '故, late'자를 붙여야 되겠지만….

하여간 그 며칠 사이를 못 참고 한 사람이 유명을 달리하는 사고가 벌어졌던 것이다. 그러나 아무 것도 모르는 유 대장은 이미 산속으로 들어가 버린지라, 그 충격적인 사실을 알려야 할 악역을 맡은 사람이 하필이면 바로 나였다. 그러나 나 역시 그 다음날 지프차를 대절하여 드림팀을 데리고 룸비니로 스케치여행에 나섰던 터라, 룸비니행 내내 카톡 문자질에 바빴다. 유 대장에게 정 지부장의 고르카에서의 낙상소식과 까트만두 병원 후송과 이어지는 의식불명 상태, 그리고 끝내는 불길한 예감이 적중하여 유명을 달리한 것을 비롯하여 빠슈빠띠나트 화장장에서의 일정 등에 대하여 사무실에서 연락이 오는 대로 다시 유 대장에게 중계를 하였기 때문이었다.

드림팀 아이들이 그린 弔問畵

한편 우리 드림팀 아이들은 고 정지부장을 '캡틴 정(Captin Chong)'이라고 불렀다. 작년 9월 우리 드림팀의 한국전시회의 그 잡다한 초청업무를 총괄한 실무자였기에 아이들과는 여러 번 부딪치며 정이 들었다. 그래서 아이들은 울먹거리면서도 '캡틴 정'의 명복을 비는 합동 조문화(弔問畵)라는 생소한 그림을 그려서 "Rest in peace in heaven"이라는 문구를 즉석에서 써서 까트만두 화장터로 직행하려는 나에게 주면서 엄홍길 대장에게 전해달라고 하였다.

어디선가 "람(Ram)남~사떼헤~~"[53]라는 힌두의 상여소리가 들려오는 가운데 정 지부장은 빠슈빠띠나트(Pashupatinath) 화장장에서 한 송이 불꽃으로 승화되어 하늘로 올라가고 있다. 며칠 전까지 같이 술을 마셨고, 또한 카톡문자를 주고받던 사람이 이제 불길에 휩싸여 한줌의 재로 변해 가고 있는 것이다.

53) "라마(Ram)의 이름은 진실이다"라는 뜻이다. "Ram Naam" holds the meaning "the name, Rama", which carries devotion to Lord Rama (an avatar of Vishnu) in itself. "Ram Naam Satya Hai" (The name of Rama is the truth) is chanted by the troupe, carrying a dead body to the crematorium.

늘 "람남 사떼헤~~"가 울려퍼지는 까트만두 빠슈빠띠나트 화장터

건너편에서도 또 다른 '불질'이 시작되고 있었다. 시신 아래에 쌓아놓은 장작더미 사이로, 네 사람이 동서남북으로 갈라서서 불을 붙이고 있다. 이윽고 누런 연기가 솟아오르고 바로 검붉은 불길이 솟아오른다.

이때 우리식 다비식(茶毗式)에서는 "불 들어갑니다."라고 소리를 지른다. 이는 망자가 놀라지 않게 하기 위해서라지만, 힌두식은 그저 "람~남~사떼헤~~"이다.

"아니차(Anicha)~~"

이런 느낌을 "덧없고 무상하구나~"라고 하는 것인가?

나도 『티베트 사자의 서』의 한 구절 「두려움을 막아 주는 바르도 기원문」을 나지막이 읊어본다.

제가 인생의 여행에서 그 끝에 도달하여

이 세상의 친지들은 아무도 나와 함께 하지 않고
홀로 바르도 상태에서 방황할 때
평화와 분노의 부처님들이시여,
자비의 힘을 보내주시어

빽빽한 무지의 어둠을 걷어 주소서.
사랑하는 친구들을 떠나 홀로 방황할 때
제 자신의 투영들의 텅 빈 모습들이 나타납니다.
부처님들이시여, 자비의 힘을 보내주시어
바르도의 공포가 나타나지 않게 하소서.

다섯 가지 지혜의 밝은 빛이 비칠 때
두려워하지 않고 제 자신을 알아차리게 하소서.
평화와 분노의 신들이 모습을 나타낼 때
두려움 없이 확신하며 바르도를
알아차리게 하소서.

(3)

한국의 조난사고는 세계산악조난사 차원에서 본다면 유난히 희생자가 많이 나온 케이스에 속한다고 한다. 기본에 충실하지 않고 빨리빨리 정신을 발휘한 탓도 그 원인 중의 하나라는 분석도 뒤따른다.

네팔의 나라꽃으로 지정된 붉은 랄리구라스(Laliguras)[54]는 보는

---

54) 네팔의 나라꽃인 로도댄드론(Rhododendron)의 속명이 '랄리구라스'인데, 붉다는 형용사인 '랄리'와 구라스는 꽃이기에 그저 붉은 꽃으로 번역되어 일반적으로 사용되고 있다.

뽀카라의 '국제산악박물관' 정문

뽀카라 '국제산악박물관'의
박영석 대장 부스

사람에 따라서는 검붉은 핏빛으로 보인다고 한다. 아마도 선지처럼 응어리진 한이 많은 사람들에게 그렇게 보일 수도 있다는 뜻일 게다. 그렇기에 여러 가지 버전의 전설 같은 이야기가 생겨나기도 한다.

그중 하나가 산악인들은 산에서 승화한 선배들의 못다 핀 붉은 피가 승화되어 한 무더기의 붉은 꽃 랄리구라스로 피어난다고 믿고 있다. 다른 사람들은 믿지 않겠지만 히말라야 정통파를 자처하는 산악인일수록 그것을 믿어 의심치 않는다. 어쩌면 그렇게 믿고 싶었을 것이다. 그래서 히말라야에 다시 와서 그 꽃을 보고는 고인에 대한 그

A.B.C에 있는 고 박영석 대장 외 2인의 추모비

리움을 대신하고자 했을 것이다.

정말 뭇 산악인들의 꿈인 8천m급의 설산을 정복하지 못하고 중간에 쓰러진 산악인들의 붉은 선혈이 한 송이 붉은 꽃으로 피어난다는 것인가?

유 교장도 귀국하고 고 정 지부장의 유골이 유가족들과 함께 귀국한 뒤 나도 한참 만에 한국에 잠시 귀국할 기회가 있었다. 그때 하루짬을 내어 우이동에 있다는 '산악인묘비공원'을 찾아나섰다. 비가 추적추적 내리는 날이었다. 고 정광식은 거기에 한 조각 동판으로 붙어 있었다.

나는 믿는다. 아마도 그는 히말라야를 사랑했기에 내년 봄 어느 양지바른 어느 능선에서 한 송이 붉은 랄리구라스로 피어날 것이라고…. 그때 소주 한 병을 배낭 속에 넣어 가지고 가서 그를 위해 한 잔 따르리라….

(4)

'영광의 북벽' 집필 산악인 정광식 씨 네팔서 별세

(서울=연합뉴스) 왕길환 기자·김영인 월드옥타 명예기자(네팔)= '영광의 북벽' 저자이자 산악인인 정광식 씨가 사고로 19일 오전(한국시간) 세상을 떠났다.

향년 62세로 '엄홍길 휴먼재단' 네팔 주재원인 정씨는 지난 15일 대지진 피해를 본 고르카 지역에 업무 차 갔다가 절벽에서 추락해 크게 다쳤으며, 수도 까트만두로 이송돼 치료를 받았으나 결국 숨을 거뒀다. 비보를 접한 엄홍길 대장과 가족들은 네팔 현지로 출국했다.

한국외대 산악회원으로 활동해 온 고인은 1982년 아이거 북벽, 1984년 바룬체히말 북서벽, 1991년 에베레스트 남서벽을 등반했다. 저서 『영광의 북벽』과 역서로 『친구의 자일을 끊어라』, 『등산: 마운티니어링』이 있다.

아이거 북벽은 중부 알프스의 베르너 오버란트 산군에 속하는 봉우리로 정상표고 3,970m로 그리 높지는 않지만 가늠하기 힘들 만큼 변덕스러운 날씨와 깎아지른 듯한 경사로 세계에서 등정하기 힘든 세 곳 중 하나로 꼽힌다. 클라이머는 아이거 북벽을 오른 사람과 그렇지 못한 사람으로 나뉠 정도라고 한다.

「정광술을 보내며」

글: 코오롱 등산학교 명예교장 이용대

광술(酒)이란 별명으로 산악계를 풍미했던 정광식이 지난 3월 18일 우리 곁을 떠났다. 생자필멸(生者必滅)이란 말처럼 사람이 죽는다는 것은 너무나 당연한 일이지만 불과 3일 전까지 카톡으로 소식을 주고받던 정광식의 비보를 접하는 순간 전기충격을 받은 듯 망연자실할 수밖에 없었다.

'광술'은 '술에 미쳤다'는 뜻의 정광식의 별명이다. 생전에 그는 술을 무척이나 즐겼다. 1986년 동산토건 카이로현장에 근무할 때 말짱한 정신으로 이집트 사막의 명봉 라밋을 등반한 적이 있다. 이후 그는 파라오 신의 저주를 받아서인지 시름시름 앓기도 했다. 그는 광적일 만치 클라이밍에 심취해 있었지만 어떻게 피라미드를 오를 생각을 했는지 모를 일이다. 산이 없는 사막의 나라이니 피라미드에라도 올라야 내면에서 분출하는 등반욕구를 해소할 수 있었을 것이다. 등반의 동기야 어찌됐건 그는 그런 사람이다.

그는 생전에 아이거 북벽(1982년), 바룬체히말 북서벽(1984년), 에베레스트 남서벽(1991년)을 등반했고, 1989~1991년까지 네팔에서 빌라 에베레스트를 운영하면서 히말라야를 찾는 한국산악인들에게 많은 도움을 주기도 했다.

서울 우이동의 (고) 정광식 기념비

정광식이라는 이름을 기억 못하는 사람은 있어도 『영광의 북벽』(수문, 1989), 『친구의 자일을 끊어라』(산악문화, 1991), 『등산: 마운티니어링』(7판 2006년; 8판 2018년, 해냄) 정도는 기억할 것이다. 우리나라 산악인들에게 널리 읽히고 있는 이 책들은 바로 정광식이 저술하거나 번역한 책들이다.

2012년 아이거 북벽에서 하강 중에 추락사한 정진현이라는 젊은이가 있었다. 그는 정광식이 선물한 『영광의 북벽』을 읽고 아이거 북벽의 꿈을 키워왔던 청년으로 그를 아이거로 유도했던 사람은 직장선배 정광식이다. 그러나 그 청년은 끝내 아이거 북벽에서 돌아오지 못한 채 죽음의 나락으로 사라졌다. 이 일로 정광식은 그 청년이 자기 때문에 죽었다고 자책하며 괴로워했다. 깊은 자책감에 빠진 그는 시중에 유포된 자신의 저서 『영광의 북벽』을 모두 회수하여 불살라 버렸으면 좋겠다는 말을 여러 차례나 했다. 그는 그토록 감정이 여린 사람이다.

그는 1982년 이 죽음의 벽을 남선우(한국등산학교 교장). 김정원(한국대학산악연맹 회장)과 함께 올랐고, 이 북벽과 맞섰던 극한의 체험을 『영광의 북벽』이라는 기록으로 남긴 사람이었기에 아이거의 위험을 누구보다 잘 알고 있는 사람이다. 때문에 출발 전 정진현의 아이거 북벽등반을 강하게 만류했다. 그러나 그는 끝내 돌아오지 못했다.

정광식의 아이거 등반기는 마땅히 읽을거리가 없던 시절 한국산악계의 많은 독자들에게 감명을 전해준 책이다. 1983년 『영광과 죽음의 벽 아이거』(한국대학산악연맹)이라는 제호로 보고서를 냈고, 1989년 『영광의 북벽』(수문출판사)이란 제호를 달고 유가지로서 첫 선을 보인 후 2003년 『아이거 북벽』(경당)으로 재간행됐고, 2011년 이산미디어에서 『영광의 북벽』으로 복간본을 펴낸다. 한 권의 산서가 네 번씩이나 복간을 한 일은 한국산서 출판사상 유례가 없었던 일이다. 이후 이 책은 아이거를 오르려는 산악인들에게 지침서이자 필독서가 되었다.

아이거 북벽은 성공한 사람에게는 '영광의 북벽', 실패한 사람에게는 '죽음의 북벽'이 될 수 있는 곳이다. 북벽 등반의 어려움은 죽음으로 가득한 무시무시한 북벽의 신화들을 극복해야 등반이 자유로울 수 있다. 공포는 등반가들의 내면의 평정을 무너트릴 수 있기 때문이다. 북벽은 수많은 등반가들에게 정복되었지만, 수많은 사람들을 죽음으로 몰아넣었다. 이 책을 통해 아이거를 간접 경험한 산악인들에게 힌터슈토이서 트래버스, 아이스호스, 죽음의 비박, 신들의 트래버스, 하얀 거미와 같은 북벽의 지명을 듣는 것만으로도 손에 땀을 쥐게 한다.

독일의 한 등산잡지가 세계의 저명 산악인들에게 질문서를 보내 지구상에서 아름다운 산이 어디인가 물었다. 아이거라는 이름은 눈을 씻고 보아도 거론되지 않았다.

알파마요(5,943m), K2(8,610m), 마터호른, 피츠로이(3,441m), 몽블랑(4,807m), 그랑드 조라스(4,208m), 시니올츄(6,891m) 순으로 많이 거론된 산은 이것뿐이다. 그럼에도 가장 많은 화재를 뿌린 산은 어김없이 아이거 북벽이 거론된다. 그 이유는 명백하다. 아이거 북벽은 다른 어떤 산보다 많은 사람들의 목숨을 앗아갔기 때문이다. 이런 점으로 보아도 아이거 북벽은 등산가들의 마음을 끌어드리는 절대적인 흡인력을 지니고 있다고 보아야 한다. 아이거 북벽 등반에 성공한 사람들조차도 아이거는 다시 오르고 싶지 않다고 말한다. 한때 알프스 6대 북벽을 주름 잡던 알프스의 별 레뷔파는 1952년 아이거 8등에 성공하면서 가장 공포를 자아내게 하는 혐오스런 곳이 아이거 북벽이라고 말했다. 적어도 아이거를 오르려는 사람들이라면 어느 정도의 위험을 감수할 마음의 준비 없이는 아이거의 꿈을 이룰 수 없다.

정광식 또한 아이거 북벽에 출사표를 내면서 어쩌면 죽어서 돌아오지 못할 것에 대비해 사무실 책상까지 깨끗이 정돈하고 죽음의 준비를 한 뒤 북벽을 향해 떠났다. 그도 "무서운 계획이란 걸 알면서 성공의 가능성이 희박할수록 시도할 만한 가치가 있는 것이라" 믿었기 때문이다. 대부분의 산악인들은 클라이머로 성장하기 위한 통과의례로 아이거 북벽을 택하며, 죽고 사는 문제는 오직 그들이 선택한 문제일 뿐이다. 이래서 그는 이 지옥의 벽에서 생환한 이후 필연적으로 『영광의 북벽』을 쓸 수밖에 없었을 것이다.

"호사유피 인사유명(虎死留皮 人死留名)"이라는 말은 곧 그를 두고 이른 말 같다. 그는 갔지만 그가 남긴 『영광의 북벽』, 『친구의 자일을 끊어라』, 『등산 마운티니어링』은 그의 이름과 함께 한국등산문학사에 뚜렷한 족적으로 남아 있을 것이다.

(5)

**부록: 한국의 산악운동사**

*1931년: 조선산악회를 일본인이 최초로 창립(한국인 회원은 10%선)하고, 1937년에는 순수 한국인으로 구성된 백령회가 창립되면서 본격적인 근대 산악운동의 길로 들어섰다. 백령회는 1941년 금강산 집선봉 정면벽을 초등했고, 삼화연료공업소 직원

들을 주축으로 했는데, 후에 한국산악회의 모태가 되었고, 조선 산악회와는 선의의 경쟁을 했다. 이 시기는 근대 산악운동의 초반기로 워킹 수준의 등산에서 암벽등반을 시도하는 양상으로 발전하였다.

*1945년: 서울 YMCA 강당에서 한국산악회 창립총회(처음에는 조선산악회였다가 1948년에 개칭. 발기인 19명 중 11명이 백령회 회원)

*1962년: 대한산악연맹 창립

*1962년: 경희대학교 원정대(대장 박철암 외 3인)가 다울라기리 2봉(7,751m) 정찰 등반을 떠나면서 한국의 히말라야 등반 시대가 열린다.

*1971년: 한국대학산악연맹 창립. 초대 회장에 이영균

*1971년: 마나슬루 원정대(대장 김호섭)의 김기섭 대원 추락사로 한국 최초의 히말라야 조난 사고 기록.

*1974년: 한국등산학교, 도봉산 도봉산장에서 개교, 초대 교장에 권효섭.

*1977년: 대한산악연맹 에베레스트 원정대(대장 김영도)의 고상돈 대원이 에베레스트(8,848m) 한국 초등(세계 8등)에 성공.

*1979년: 악우회는 아이거(3,970m) 북벽 한국 초등.

*1982년: 5월 선경여자산악회 원정대(대장 정길순) 람중히말(6,986m) 등정. 한국 여성 최초의 히말라야 등정으로 기록.

*1982년: 정광식, 남선우, 김정원 아이거 북벽 등반

*1993년: 대한산악연맹 여성 원정대(대장 지현옥) 에베레스트 한국 여성 초등(등정자 지현옥·최오순·김순주).

*1993년: 허영호 에베레스트 한국인 최초로 횡단(티벳→네팔).

*1999년: 지현옥 안나뿌르나 하산 중 실종.

*2000년: 엄홍길 한국 최초이자 아시아인 최초로 히말라야

8,000m 거봉 14개 완등.

*2001년: 박영석 히말라야 8,000m 거봉 14개 완등.

*2003년: 한왕룡 가셔브룸 2봉(8,035m)을 등정하면서 한국에서 세 번째로 8,000m 거봉 14개 완등.

*2001년: 안나 남벽 등정 중 박영석, 신동민, 강기석 함께 실종. 박영석은 한국 제2의 14좌 완등자이자 남북극점 도달까지 이룸.

*2009년 5월 에베레스트 남서벽에 신루트 개척.

Birethanti Sec. Human School
휴먼

제4부

# 네팔의 종교 산책

Tour of Religion in Nepal

1. 힌두교의 나라, 네팔
2. 신들의 지상천국
3. 싯다르타 태자의 고향, 까삐라바스뚜(Kapilavastu)
4. 고따마 붓다는 네팔에서 태어나셨다
5. 룸비니에 우뚝 솟아 오른, 한국 절 대성석가사(大聖釋迦寺)

# 제4부
# 네팔의 종교 산책

## 1. 힌두교의 나라, 네팔

(1)

힌두교의 나라 네팔의 문을 여는 마법의 주문은 "나마스떼(Namaste)"[1]이다.

"당신 안의 신께 경배를 드립니다."이란 뜻으로 허리를 약간 굽히며 두 손을 모으며 인사를 한다. 국민적 인사법이다.

힌두교에는 이름 있는 신이 3백이 넘고 이름 없는 신까지 합치면 3천이 넘는다고 한다. 당신이 그 많은 신들 중에서 어떤 신을 믿든지 그 신을 존중한다는 뜻이고, 이는 상대방을 있는 그대로 존중하고 받아들임이다. 여기에 경계가 있고 무슨 다툼이 있을 것인가? 결국 '나마스떼~'란 한 마디 인사로 서로의 경계를 허물어 버린다. 당신이 무슨 신을 믿던 난 'No problems'.

자, 우리도 그럼 "나마스떼~~~" 한 번 하고 나서 힌두교의 나라 네

1) 존칭어로는 '나마스까르'라고 한다.

두르바르 광장에는 2015년의 대지진의 흔적이 남아 있다.

팔 산책길을 떠나보기로 하자.

본래 힌두교의 본고향 인도는 국교가 없는 나라이지만, 네팔은 세계 유일의 "힌두교(Hinduism) 왕국이었다". 여기서 과거형으로 서술한 이유는 '지금은 아니다'를 강조함이다. 과거 네팔의 역대 봉건 왕조들은 "나라의 국왕은 신의 화신[化身: Avathara]이니까 무조건 신처럼 경배를 해야만 된다."라고 국민들을 세뇌시켜서 무조건적으로 순종을 강요하였다.[2] 물론 국왕의 공권력이 못 미치는 종교적 측면에서의 무게까지 더하여 양수겸장으로 국민들을 통치하기 위한 전략이었다.

---

2) 여기서 티베트불교에서 달라이라마를 관음보살의 화신으로 인식하게 만든 것과 상통한다. 정치와 종교의 악수체제가 배경에 깔려 있다고 보인다.

꼭두각시 힌두신들

불교권의 왕들은 민중들에게 인기가 가장 많은 아발로끼데스와라(Avalokideswara), 즉 관음보살이 그 대상이었고 힌두권에서는 민중들에게 인기가 좋은 비슈누(Vishnu)신을 이용했다. 여기서 국왕과 비슈누가 같은 사람이라고 할 수 없었으니 '아바타', 즉 화신(化神)이라고 둘러댄 것이다.

'아바타'란 말은 산스크리트로 '하강'이라는 뜻의 아바타라에서 비롯되었는데, 세상의 죄악을 물리치기 위해 신이 인간이나 동물의 형상으로 나타나는 것을 뜻했지만, 요즘은 인터넷[3]에서 게임에서 사용하는 그래픽 아이콘을 지칭하는 의미로 사용하게 되면서 영어식 발음인 아바타로 쓰이게 되었다.

---

3) 아바타라는 용어가 대중화되기 시작한 것은 닐 스티븐슨이 『스노 크래시(Snow Crash)』라는 SF 소설에서 가상세계로 들어가기 위해서 필요한 가상의 신체에 아바타라는 이름을 사용하면서부터라고 알려져 있다.

힌두의 가장 중요한 파괴의 신, 로드 쉬바의 사당 내부.
쉬바신은 모든 힌두인들에게는 두려움의 대상이면서 또 가장 중요한 경배의 대상이기도 하다.

(2)

그러나 네팔 왕정이 무너진 뒤 새 정부에 의해 2008년 국교가 폐지되었다. 그러니까 이는 공식적으로는 비슈누의 화신인 데바(Deva) 국왕이 없어졌다는 이야기이다. 그러나 그 뒤로도 힌두교의 위세는 적어도 이방인들이 피부로 느끼기에는 여전하여, 네팔은 현재도 힌두교의 나라임에는 변함이 없어 보인다. 2015년의 통계수치로 힌두교가 75%, 불교(티베트불교)가 16%, 이슬람교가 3%, 기독교 천주교가 2%가 되고, 소수의 나머지는 조로아스터교 등 기타 다른 종교를 믿는다고 한다.

그렇기에 네팔을 오롯이 이해하기 위해서는 우선 힌두교라는 키워드를 이해하는 것이 무엇보다 중요하다. 그러나 사실 힌두교를 오롯이 아는 것은 불가능에 가깝다는 말이 과장되게 들리지 않는다는 사실은 그만큼 힌두이즘을 간단히 정의하는 것이 쉽지 않다는 것을 의미한다.

우선 무슨 신들이 그렇게 많은지! 그 많은 신들의 이름과 캐릭터를 이해하는 것은 정말 만만치 않다. 또한 교리도 뭐가 그리 복잡다단한지! 우선 힌두의 전 단계인 브라만교(Brahman)[4]적 요소인 『베다』[5]나 『우빠니샤드』[6] 같은 고난도의 철학서는 말할 것도 없고 아마도 후에 힌두 판테온으로 편입된 원주민의 토착적인 샤머니즘적 요소와 딴뜨릭적인 요소, 그리고 에로틱한 조각들이나 요니(Yoni)

---

4) 한자로는 범천교(梵天敎)로 불린다. BC1000~500년경에 형성된 고대 인도의 종교로 우주를 창조하고 일체를 지배하는 최고신을 섬기는 고대 종교인데, 후에 지나친 제의로 인한 폐단으로 힌두교란 새로운 형태의 종교로 개편되었다.

5) BC2000년경은 브라만시대로, 아리안계 인도인이 들어와 독자적인 문화를 형성하던 시기이다. 이들이 침입하여 농사를 지으며 자연신을 숭배하고 있던 선주민들을 억압하고 카스트제도를 확립시켰다. 이 시기는 경전인 '베다'가 기록되는 시기이다. 베다(veda)란 '안다', '성스러운 지식'의 뜻이다. 이 베다는 아리안족의 신앙이 인도의 토속신앙에 뿌리를 내리면서 이루어진 경전이다. 베다는 다시 4개의 경전으로 나누어졌는데, 찬가 모음인 시적 송가(頌歌)로 되어 있는 리그베다(Rig veda), 성례전(聖禮典)을 모은 사마베다(Sama veda), 공양 제사 희생을 위한 야주르베다(Yajur veda), 주문(呪文)을 모아 놓은 아타르바베다(Athurva veda)로 모두 산스크리트어(梵語)로 기록되어 있다. 이 중 가장 중요한 것은 리그베다(Rig veda)인데, 1028편의 기도와 찬송시로 이루어졌다. 이 시대는 주로 신격화한 자연물 곧 천체, 바람, 비, 새벽, 공기, 불 등 76종을 숭배하던 시대이다. 그 뒤 '베다'는 아리안족의 신앙이 인도의 풍토에 뿌리를 내리면서 원주민의 신앙을 바탕으로 삼아 꽃을 피운 브라만교의 근본정신이 된다. 또 이 시기는 주로 자연신을 숭배했는데, 베다의 자연신은 하늘의 신, 대기의 신, 땅의 신으로 나누고 있다.

6) BC800~BC600년경으로 이 시대는 인도인의 철학이 왕성하게 일어나는 시기이다. 브라만의 형식적인 예배의식, 폐쇄적인 교의에 대한 반성으로 윤회와 카르마의 개념이 우파니샤드에 비로소 등장하게 된다. 우파니샤드(Upanisad)에 이르러서는 마침내 신비적 지식에 의해 브라만과 아트만(眞我)의 동일성을 직관함으로써 해탈을 성취한다는 사상으로 발전되었다. 경전은 '우파니샤드(Upanisad)'로 그 중심 사상은 브라마신(梵神) 사상이다. 이는 명상을 통해 초감각 경지에로 들어가 몰입하는 것이 특징이다. 모든 감각작용을 초감각적 경지로 들어가게 하는 것이다. 이렇게 하면 자기의 몸이 실재하는 것을 깨닫게 된다고 한다.

나 링감(Linggam)[7] 같은 성기 숭배 풍속까지 실로 다양한 요소가 모두 힌두이즘 안에 담겨져 있다.

그렇기에 이런 혼합된 요소들이 오랜 세월을 걸치면서 형성된 네팔민족의 풍속들은 종교적 의례는 말할 것도 없고 서민생활 깊숙이 뿌리내린 관혼상제 같은 관습까지도 의례에 치우친 것이 많이 남아 있다.

나뭇잎 접시에 담겨진 뿌쟈용 음식

그러나 이것들이 모두 힌두이즘이라는 것이니 어찌 한두 권 소개책자만 보고 어찌 감히 힌두를 이해한다고 말 할 수 있으리…. 그렇더라도 처음부터 포기하고 들어가면 그 난해한 힌두의 정글을 해쳐나갈 나침판도 없는 셈이니 아주 간략하게나마 정리해보도록 하자.

7) 링가(Linga, Liṅgam)는 힌두교에서 시바신을 상징하는 남근상에 대한 명칭으로 생식력의 상징으로 숭배되기도 한다. '링가'는 인도 전역의 시바신전과 가정의 사당에 중요한 숭배 대상으로 모셔져 있고 사람 모습을 한 시바신의 형상은 그다지 널리 숭배되지 않는다. 한편 여성의 성기를 상징하는 '요니(Yoni)'는 시바신의 배우자인 샥티 여신의 상징물로 쓰이고 있고, 꼿꼿이 곧추선 '링가'의 받침대를 이루고 있는 경우가 많다. '링가'와 '요니'의 상징성은 음양의 원리는 현생의 삶에서 영원히 분리될 수 없으며 구도자들의 내면에도 신아일치(神我一致)라는 음양일치의 원리가 존재한다는 엄연한 사실을 알려준다.

(3)

'힌두'란 본디 인더스강의 산스크리트 명칭인 신두(Sindhu: 大河)의 페르시아 발음이었다. 그래서 처음에는 인도대륙 자체를 가리키는 말이었지만, 후에는 인도대륙 안의 모든 사상과 종교를 넘어서 다양하고 오랜 전통적 관습들을 총망라한 매우 포괄적인 문화적 전통을 가리키는 용어가 되었다.

잘 알려져 있듯이 힌두이즘의 모태는 세계에서 가장 오래된 종교인 브라만교(Brahman)이다. 더 소급해 보자면 인더스문명[8]을 이룩한 아리안(Arian)민족이 서북인도로 이동하여 정착하면서 브라만 계급을 정점으로 『베다』와 『우파니샤드』 문화를 이룩한 시기까지 올라간다. 이때가 대략 기원전 1500~1200년 무렵이니 초 고대 단계에서 이미 고차원적 문화가 형성되었던 것이다.

힌두교는 어느 특별한 교조가 나타나서 만든 종교가 아니다. 기원전 2000~1500년경 중앙아시아 초원지대에 살던 유목민인 아리아민족이 힌두쿠시 산맥을 넘어와 동쪽 지방으로 이주하면서 야무나강과 갠지스강 사이 기름진 평야를 점령하기 시작했다. 이 정복과정에서 농사를 짓던 원주민을 최하층 계급인 불가촉 천민 달리뜨 계급으로 만들고 자신들은 브라만과 크샤트리아 계급으로 역할분담을 하면서 하층민을 통치하기 시작했다. 그러기 위해서는 누구나 지켜야 할 어떤 규범이 필요하였다. 바로 『베다』였다. 그렇게 하여 점차로 종교적인 틀을 잡아 나가서 브라만교라는 것을 형상화시켰던 것이다. 그러니까 힌두교는 브라만 계급에 의해, 크샤트리아, 바이샤, 수

---

8) BC2300~BC1500년 무렵 아리아인이 서북인도에 진입해 인더스문명 유적 근처인 펀자브 지방에 정착하여 BC1200년 무렵 『리그베다』를 편찬하였다. BC1800년 인더스 하류 모헨조다로와 하라파를 중심으로 문명이다.

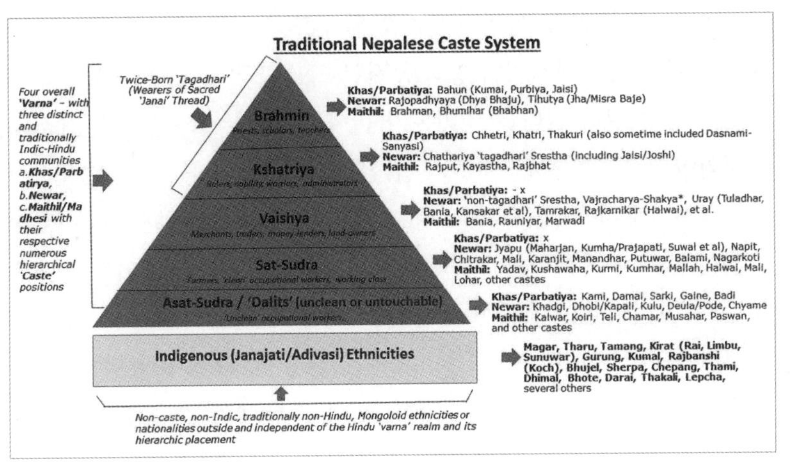


힌두이즘의 뿌리인 카스트 분포도

드라 이 4계급[9]을 만들면서 이루어진 종교라고 보아야 한다.

그러나 BC500년 무렵부터는 일차적으로 사회적 변화를 거치며 반(反)브라만교적인, 당시로서는 이단적인 자이나교와 불교가 브라만사회의 토양을 잠식하자 이에 등 떠밀려 새로운 인도대륙에 어울리는 새로운 사회와 사상과 종교체계가 필요하였다. 그렇게 해서 만들어진 것이 바로 힌두이즘이다.

우선 힌두를 여는 가장 중요한 첫 번째 키워드는 힌두교는 기본적으로 다신교라는 것과 특정한 교조(敎祖)가 없고, 또한 직업적인 교단도 없다는 것이다. 오직 있다면 수직적인 종파는 존재하지만,[10] 종파라고 해도 막연한 것이어서 다른 종교처럼 조직화된 수평적인 교단이라고

---

9) 4성 카스트제도는 다시 64계급으로, 다시 2천여 계급으로 세분화되고 또한 세습된다고 한다.

10) 메이저급의 종파는 비슈누교와 시바교의 두 그룹으로 나뉘지만, 중세 이후에는 이슬람신비주의(수피즘)가 침투해, 16세기 무렵부터는 힌두교에 이슬람교와 융합된 종교개혁의 기운이 생성되어 시크교 등이 성립되었다. 영국의 식민지가 된 뒤 이후에는 서양 사상과 문물과의 접촉을 계기로 새로운 종파가 생겨나고 있다.

부를 만한 것이 없다. 이는 힌두사원은 인도나 네팔 각지에 무수히 존재하고 있으나, 독립적이며 횡적 종적인 교단 조직도 없다는 말이다.

물론 신이 전혀 없다는 의미는 아니다. 우주의 기본질서인 '창조와 유지와 파괴'를 관장하는 최고의 삼신(三神, 三神一體說)은 존재하지만, 먼 옛날부터 각 종파마다, 각 지방마다, 필요에 의해서 만들어 낸 신들이 얼마나 존재하는지 통계조차도 불가능하다. 그런 이론적 배경으로는 '아바타'제도에서 비롯되었는데, 한 예를 들면 최고 삼신 중의 한명인 유지의 신, 비슈누(Visunu)[11]는 다양한 인격과 형상으로, 심지어는 동물의 형태로, 세상에 출현하여 뭇 중생들 앞에 놓인 카르마(Karma)를 조율하는 역할을 담당해 왔다. 이런 역할분담극은 비슈누뿐만 아니라 파괴의 신, 시바(Shiva)[12]나 창조의 신 브라만[13]도 역시 마찬가지였다.

그러니까 더 요약해 보자면, 힌두문화의 가장 큰 특징은 흔히 우리들이 사용하는 시쳇말처럼, 소나 개나 신이 될 수 있는 토양이라는 것이다. 특히 이 대목이 기독교나 이슬람교 같은 경직된 유일신교 쪽에서 본다면, 이해가 도저히 안 되는 교리일 것이다. 또한 그 외에도 힌두 윤회사상은 기독교 사상과 정면으로 배치되는 부분으로 이 대

---

11) 네 개의 팔로 악을 몰아내고 정의를 회복하기 위하여 지상에 출현했다는 신이다. 가장 많을 때는 22종이나 되는 화신으로 태어나는데, 그 중 10명의 아바타가 유명하고 중에 사캬붓다까지도 포함한다. 비슈누파는 학문적 성격이 강하며, 비교적 사회의 상층부에 속한다. 비슈누파는 다시 크게는 라마파와 크리쉬나파로 나눠진다.

12) 삼주신의 하나로 '파괴의 역을 맡은 신'으로 고대 '베다'나 '브라만' 시대에는 없었던 신격으로 힌두이즘이 정착되면서 폭풍의 신루드라와 이미지가 겹쳐지면서 이미지가 굳어지게 되었다. 많은 팔과 얼굴을 가졌으며 특히 이마에 눈이 하나 더 있고 검푸른 몸 색깔로 묘사되며 황소 등에 올라타서 머리에 달을 이고, 호랑이 가죽을 걸치고 다닌다. 후대에 시바는 위대한 요가 수행자의 모습으로 변형되어 수행자들의 수호신의 역할도 맡게 되었다.

13) 브라만신은 네 개의 머리와 네 개의 손에 물항아리, 활, 작은 막대기, 베다 경전을 들고 백조를 탄 모습으로 나타난다.

힌두교의 여러 가지 복장의 사제들

목이 지금까지도 벌어지는 종교 간의 심각한 갈등의 단초이기도 하다. '신이 인간을 창조해야지? 어찌 인간이 신을 만들어 내느냐?'라는 질문에 대해 힌두인들은 어떤 대답을 할까 모르겠다.

힌두교의 나라 Art by Sabita Pariyar[The land of Hinduism]

(4)

힌두의 범신론적 특성 중의 하나를 더 꼽아보자. 힌두교도는 소속된 사회의 특정한 신을 믿도록 강요받지는 않지만, 대체로 최소한 3가지 이상의 신을 믿는 것이 일반적이다. 먼저 출신 가문의 전통적인 '가정신(Kula-evata)'을, 그 다음으로는 출신 마을의 '촌락신(Grama-demata)'을, 그리고 가문과 소속 사회를 떠나서 별도로 인연에 따라 선택하는 자신만의 '자기신(Ista-devata)'이 바로 그것이다. 물론 이 3신이 동일하지 않아도 소속 집단의 일원으로 살아가는 데는 전혀 문제가 없다. 유일신적인 풍토에서는 역시 용납되지 않는 일종의 '종교의 자유'인 것이다.

한 실례를 들으면 우리 학교 그림반, 즉 '드림팀'에 소속된 몇몇 제자들은 아침에는 집에서 모시는 제단에 향과 꽃 등으로 간단하게 힌두식 뿌쟈를 올리고 학교에 와서는 학교 안에 모셔져 있는 예술과 학문의 신 사라스와띠 여신에게 경배를 하고 저녁에는 동네에 있는 간이 기독교 개척교회에 가서 네팔식의 예배를 드린다. 그리고 가끔은 근교에 있는 불교사원에 가서 역시 네팔식과 불교식이 혼합된 의식을 행한다. 이런 행위 모두가 하등 이상할 게 없는 것이 바로 힌두이즘인 것이다. 바로 이런 탄력성이 드넓은 인도대륙의 각 지방이나 여러 부족, 그리고 여러 출신계급 카스트(Caste)를 하나로 묶는 탄탄한 힌두의 네트워크의 기본 근간이 되었을 것이다.

위의 실례에서 보듯, 힌두이즘은 대립하는 모든 사상과 종교에 대하여 대결하고 갈등하기보다는 포용·동화·흡수의 과정을 겪어가며 힌두의 판테온 안으로 편입시켰다. 불교가 좋은 예이다. 당시 신분제도의 모순과 피비린내 진동하는 희생제의(犧牲祭儀)에 저항했던 한 혁명적인 이단아인 사캬붓다를 오히려 '비슈누의 9번째 아바타'로 수용한 것이다.

네와리들의 종교적인 삶은 매우 소박하고 간단하고, 또한 경제적 부담도 없다. '십일조 헌금'이니 '보시금'이니 하는 각종 명목으로 돈을 빼앗기지 않아도 되기 때문이다. 단지 그들은 아침마다 강이나 저수지 또는 집안에서 목욕재계하고 집안에 차려진 신단이나, 또는 가장 가까운 사원에 가서 종을 두드린 후 신상(神像)에 예배한 뒤 돌아와서 간단한 아침 식사를 하는 것으로 하루를 시작한다.

힌두교도로서 일생 동안 치러야 할 통과의례, 즉 '삼스까라(Samskara)'는 적지 않다. 대략 약 40여 가지가 된다고 하는데, 특히 탄생, 성인이 되어 힌두사회의 일원이 되는 입문, 결혼, 장례, 사후제사 등의 제의는 무척 중요하게 여긴다. 반드시 지켜야 할 불문율인 것이다. 만약 그것을 소홀히 하면 소속된 사회로부터 따돌림을 받기 때문에 힘에 겨워도 감당할 수밖에 없다. 이는 세상의 모든 종교가 세속화되고 대형화되고 물질지상주의로 빠져가며 타락해 가는 현대사회에서도 오직 힌두교만이 수천 년 동안이나 전통적인 순수성을 유지할 수 있는 이유로 꼽히기도 한다.

(5)

마지막으로 이런 전통적 힌두사회에 부는 변화의 바람에 대해 필자의 경험담을 사족으로 붙인다. 필자가 하숙집처럼 3년을 지낸 안나뿌르나 설산 기슭의 비레탄띠라는 조그만 마을에서, 배낭족들을 상대로 롯지와 식당을 하고 있는, 마음씨 좋고 부지런한 주인내외는 따카리(Takhali)족이다. 그런데 이들은 평소에는 힌두교도로서의 의무를 충실히 이행한다.

그런데 돌아가신 모친의 기제사(祈祭祀), 즉 사라다하(Shraddha)[14]에는 해마다 근처 사원의 라마승 3~8인을 초빙하여 하루 또는 이틀 꼬박 성대하게 제사를 지낸다. 이때 친척이나 이웃들도 약간의 돈과 여러 가지 먹거리음식을 한 소쿠리 가져와 같이 참여하고 음식을 나누어 먹는다. 우리식으로 보면 음복(飮福)행사이다. 나도 한솥밥을 먹는, 가족의 일원이기에 지난 3년 동안 꼬박 이 제사에 참가했다. 이때 비상용으로 준비해둔 공항 면세점에서 사가지고 온 이국적인 과자와 약간의 달러나 또는 한국 돈을 꺼내 놓기 마련인데, 그 이유는 첫해 네팔 루피를 내놓을 때보다 반응이 더 좋기 때문이다. 망자가 무슨 외국 돈과 과자를 더 좋아하겠냐마는, 내 혼자 생각에, 아마도 주인양반의 다국적 인맥을 과시하는 '가오다시' 용으로 유용한가보다 생각하고 있다.

각설하고, 여기서 흥미로운 현상은 그 제사의 용어와 형식이 힌두와 불교가 혼합된 스타일이라는 점이다. 그들은 그런 행사를 힌두식으로 '뿌쟈(Puja)'라고 부르고, 축복받은 음식을 '프라사드(Prasad)'라고 부르지만, 실제적인 의례는 라마승들이 집전하는 불교식이다.

---

14) 기제사는 우리의 풍속과 거의 유사하다. 3일장에 49제에 100일제에 1년 기제사에 해마다 기제사를 지낸다. 다만 용어는 힌두교인도 뿌쟈, 불교도도 뿌쟈이다.

힌두교의 성지, 까트만두, Art by Pradeep Achrya-[The insprition of Kathmandu]

더 세분하면 티베트 딴뜨릭 불교식이다. 이런 예는 따칼리족, 구룽족, 따망족, 세르빠족 등의 산악민족의 대부분의 통과의례인 삼스까라(Samskara)에 해당된다. 티베트불교가 힌두사회에 뿌리를 내린 한 실례이다.

대부분의 사람들은 힌두교를 믿고 있지만, 불교 또한 힌두교의 한 줄기로 이해하고 있는 흥미로운 현상도 일반적이라는 것이 네팔의 현주소이다. 그 배경에는 역사적인 사캬붓다가 비슈누의 아바타 중의 하나라는 믿음에서 비롯되었다. 비슈누는 10명이 아바타로 화신하여 세상에 출현하는데, 그 9번째가 고따마 붓다이다. 그렇기에 힌두교와 불교는 하나이듯 둘이고, 둘인 듯 하나인 사이여서 힌두교 사원 내에 불상을 볼 수 있고, 불교사원 내에도 힌두사원이 함께 공존하는 것을 볼 수 있다. 두 종교의 종교의식 행사도 힌두교인이나 불교인이 함께 참여하여 거행한다.

꾸마리의 예가 그 대표적이다. 힌두교와 불교가 사이좋게 "형님 먼저 아우 먼저" 하는 현상의 배경은 바로 '꾸마리'의 중재 때문이라고 한다. 그 이유는 대대로 꾸마리의 친아버지는 사캬(Sakya)[15]족의 고따마 싯다르타의 후예이고, 어머니는 전통적인 힌두교 가문이기에 불교와 힌두교는 혈연으로 맺어진 끈끈한 사이라는 것이다. 그런 이유인지는 몰라도 네팔은 전 세계에서 여러 종교들이 있고, 여러 민족들이 어울려 살아가는 곳이지만, 단 한 건의 종교나 민족으로 인한 갈등이 일어난 적 없는 곳이다.

네팔의 문화적 특징은 신의 문화라고 할 수 있을 정도로 신들을 기념하기 위한 축제들이 문화의 주요 요소를 차지한다. 신을 잘 섬기기 위해 매달마다 명절이 있을 정도이다. 불교는 고따마 붓다가 네팔 경내 룸비니에서 출생했다고 하여 친근감이 확산되면서 점차로 힌두교적인 토양 속으로 뿌리를 내리고 있다.

---

15) 사카족은 현재 인도 인구 중 10% 정도인 1억 명 정도가 살고 성씨 5개로 분화되어 있는데, 95%는 힌두교를 믿고 5%만 불교를 믿는다. 인도에서 평등을 추구하는 불교를 믿으면, 카스트제도의 최대 피해자들, 즉 불가촉천민으로 인식한다.

## 2. 신들의 지상천국

(1)

부록 삼아 힌두의 신들을 정리해둔다. 이 많은 신들 중에 몇몇은 비슷한 점이 많아 전문가도 헷갈리기 마련이다. 그래서 좀 쉬운 구별 방법을 소개하고자 하는데, 이대로 기억하면 유용할 것이다. 바로 신들이 타고 다니는 동물인 바하나(Vahana), 즉 자가용으로 구별하는 방법이다.

우선 삼주신의 첫째 부라흐만신은 역시 품위에 걸맞은 금빛 찬란한 금시조(金翅鳥: Garuda)를 타고 다니며, 비슈누는 우아한 백조를 타고 다니며, 푸른색 근육질 몸매에 삼지창을 들고 있는 파괴의 신, 로드 쉬바는 난디(Nandi)라는 하얀 황소를 타고 다닌다. 그 외 남신 중 '번개의 신' 인드라는 코끼리를, 미래의 신 칼끼는 말을, 죽음의 신 바이랍은 개를, 사랑의 신 까르마는 앵무새를, 죽음의 신 야마라즈는 물소를, 쉬바신과 빠르바띠 사이에서 불의의 사고로 태어

힌두의 가장 중요한 파괴의 신, 로드 쉬바는 모든 힌두인들에게는 두려움의 대상이면서 또 가장 중요한 경배의 대상이기도 하다.

난 아들 코끼리얼굴의 가네샤(비네샤)는 정말 덩치에 어울리지 않게 조그만 생쥐를, 가네쉬의 동생이며 전쟁의 신인 꾸마라(Kumara)는 사라스와띠처럼 공작새를, 불의 신 아그니는 숫양을 타고 다닌다.

올빼미를 타고 다니는 락쉬미 여신 Laxmi

여신들은 브라흐마의 부인이며 예술의 여신인 사라스와띠는 공작을 타고 다니며, 비슈누의 부인이며 부귀와 행운 여신 락슈미는 올빼미를 타고 다니고, 시바의 부인 중의 한 명이며 죽음을 관장하는 무서운 두르가여신은 호랑이를 타고 다니고, 역시 죽음의 여신 깔리는 당나귀를 타고 다닌다. 그 중 뭐니 뭐니 해도 가장 이채로운 바하마를 타고 다니는 신은 재복의 신 꾸베라(Kubera)로 사람을 타고 다닌다. 옛날이나 지금이나 신화나 현실이나, 역시 사람은 돈에 노예인가 보다.

힌두교의 경전은 천계의 존재들을 천신[Devas], 즉 '빛나는 존재'란 뜻으로 정의했다. 영어로는 '천계의 신들'이라고 번역되기도 하지만 산스크리트어 '데바'를 음차한 표기음을 그대로 사용하는 경우가 일반적이다. 데바는 우주의 궁극적 원리인 브라만의 인격체들로서의 신들 전체를 의미하기도 하지만, 좁게는 남신들만을 의미하기도 한다. 반면 여신들은 '데비(Devi)'라고 부른다. 최고의 남신 '뜨리무르띠(Trimurthi)'의 배우자인 사라스와띠, 락슈미, 빠르바띠의 3명의 데비가 그들이다.

대개의 신들이 착한 일을 하는 선신들이지만 악신 또한 존재한다. 바로 데바의 다른 명칭인 '수라(Sura)'에 '아니다'라는 의미의 접두사 '아(A)'를 붙여 '수라가 아닌 존재', 즉 '아수라(Asura)'들이다. 그들은 선과 악, 창조와 파괴적 역화를 나누어 담당하며 세상의 균형을 맞추어간다.

(2)

### 1. 남신들, '데바(Deva)'

배열순서의 원칙은 삼주신 창조, 유지, 파괴의 역할 순으로 우선 나열하였고, 나머지 신들은 중요도에 관계없이 가나다순으로 나열하였다.

• 뜨리무르띠(Trimūrti: 三主神)

창조, 유지, 파괴를 담당하는 메이저급의 신들로서 인간세상의 유기적인 순환관계를 유지하는 상징적인 최고신들이다.

1) 브라흐마(Brahmā): 우주의 창조를 맡은 있는 창조신으로, 한역하여 범천(梵天)이 되었다. 바하마로서는 금시조를 타고 다닌다.
2) 비슈누(Viṣṇu): 우주의 균형을 맞추는 유지신으로 주로 '10가지 화신'[16]으로 세상에 출현하여 상황에 맞는 역할을 한다. 한역하

16) 궁극적 실재로서의 비슈누는 이미 9번을 인간으로 화신('아바타')하여 인류를 악으로부터 구하고 정의를 회복하는 일을 했으며, 마지막 10번째 화신인 칼키 아바타가 다시 인류를 구원하고 정의를 회복하기 위해 올 것이라고 본다. 칼키 아바타는 칼리 유가의 끝에 출현할 것이라고 하는데 힌두 전통에 따르면 현 시대가 칼리 유가에 해당한다. 힌두교인들에게 가장 유명한 비슈누의 화신은 7번째의 라마와 8번

우주의 유지를 맡은 삼신 중의 하나. 많은 화신으로 눈부신 활동을 하는 비슈누신

여 비뉴천(毘紐天) 또는 나라연천(那羅延天)이 된다. 힌두이즘에서 가장 계열이 복잡하고 많은 비슈누파의 구심점 노릇을 한다. 비슈누는 우아하게 가루다를 타고 다닌다.

3) 쉬바(Śhiva): 파괴자 또는 변형자의 역할을 맡은 최고신으로, 한역하여 대자재천(大自在天: Maheśvara)으로 나타난다. 힌두이즘에서 가장 주맥을 이루고 있는 쉬비이즘(Shivism)의 중심이다.[17] 바하마로서는 '난디'라는 황소를 타고 다닌다.

---

째의 크리쉬나인데, 이들은 각각 인도의 2대 서사시인 『라마야나』와 『마하바라타』(특히, 마하바라타의 일부인 『바가바드기타』)의 중심인물이다. 힌두교인들은 또한 불교의 창시자인 고타마 붓다와 자이나교의 창시자인 마하비라 역시 비슈누의 화신으로 인류에게 구원의 길을 가르친 것으로 본다.

17) 시바 VS 샤띠 Vs 빠르바티
"파괴의 신 시바는 좀 변덕스러운 데가 있었다. 조용하면서도 활동적이고 파괴적이면서도 창조적이며, 금욕적인가 하면 왕성한 생식력을 자랑하기도 한다. 자비롭고 부드러운 비슈누와는 달리 생김새나 행동도 거칠고 괴팍스러웠다. 그러던 그가 사랑에 빠져서 결혼한 여인이 사띠였다. 그러나 그녀는 친정아버지의 박대를 못 이겨 남편의 권위유지를 위해 불길에 뛰어 들어 자결을 하였다. (샤띠의 환생 파르바티)
샤띠가 죽고 오랜 세월이 흐른 어느 봄날이었다. '빠르바티'라는 한 처녀가 봄꽃이 만발한 히말라야 산을 돌아다니다가 깊은 명상에 빠져 있는 시바를 발견하고 사랑에 빠져 매일 아침 신선한 과일과 맑은 물을 가져다 시바 옆에 두고 갔다. 사실 그녀는 히말라야 산신의 딸로 샤띠의 환생이었다. (…하략…)"

• 가네샤(Gaṇeśa: Vinesha): 인간의 몸과 코끼리의 머리를 지닌 형상의 신이지만, 역할이 재물의 신이기에 가장 인기가 많은 신이다. 한역하여 '대환희자재천(大歡喜自在天)'으로 나타난다. 바하마로는 쥐를 타고 다닌다.
• 라마(Rāma): 인도 대서사시 『라마야나』의 주인공으로 비슈누의 일곱 번째 아바타로 역시 힌두문학사에 중심에 서 있다.

쉬바신의 돌연변이 아들이자 재물의 신.
쥐를 타고 다니는 Ganesha

• 무루간(Murugan): 전쟁과 승리의 신이다.
• 수리야(Sūrya): 태양신이다.
• 아그니(Agni): 불의 신, 대장장이 신이다.
• 이야나르(Ayyanar): 마을 신, 시골 마을을 수호하는 수호신이다
• 인드라(Indra): 고대 부라흐만교에서는 신들의 최고 왕이었으나 힌두 판테온에 들어와서는 신격이 떨어져 단순한 번개의 신 역할만 맡게 되었고, 불교로 넘어와서는 역시 수호신 역할을 하는 제석천이 되었다. 한역하여 인타라(因陀羅) 또는 제석천(帝釋天)이라 한다. 바하마로서는 코끼리를 타고 다닌다.
• 크리쉬나(Kṛiṣhṇa): 비슈누의 8번째 아바타로 『마하 바라따』에서 주로 준수한 청소년의 모습으로 피리를 들고 아름다운 여인들에 둘러싸여 있는 모습으로 묘사되어 있다.
• 하누만(Hanumān): 원숭이 모습의 신으로 『라마야나』의 영웅, 라마의 제자이자 헌신적인 숭배자로 역시 문학사에서 우뚝하다.

대서사시 라마야나의
영웅 원숭이신, 하누만

• **꾸베라(Kubera)**: 재복의 신으로 바하마로는 사람을 타고 다닌다.
• **까르마(karma)**: 사랑의 신으로 앵무새를 타고 다닌다.

## 2. 여신들, '데비(Devi)'

삼주신의 배우자는 일반적인 중요도에 의한 순서이고, 나머지 역시 가나다순이다. 특히 네팔에서는 중요한 역할을 하는 8명의 여신을 통틀어 '아쉬따마뜨리까'로 부르며 중요시한다.

• 뜨리데비(Tridevi)

1) **사라스바띠(Sarasvatī) 또는 사라스와띠(Saraswati)**: 브라흐마의 현숙한 배우자, 예술과 학문의 여신으로 한역으로는 변재천(辯才天)으로 나타나는데, 언제나 공작새를 타고 다닌다.

예술과 학문의 여신.
공작새를 타고 다니는 사라스와띠

2) **락슈미(Lakṣmī)**: 비슈누의 배우자, 한역으로는 길상천(吉祥

天)으로 표기된다. 올빼미를 타고 다닌다.

3) **빠르바띠(Pārvatī)**[18]: 쉬바의 2번째[19] 배우자로, 산악민족의 신앙을 포용한 여신으로 흔히 '히말라야의 딸'이라고도 불리며 쉬바신과 함께 우주적인 성산 까일라스산에 살고 있다고 인식되고 있다. 바하마로는 사자를 타고 다닌다.

- **가야뜨리(Gāyatrī)**: 학문과 지식의 여신, 브라흐마의 배우자들 중 하나로 인식되어 있다.
- **사띠(Satī)**[20] **또는 닥샤야니(Dākshāyani)**: 결혼생활의 행복과 지속을 관장하는 여신, 쉬바의 첫 번째 배우자로 남편을 위해 희생[21]하여 환생하였다고 하는 신화로 인해 후에 남편 사후에 부인을 함께 묻는 순장제도를 가리키는 용어가 되었다. 네팔에서는 주

---

18) 빠르바띠는 시바의 첫 부인 사티 대신, 지고한 신성한 어머니(Divine Mother)라고 인식되며 그녀의 형상은 시바와 함께 있을 때는 두 팔을 가진 모습으로 표현되지만, 반면, 혼자 있을 때는 네 개 혹은 여덟 개의 팔을 가지고 호랑이나 사자를 타고 있는 모습으로 표현된다. 대체로 빠르바띠는 인자하고 온화한 여신으로 알려져 있다.

19) 빠르바띠는 시바의 첫 번째 배우자이며 헌신적인 희생을 한 숭고한 사띠(Satī)의 화신이기에 사실상 빠르바띠와 동일한 신으로 인식되고 있다.

20) 원래 사띠는 예전에 인도에서 행해졌던 힌두교의 의식으로, 남편이 죽으면 남편의 시체·옷과 함께 그의 아내도 산채로 화장하던 풍습으로, 아내가 자발적으로 하는 경우도 있었지만 가족의 강요로 하는 경우도 많아서 1829년에 금지령이 내려지면서 점점 줄어들었다.

21) 괴팍한 시바신을 사랑한 첫 여인이 바로 사띠인데, 그녀는 어느 날 어느 날 산책을 나갔다가 한 남자와 마주쳤다. 누더기를 걸쳤지만 귀티 나는 얼굴에 멋진 춤을 추는 남자를 보고 사띠는 그만 한눈에 반해 버렸다. 그 남자가 바로 시바였다. 그래서 둘은 주위의 반대를 무릅쓰고 결혼을 했지만, 그녀의 아버지는 사위를 못 마땅해 하여 모욕을 주기 일쑤였다. 이에 사띠는 충격과 슬픔을 참을 수 없어 타오르는 제단의 불길에 그만 자신의 몸을 던져버렸다. 이어 시바의 분노가 폭발하여 모든 것을 태워버리고 히말라야 산 깊은 골짜기로 들어가 바깥 세계를 완전히 잊은 채 깊은 명상에 잠겼다. (…중략…) 사띠는 다시 환생하여 히말라야의 딸 빠르바띠로 태어났고 둘은 다시 결혼하였다.

로 우마(Uma)로 불리기 도 한다.

- 두르가(Durgā): 역시 시바신의 배우자로 전쟁의 여신으로 악신 아수라를 제압하는 역할을 맡는다. 네팔 왕국의 보호여신인 딸레쥬는 두르가의 화신으로 살아 있는 여신 쿠마리 몸에 깃들어 있다고 한다. 바하마로는 호랑이를 타고 다닌다.

까트만두의 수호신, Durga의 화신 탈레주여신

- 라다(Rādhā): 크리쉬나의 어린 시절의 친구이자 훗날의 연인, 여신 락슈미의 아바타 중 하나이다.
- 마리암만(Mariamman): 질병, 비, 보호의 여신이다.
- 마하비드야(Mahavidya): 지식과 지혜의 여신이다.
- 씨따(Sītā): 라마의 배우자의 한 명으로, 모든 힌두 여성의 부인과 여성으로서의 미덕의 표준으로 존중되고 있다.
- 깔리(Kālī): 시바신의 배우자 중의 하나로 파괴와 죽음을 관장하는 무서운 여신으로 인식되고 있으며, 역시 여러 화신으로 다시 태어난다. 여러 개의 해골 목걸이를 걸고 다니는데, 상충 계급의 멸시와 박해로 고통 받는 하층민으로부터 사랑받고 있다. 쉬바의 부인 빠르바띠의 화신으로 18개의 팔을 가졌다.

### 3. 악신(A+Sura)

힌두교에서 악신(惡神)은 총칭하여 아수라(Asura)라고 하는데, 아수라는 선신(善神)인 데바와 데비에 상응되게 배치되어 있다. 선신 데바의 다른 이름인 수라(Sura)에 '아니다'라는 의미의 접두사 '아(A)'를 붙여서 명명되었다.

## 3. 싯다르타 태자의 고향, 까삐라바스뚜(Kapilavastu)

(1)

룸비니 동산이 붓다가 탄생한 곳이라면, 까삐라바스뚜(Kapilavastu) 성은 고따마 싯다르타(Gotama Siddhartha) 태자가 깨달음을 위해서 출가하기 전의 29년간의 삶을 오롯이 담고 있는 곳이다.

2016년 9월 2일 아침 8시 정각, 한적한 유적지 안에 드문드문 서 있는 아름드리나무 사이로 쏟아져 내리는 아침햇살은 찬란하였다. 2천 6백여 년 전에도 이처럼 아침햇살은 비추었을 텐데….

그러나 지금은 텅 빈 고요뿐이다. 검붉은 벽돌 무더기 사이로 나 있는 통로에서 관리인 여인의 빗자루질 소리만 사락사락 들릴 뿐이었다. 이곳 인근의 마을 지명이 띠라우라꼬트(Tilaurakot)여서 네팔에서는 모두들 그리 부르지만, 우리에게는 가비야라국(迦毘倻羅國), 즉 까삐라바스뚜가 익숙하다.

그동안 나는 오랫동안 벼루고 벼른 끝에 12명의 비레탄띠 드림팀을 데리고 교장선생과 2명의 인솔교사와 함께, 버스를 한 대 대절하여 'Let's go Lumbini, Nepal'이라는 표지를 버스 앞에 부치고 학교

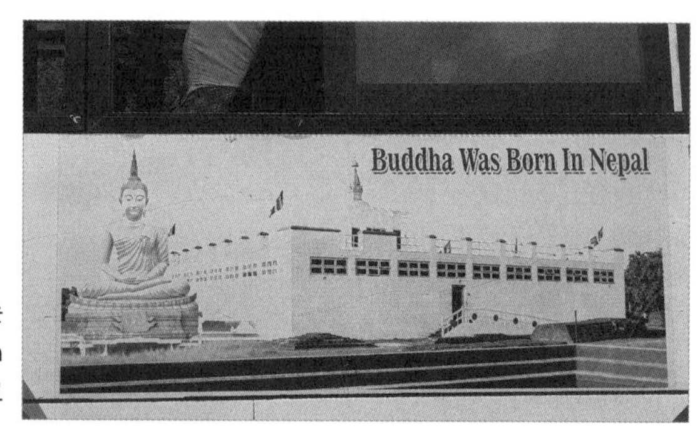


관광버스에 붙어 있는 'The Buddha was born in Lumbini Nepal' 로고

까삐라바스뚜 도성 유적지.
고따마 붓다의 아버지인 숫도나다의
궁전 유지로 알려져 있다.

를 출발하여 하루 종일을 달렸다. 학교에서 이곳까지는 200여km밖에 안 되지만, 산 많은 네팔의 지형과 열악한 도로상황으로 차로는 거의 하루가 걸리는 만만치 않은 여정이기도 했다. 더구나 전날 내린 큰 비로 인한 낙석으로 길이 막혀 룸비니 조금 못미처에서 하룻밤을 뜬눈으로 새울 수밖에 없었다.

그래서 아침 8시나 되서야 목적지인 띠라우라꼬트에 도착했다. 도착하자마자 아이들에게 유적지 안내인의 설명을 듣게 하고는 바로 스케치에 들어가도록 했다. 아이들은 지친 기색도 없이 바로 그림을 그릴 채비를 하고 각자 마음에 드는 명당자리를 골라 거대한 사라나무 아래 자리를 잡고 앉았다.

이곳은 룸비니에서 동쪽으로 약 20km 정도 거리에 있다. 옛 성터는 약간 돋아진 언덕 위에 자리 잡고 있는데, 동서 450m, 남북 500m에 이르는 정방형모양이다. 하지만 실제 고대 성터는 이보다 훨씬 더 컸을 것이 분명하다. 왜냐하면 부근에 여러 곳의 고대건축물 유지가 산재해 있고, 성벽과 대문으로 보이는 유지가 발견되고 있기 때문이다. 이것들은 고고학적 동위원소 측정결과 기원전 7세기 초라는 결론이 내려졌다고 한다. 유적지 입구 안내판에도 그렇게 쓰여 있다.[22)]

---

22) 탄생지 룸비니는 일찍이 1863년 아쇼카 석주 등의 발굴로 자리가 확정되었지만, 카필라바스투는 얼마 전까지만 해도 인도령의 '피프라와'와 경쟁관계에 있다고 한다.

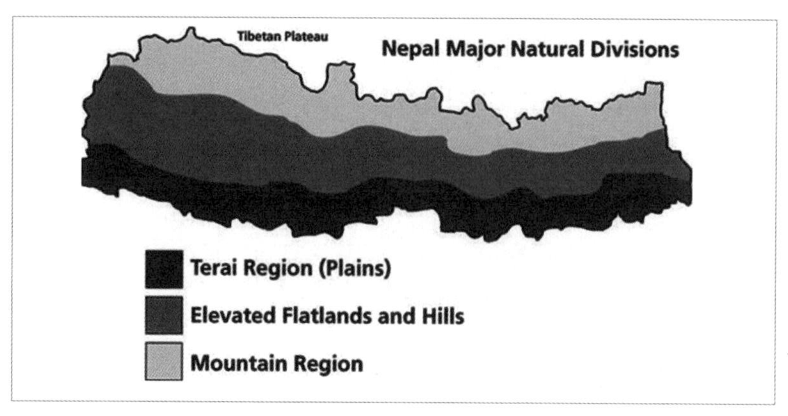

룸비니가 있는 네팔남부의 떠라이 평야 개념도

"고대 까삐라바스뚜 유적은 사캬(Sakya) 왕국의 수도로 성벽 주위로 22feet 폭의 해자(垓子)와 두께 10feet의 담장으로 둥글게 둘러싸여 있다. 고고학적 발굴을 통하여 동문과 서문, 성 중앙의 왕궁 터가 확인되었다. 그리고 BC7~8세기 것으로 보이는 회색칠 도자기, 검붉은 자기, 사람과 동물의 형상이 새겨진 테라코타, 구슬, 팔찌, 금속제품, 도장, 반지 등 여러 형태의 금속 유물[23]이 이곳에서 발굴되었다."

그러니까 이곳은 고대 사캬[24] 왕국의 수도라는 것이다. 그러면 정반왕(淨飯王)[25]으로 우리에게 친숙한 숫도다나(Suddhodana)왕과 산고로 요절한 마야 데비(Maya Devi) 왕비 대신 이모 프라자빠띠

---

23) 실제로 1898년의 발굴 시에 사리용기, 테라코타 인장, '카필라바스투'란 명문이 새겨진 주전자 등의 유물이 출토되었다. 현재 델리박물관에 전시중인 사리용기에는 "이것은 사카족의 붓다 세존의 사리용기로서, 그의 형제자매 처자들이 모신 것이다."라는 '부라흐미' 문자로 쓰인 명문이 발견되었다.

24) 사카족과 싯다르타의 혈통은 '인도-아리안계'의 백인종이 아니라 황인종인 '몽골로이드' 계통이라는 설이 요즈음 설득력을 얻고 있다.

25) 숫도다나 왕의 형제들의 이름이 백반(白飯), 곡반(斛飯), 감로반(甘露飯) 등의 '밥반자(飯字)'의 돌림을 가진 것으로 보면 벼농사를 위주로 농경민족이었던 것 같다.

(Prajapati)가 어린 싯다르타 태자를 돌보며 29년 동안 키운 곳이다. 샤카모니 붓다의 인생을 8단계로 표현하는 '팔상성도(八相成道)'에서 '도솔래의상', '사문유관상', '유성출가상' 같은 불교사적으로 의미 있는 3가지 일들이 일어났던 곳이니, 불교로서는 성지 중의 성지가 아닐 수 없다.

그렇더라도 지금 눈에 보이는 것은 그냥 그렇고 그런 검붉은 벽돌무더기만 군데군데 보일 뿐이다. 2천 6백 년이란 시간의 수레바퀴 '깔라짜끄라'[26]가 무엇인들 그대로 남겨 두었겠냐마는, 그래도 눈길이 갈 그 무엇도 없다.

나도 모르게 입에서 '아니차(Anicha)'란 단어가 흘러나왔다. 그래 이건 덧없다고 하는 것이리라….

(2)

아이들이 그림삼매로 빠져가는 사이, 내 발길은 서문(西門: Western gate)으로 향했다. 왕궁과 바깥세상을 잇는 4개의 통로 중 서문은 그래도 아직 형태가 남아 있었다. 이곳 서문은 '사문유관처(四門遊觀處)'의 한 곳으로, 출가 직전에 태자가 병자를 만나러 나간 바로 그 문이다. 태자는 서문 밖에서 많은 병자들이 고통 받는 모습을 보고 한없는 연민으로 받아들였고, 이를 계기로 깊은 고뇌에 빠지게 되었다. 말하자면 서문 밖의 광경은 태자에게 출가를 재촉하는 한 계기가 되

---

26) '깔라짜끄라 딴트라'라는 산스크리트어는 우리에게 사실 그리 친숙한 단어가 아니기에 문맥에 지장이 없는 대목에서는 같은 뜻의 한역명인 시륜철학류(時輪哲學流)로 표기한다. 여기서 '류(類)'란 의미는 『시륜근본경(時輪根本經)』과 주석서인 『시륜섭략경무구광대소(無垢光大疏)』과 게송집인 『시륜섭략경송(攝略經頌)』을 말한다. 한문번역의 경우 엄격하게 본다면 딴트라는 경(經)보다는 속(續) 또는 궤(軌)라고 번역하는 것이 정확하나 편의상 그냥 경(經)으로 사용하기로 한다.

까삐라바스뚜 경내에서 스케치중인 드림팀

었을 것이라는 대목이다.

다시 중앙의 궁궐터를 지나 오른쪽 방향으로 걸어가면 동문(東門: Estern gate) 터가 나온다. 동문을 나선 태자가 죽음을 앞 둔 늙은이를 만나 모든 사람은 병들고 늙어서 마침내 죽게 된다는 생로병사라는 불변의 진리를 확인하고 심한 충격을 받게 된다는 모티브 설정은 널리 알려져 있다.

물론 선인들의 예언대로, 혹시 태자가 출가할 것을 염려한 부왕이 평소 태자의 눈에 노약자와 병자가 보이지 않게 하기 위하여 세심한 안배를 하였다지만, 결과적으로 태자의 눈앞에 병든 노인이 어른거

경내 들어가기 전 설명을 듣는 드림팀

렸으니, 이 또한 새로운 붓다의 출현을 기원하던 천신의 안배였는지도 모를 일이다. 말하자면 젊은 태자는 선천적으로 평범한 왕으로 머물 그릇이 아니었다는 대목이다.

물론 동문, 서문에 얽힌 사문유관이 아니더라도 태자가 출가 전 무려 29년이나 살았던 곳이니 유적지 내 어느 곳이든 샤카모니 붓다의 체취가 남아 있지 않은 곳이 없을 것이다. 룸비니에서 태어나 이 성으로 옮겨지고 나서 친모가 사망하자 이모 손에 키워져 어린 시절을 보내고, 또래 젊은이들과 교류하고, 결혼을 위해 활쏘기 경기를 하고, 코끼리를 던져버려 태자의 능력을 드러냈던 일, 야소다라와 결혼을 하고, 아이를 낳고, 마침내 사문유관을 계기로 성벽을 넘어 출가했던 일 등등의 여러 사건들이 이곳을 무대로 일어났을 것이다.

태자의 삶에서 벌어졌던 여러 순간들 중에서 가장 결정적인 사건 하나를 꼽는다면 그것은 물론 '유성출가(逾城出家)'라는 것일 게다. 이른바 불교사적으로 '위대한 포기(The great renunciation)'라고 부르는 것 말이다. 태자가 훗날 붓다가 되기 위해 포기한 것이 어디 한 둘이었겠냐만, 유행기(遊行期)[27]도 아닌 가주기(家住期)에 있던 태자에게 출가라는 행위는 그리 쉬운 결정이 아니었을 것이다.

비록 작은 나라이지만 지존인 왕에 오르도록 되어 있는 안정적인 자리, 아름답고 현숙한 아내, 즐겁고 편안한 궁중생활, 귀여운 아들의 탄생과 그 아들의 성장과정을 지켜보는 일 등을 일시에 포기하는 출가는 중대한 결단이 아닐 수 없었을 것이다.

그러나 태자는 아들의 이름을 라훌라(Rahula)라고 부르는 것으로 그의 결기를 내비쳤다. '라후'의 본래 의미는 일식(日蝕)이 일어나 태양을 삼켜버리는 현상을 말하지만, 여기서는 그냥 '장애 혹은 방해'란 뜻이기 때문이다. 이는 귀여운 아들이 자신이 가고자 하는 길에 걸림돌로 여겨졌다는 대목이 아닐 수 없다. 어찌 보면 비정한 아빠였다. 그렇기에 위대한 포기라고 부르는 것이 아닐까?

(3)

그리하여 태자는 마침내 6월 만월 밤, 마부 찬다까(Chandaka)에게 하얀색 애마를 데려오라고 부탁하였다. 그리고는 말하기를,

"자, 찬다까야! 너는 오늘 밤 나를 보내 주거라. 그러면 나는 붓다가 되어 천인을 포함한 모든 사람들을 구제하리라. 생사의 수레에 오르는 것은 이제는 끊으련다. 깐다까야 지금 나를 보내 주거라."(『수행본기경』)

---

27) 힌두교도들은 인간의 일생을 '4주기'로 나눈다. 사회의 한 구성원으로 태어나서 부모와 스승아래서 성장하며 학문을 배우는 '학생기'와 성년이 되어 결혼을 하여 자식을 낳고 가정을 꾸려가는 '가주기(家住期)'를 지나 '임서기(林棲期)'에 이르면 가정을 떠나 숲속으로 들어가 은거하다가 마지막 '유행기(遊行期)'가 되면 명상과 걸식생활을 하면서 다음 생을 준비한다. 이때 아무리 가난한 사람이라도 자기 육신을 태울 때 필요한 땔나무를 살 돈은 금반지 정도는 하나 끼고 있다가 화장비용을 충당하게 안배를 한다고 한다.

핍팔라나무 꽃

애마 깐다까(Kandaka)의 등 위로 오른 태자는 성을 나서서 힘껏 박차를 가하여 달리기를 시작했다. 이리하여 태자는 단 하룻밤에 세 왕국을 지나 30요자나(Yojana)[28] 거리에 있는 라쁘띠강에 도착하여 삭발을 하고 스스로 고난의 가시밭길로 들어갔다. 그리고 6년의 고행 끝에 '위없는 깨달음'을 얻어 마침내 인류의 위대한 스승이 된다. 예언대로 진리의 전륜성왕(轉輪聖王: Cakravartin)[29]이 된 것이다.

우리는 경전 속에서 인자한 스승으로서의 붓다의 모습을 수 없이

28) 대략 10~15km 거리에 해당된다.

29) 산스크리트 cakra(輪)와 vartin(轉)이 합성되어 파생된 말로서 '자신의 전차바퀴를 어디로나 굴릴 수 있는' 곧 '어디로 가거나 아무런 방해를 받지 않는' 통치자를 뜻한다. 전 세계를 통치한다는 전륜성왕에 대한 최초의 언급은 BC3세기 마우리아 왕조 시대에 아소까 왕의 업적을 칭송하는 경전 및 기념비에 나타난다. 이 세기의 불교와 자이나교의 사상가들은 보편적 군주관에 정의와 도덕의 수호자라는 측면을 부각시켰다.

드림팀의 그림, 핍팔라 나무

만날 수 있지만, 한 아들로서, 지아비로서, 애비로서의 의무와 권리를 포기해야 하는 지극히 인간적인 모습은 만나보기 쉽지 않다. 그런 면에서 다음 이야기는 시사하는 바가 크리라 여겨진다. 왜냐하면 누구에게나 '인간적인 길'과 '신념의 길'이 같을 수만은 없을 터이니까.

자, 그럼 여기서 2천 6백년 전에 벌어졌던 구도의 길을 가야만 했던 한 수행자의 부자간에 벌어졌던 단장의 아픔의 의미를 곱씹어 보기로 한다.

성을 몰래 떠난 뒤 생사조차 알 수 없었던 태자! 그러나 깨달음을 얻은 후 계속된 그의 설법활동으로 그의 명성은 중인도 구석구석에 알려지게 되었다. 그러자 그 소문은 태자를 보내고 생기를 잃어버린 채 즐거울 일이 없는 나날을 보내고 있었던 고향 까삐라 성에까지 들어가자, 죽음을 목전에 둔 부왕 슷도다나왕은 편지를 보내 태자가 돌아와줄 것을 간곡히 호소하였다. 죽림정사에서 편지를 받은 붓다는 한동안 생각에 잠기더니 곧 방문하겠다는 회신을 사자 편에 보냈다.

그 길은 먼 길이었다. 그리고 너무도 오랜 만이였다. 고향을 떠나온 지 12년 만이었기에 태자의 나이 이미 중년을 훨씬 넘기고 있었다. 모처럼의 반가운 소식에 그동안 침통한 분위기에 들어 있었던 온 나라는 들떠서 태자를 맞을 차비에 들어갔다.

그러나 막상 까삘라 성에 도착한 싯다르타 태자와 그를 따라왔던 제자들의 모양새는 금의환향과는 거리가 먼 비구(比丘: Bhiksu),[30] 즉 누더기 옷을 기워 만든 누런 가사(袈裟)를 걸친 그야말로 '거지'에 가까운 몰골이었다. 이를 지켜보는 부왕을 비롯하여 젖먹이 때부터 태자를 길러준 이모의 가슴은 납덩이처럼 무거웠다. 특히 12년간 독수공방을 하며 외아들 라훌라를 키우며 이날을 기다려온 태자비 야소다라의 비통함은 눈물 없이는 차마 보기 어려울 지경이었다.

더구나 어색한 짧은 만남 뒤에 태자 일행이 밤을 지내기 위해 궁궐이 아닌 인근의 니그로다 동산의 숲으로 돌아간 다음날 아침이 되어 승단의 규칙대로 한 끼 식사를 탁발하기 위해 마을에 나타나자 부왕의 참을성은 터져 버려서 사람들을 보내 태자를 강제로 납치하듯 궁중으로 데려와 진수성찬이 준비된 자리에 앉혔다. 그리고 오랜 논쟁이 벌어졌다.

물론 그 주제는 한 왕국의 태자로서, 늙은 부모를 둔 아들로서, 어린 아들을 둔 애비로서, 젊은 아내를 둔 남편으로서 한 인간이 마땅히 짊어져야 할 '기본적 의무'에 대한 것이었다. 그러나 매정한 아들의 대답은 한결같았다.

"제가 부왕에게 받은 사랑이 얼마나 큰지 압니다. 그리고 부왕의 마음을 위로해드려야 함도 알고 있습니다. 그러나 제 마음은 이미 세상의 뜬 영화를 떠난 지 오래되어 돌아오려 해도 돌아올 수 없습니다. 하니 그 사랑을 백성에게 돌려주시기 바랍니다."

그리고는 그가 깨달은 진리의 세계를 그의 혈족들에게 이야기하기 시작하였다. 태자의 입에서 흘러나오는 한 마디 한 마디는 영롱한 구슬 같아 주위 사람들의 가슴에 깊이 박히는 설득력이 있었다. 더구나

---

30) 범어 비크슈의 음역으로 의역하면 '걸사(乞士)'가 된다. 남자로서 출가하여 걸식으로 생활하며 250계율을 지키는 수행자를 말한다. 비구니는 더 많은 348계이다.

온몸에서 뿜어져 나오는 광채와 태산 같은 위엄에 모두가 감화되어 오히려 그를 따라 출가할 지원자가 나타나기 시작하였다.

먼저 붓다의 이모이며 계모의 아들, 또한 왕위 계승권자의 하나인 이복동생인 난다(Nanda)가 출가를 결정하였다. 그리고 밤새워 전생부터의 인연의 무상함을 설파한 남편에 의해 진리의 눈을 뜨게 된 태자비 야소다라가 외아들 라훌라(Rahula)의 출가를 허락하자 아들과 손자까지 모두 잃게 될 운명에 처한 늙은 부왕의 비탄은 극에 이르렀다. 그것은 왕국의 해체를 의미하기 때문이었다. 이 대목은 붓다의 냉정함을 넘어 비정할 정도의 태도가 두드러지는 장면인데 원인과 결과가 어찌되었건 결과적으로는 부왕의 가슴에 비수를 두 번씩이나 꼽는 행위에 가까웠다.

(4)

우리는 여기서 기존의 관점에서 벗어나 새로운 시각으로 이 장면들이 시사하는 의미를 음미해볼 필요가 있다. 그러면 왜 붓다는, 아마도 자신의 일생에서 가장 내리기 어려웠을, 왕국의 내일과 일족의 후사를 완전히 끊어버리는 결정을 내리게 되었을까?

그 첫 번째 실마리는 다음과 같은 결론 중의 하나일 것이다. 첫 번째는 깨달음 지상주의적 확신에서 오는 냉정함을 넘어 비정함에 가까운 행동이라는 측면이다. 왕국의 존속이나 혈통의 보존보다 진리의 깨달음이 앞선다는 그런 확신 말이다. 그 다음으로는 붓다가 왕국과 혈족의 비참한 최후를 천안통(天眼通)으로 미리 알고서 이들을 살리기 위해 일족을 거의 출가시켰을 것이라는 추론도 가능하다.

위의 두 사람 이외에도 후에 그의 분신 같은 제자가 된 아난다, 까샤빠, 아니룻따 그리고 붓다와 승단의 주도권을 다투었던 데바닷따가 모두 그의 친사촌들이었다는 점과 부왕이 서거하자 그를 키워준

'The Buddha was born in Lumbini Nepa'란 로고가 들어간 티셔츠는 네팔 젊은이들에겐 흔한 패션이다.

이모인 프라자빠띠(Prajapati)마저 출가하였다는 것, 그리고 무엇보다도 붓다가 생전에 종종 보였던 믿기 어려운 초능력들이 이를 뒷받침할 수 있다.

물론 결론은 유보할 수밖에 없지만, 붉은 벽돌 무더기만이 여기저기 뒹구는 폐허의 모퉁이에서 무상함에 잠겨 있으려니 세계적인 종교의 창시자를 배출한 한 가문의 최후로는 너무나 비참하다는 생각을 지울 수 없기에 잠시 망상을 피워 보았다.

하여간 그렇게 꿈결 같은 한 주일이 지나자 태자와 8명의 왕자 그리고 5백 명의 제자들은 썰물처럼 빠져나갔다. 늙은 왕과 다시 청상과부가 된 야소다라 태자비만 남겨놓고….

그것이 부왕과의 이승에서의 마지막 이별이었다. 2년 뒤 붓다는 왕사성에서 부왕의 부고를 받게 된다. 늘그막에 너무나 위대한(?) 아들을 두었기에 한 인간으로서 부왕이 감내한 고통에 대해서는 경전에서도 침묵하고 있다. 다만 생모 마야부인에 대해서는 붓다가 하늘로 올라가 도솔천에서 만나 설법을 하고 다시 지상으로 내려왔다는 설화가 전하고 있을 뿐이다.

어찌 보면, 일반적인 윤리적 잣대로서는 우리는 이런 붓다의 행동은 이해하기 어려운 일임에는 틀림없다. 그러나 어떤 확신 없이 붓다라는 인류의 스승이 그런 일을 하였겠는가? 하는 것은 누군가 들어야 하는 '화두'일 것이다. 그것은 지금도 삶의 의미를 찾기 위해서 출가를 생각하고 있는 목마른 영혼들에게 남겨두고, 우리는 길을 재촉하기로 하자. 나그네는 한 나무 아래서 3일을 머물지 않는다 했으니 우린들 어찌 더 지체할 수 있으랴….

이런 사연들이 서려 있는 '위대한 포기'의 땅인 까삐라 성은 붓다의 고향이지만, 역시 붓다의 예언대로 사카족 특유의 동족혼(同族婚)[31] 풍습으로 인해 강대국 코살라국 왕자의 원한을 사는 일이 생겨 붓다의 생존 시에 초토화되고 사캬족도 모두 몰살되었다. 붓다는 이런 사태를 3번이나 만류했지만 인간의 증오심이 자비심을 능가하는 것인지 결국 재앙을 피할 수 없었다.

아니차!

---

31) 원래 사카족은 외부인과는 혼인을 하지 않는 관습이 있기에 코살라 왕자의 청혼에 당황해하다가 마침 노예 출신의 다른 귀족의 양녀를 속여서 대신 시집보냈는데 그 노예출신의 여인에게서 태어난 왕자가 천한 계급에서 태어난 모욕적인 대접으로 인하여 후일 모친의 그런 비밀을 알고 원한을 품어 왕이 되어 사카족의 씨를 말리게 되었다.

## 4. 고따마 붓다는 네팔에서 태어나셨다

(1)

2016년 9월 2일 정오 햇살은 따가웠고 눈부셨다. 룸비니동산의 마야사원 뒤쪽에 자리 잡은 용왕연못 위에 쏟아져 내린 햇살은 수면에서 난반사되어 순례자들이 눈을 뜨기 어려울 정도로 눈부셨다.

우리 12명의 드림팀(Dream team)은 '가자! 룸비니로~~(Let's go Lumbini)'라는 로고를 대절버스 앞에 부치고 학교를 출발하여 먼저 고향 까삐라 성에 들려 스케치를 대충 끝내고는 바로 룸비니(Lumbin)[32] 동산으로 향했다.

그리고는 바로 그림을 그릴 채비를 하고 각자 마음에 드는 명당자리를 골라 마야당과 용왕못 근처 나무그늘 아래 아래 자리를 잡고 스케치를 하라고 재촉했다. 아이들에겐 처음 와보는 룸비니의 모든 것이 어찌 감격스럽지 않겠냐마는 때로는 호랑이 선생으로 변하는 나로서는, 충분하지 않은 시간 안에, 몇 장의 룸비니 그림을 완성하는 것이 중요했기에, 아이들을 "치토 치토" 하면서 몰아부칠 수밖에 없었다.

32) 인도에서 룸비니로 오기 위해서는, 스라바스티와 쿠쉬나가르를 연결되는 교통요지 고락뿌르(Gorakpur)에서 80km 떨어져 있는 버드뿌르(Birdpur)와 18km 떨어진 나우가리(Naugarh)로 와서 소나울리(Sonauli) 국경으로 와서 국경을 넘어 네팔령 벨라히야(Belahiya)로 들어가 5km 거리의 바이라와(Bhairahwa)에서 18km 거리의 룸비니행 버스로 갈아타면 된다. 참 바이라와는 룸비니행 비행장이 있는 곳으로 공항이름이 Gautam Buddha Airport이나 규모가 우리나라의 시골 간이역 같다. 참, 근처에 '반다르(Bandar)현장'도 보인다. 얼마 전 급진 마오이스트들이 지나던 버스를 폭발한 현장이다.

용왕못에 투영된 아소까 석주

나는 오래 전에 혜초(慧超) 스님의 발길 따라 여기를 찾아온 적이 있고, 또 한 번 히말라야 트레킹 중에 들렀기에, 이번이 벌써 3번째 방문인 셈이다. 그간 룸비니는 성역화공사로 인하여 많이 변했지만, 마야부인의 사당과 연못과 그리고 연못 뒤 둔덕의 아름드리나무라는 기본적인 구도는 변함없이 제자리를 지키고 있었다.

특히 마야부인이 늘어져 있는 나뭇가지를 붙잡고 아기 붓다를 낳았다는 그 무우수(無憂樹: Ashoka tree)[33)]나무는 몇 년 사이에 더

33) 일명 아소까(Ashoka tree), 사라카(Saraca asoca)라고 부른다. 아소까나무는 인도, 네팔 및 스리랑카에서 신성하게 여겨서 민속, 종교 및 문학과 밀접하게 연관되어 있

오늘도 용왕 못에는 마야사당의 그림자가 투영되고 있다.

풍성해지고 푸르러진 것 같았다. 물론 지금 서 있는 나무는 마야데비 왕비가 잡았던 것의 증손자뻘 되는 나무일 것이다. 무우수는 불교의 '3대 성수(聖樹)'[34] 중의 하나로 불교유적지에서 자주 볼 수 있는 나무로 아기붓다의 탄생과 관계가 있는데, 『불본행집경(佛本行集經)』 제7권에는 다음과 같은 내용이 전해지고 있다.

---

다. 특히 마야부인이 아이를 낳을 때 소복하게 핀 자줏빛 꽃의 아름다움에 홀려 이 나무를 잡게 되고 그 순간 산기를 느끼고 이 나무 밑에서 석가가 탄생했다는 전설이 전해진다. 산스크리트어로 '아소까'가 '근심이 없다'를 의미하기 때문에 '무우수(無憂樹)'라고도 의역된다.

34) 보리수, 무우수, 사라쌍수.

룸비니 마야당 옆, 아소까 석주 아래서 일단의 불교도들이 법회를 하고 있다.

마야부인이 친정 콜리아성으로 가는 도중에 휴식을 위해 잠시 머문 룸비니 동산에는 갖가지 꽃이 어우러져 피어 있고, 여러 종류의 새들이 지저귀며 나무들 사이를 날아다녔다. 그것은 마치 천신들이 사는 하늘정원과도 같아 이 세상이라고는 생각할 수 없을 정도로 아름다웠다. 마야부인은 숲속을 거닐다가 유난히 아름답고 탐스러운 오렌지꽃[35]을 따려고 할 때 마침 그순간 산통이 일어나서 그 나뭇가지를 잡고 힘을 써 아이를 낳았다.

그 나무가 바로 일명 아소까나무인데, 의역하면 '무우수'가 된다. 이 나무는 힌두교에서도 성스러운 나무로 그 이름처럼 사람들의 슬

35) 무우수의 꽃은 4~6월에 노란색으로 피기 시작하여 오렌지색, 다시 붉은색으로 변한다. 열매는 25cm 정도 되는 꼬투리로 4~8개의 긴 타원형 종자가 들어 있다. 꽃은 굵은 줄기에 또는 가는 가지에 빙 둘러 있다는 느낌이 들게 뭉쳐서 난다.

픔을 없애준다고 알려져 있어서 힌두 판테온의 '사랑의 신' 까마(Kama)[36]의 5개 화살 중 하나는 이 나무로 만들어진다고 한다.

룸비니는 힌두교의 나라인 네팔의 무관심 속에서 한동안 태국 등의 남방불교권의 승려들이 주로 관리하고 있었는데, 근래는 티베트의 승려들이 대거 몰려드는 추세여서 티베트불교의 상징적인 오색깃발 다르촉이 수없이 많이 나부끼고 있다.

나는 걸음을 옮겨 수많은 다르촉에 덮혀 있다시피한 용왕연못을 오른쪽으로 한 바퀴 돌고 나서 흰색건물 왼편에 서 있는 아소까 석주(Ashoka Pilor)로 다가갔다. 바로 BC250년 이곳을 방문했던 아소까 대왕이 세운 유명한 석주였다. 그 석주에는 산스크리트어의 전신인 고대 브라흐미(Brahmi) 말로 다음과 같은 유명한 명문이 새겨져 있다.

"신들의 가호를 받는 임금인 삐야다시(Piyadasi=Ashoka) 즉위 20년에 바가반 붓다 사캬모니(Buddha Sakyamuni: Bhagavan)가 태어나신 이곳에 몸소 행차하시어, '바가반'[37]이 태어나신 이곳에 돌로 난간을 만들고 돌기둥을 세우셨다. (또한) 이 룸비니 주민들에는 세금을 1/8만을 부과하도록 하셨다."[38]

---

36) 『카마슈트라』는 가장 오래된 섹스교과서로 성애의 살아 있는 박물관인 카쥬라호의 미투나상들 그대로 그림책으로 옮긴 것이다.

37) 바가반(Bhagavan)이란 부처의 여러 가지 호칭 중 하나로 보인다. 일반적으로 부르는 부처의 호칭인 '여래10호' 이외에도 바가바, 아바마, 아바마바마, 노가나타, 바라가, 바단타, 시리가나 등으로도 불린다고 한다.

38) "King Piyadasi(Ashoka), beloved of devas, in the 20th year of the coronation, himself made a royal visit, Buddha Sakyamuni having been born here; a stone railing was built and a stone pillar erected to the Bhagavan having been born here, Lumbini village was taxed reduced and entitled to the eight part (only)"

사라수 나무 아래서 기도하는 각국의 순례자들

(2)

현재 룸비니[39]는 1896년 독일의 고고학자 휘러(Fuhrer)가 밀림 속의 폐허의 한 사원유지에서 아소까석주를 발굴하여 명문을 해석함으로써 싯다르타 태자가 태어난 곳으로 확정되어 유네스코 문화유산으로 등록되었다. 그 뒤 근래에는 13개 불교국가들이 경쟁적으로 '룸비니 개발프로젝트'[40]에 참여하여 현재 르네상스를 맞고 있지만,

39) 싯다르타의 탄생지인 룸비니동산을 말한다. 현 지금의 인도와 국경을 이루는 네팔 남부 타라이 지방에 있다. 그러나 그동안 이곳의 위치를 비정하지 못했다가 BC 약 273~232년 경 아소까왕이 이 지역을 방문한 사실이 기록된 석주비명이 발견됨으로써 설득력을 갖게 되었다. 현재 룸비니에는 BC249년 브라미어로 새긴 아소까왕 석주가 있는데, 그 명문에는 붓다가 태어난 곳이라고 못 박고 있다. 그 외 마야부인의 싯다르타 탄생부조와 용왕 연못, 건물유지 등이 남아 있다.

40) 1967년 4월 룸비니를 순례한 전 유엔 사무총장이었던 우탄트에 의해 성역화가 시작되어 13개 불교국가들과 네팔정부의 노력으로 1970년 2월 룸비니개발위를 구성

과거 이천여 년 동안은 전혀 존재감이 전혀 없는 작고 그렇고 그런 시골마을이었다. 룸비니가 소속된 네팔 남부 지방은 떠라이(Terai)라는 평야지대로 솔직히 말하자면, 네팔이라기보다는 인도 느낌이 강한 곳이다. 사캬모니 붓다의 탄생지는 대부분의 사람들은 인도라고 알고 있지만, 사실은 네팔 중남부의 룸비니이다. 그 사실을 정확하게 아는 이는 별로 많지는 않다.

한때 인도대륙을 통치했던 영국이 물러나가면서 엿장수 마음대로 국경을 그어대는 바람에 룸비니동산 근처의 까삘라바스뚜성의 유적들은 현재 인도와 네팔로 나누어져 두 나라가 서로 우리 땅의 것이 진짜라고 우겨대고 있는 상황이다. 그래서 네팔에서는 'The Buddha was born in Lumbini Nepal'이란 슬로건을 정책적으로 사용하고 있는 중이다.

이를 두고 인도 쪽의 불만은 사그라지고 있지 않다. 왜냐하면 이른바 룸비니를 제외한 '붓다의 8대 성지'가 모두 인도에 있고, 과거로부터 붓다는 인도 사람이란 인식이 강하기에 룸비니 하나만 가지고 '붓다는 네팔 사람'이라고 우기는 네팔의 태도를 좋아할 리가 없다.[41]

그런 룸비니동산은 인도 국경으로부터 멀지 않은 곳에 있고 히말라야산맥의 지맥인 추리아(Churia Hills)산맥의 남쪽 기슭에 위치해 있다. 룸비니는 성지순례자들에게는 붓다의 어머니인 마야데비

하여 현재까지 진행 중이다. 개발계획은 바이라와 공항으로부터의 21km 도로 확장, 주위의 녹지대 조성, 순례자촌, 도장지대, 중심성역화 공사 등이다. 성지와 외부를 차단하는 사라수의 그린벨트를 만들고, 순례자 촌에는 순례자와 관광객을 위한 시설 및 이 지역 주민의 주거지를 수용하며 도장 지대에는 석가의 생활을 설명하는 자료와 유품을 둘 박물관과 도서관 및 각국의 절·사당 등을 건립할 예정이다. 가장 중심이 될 성원은 불탄을 상징하는 평정·조화의 분위기를 느끼도록 만들 계획이다.

41) 물론 현재 네팔인구의 89.3%는 힌두교도이고 불과 7.5%만이 불교도이지만, 관광자원화의 정책으로 룸비니를 부각시키고 있다. 과거 왕정시대에는 힌두교가 네팔의 정식 국교였지만, 근래에 자유화되었다.

가 고따마 태자를 낳아 연꽃잎과 성수로 목욕시켰던 곳으로 유명한 성소이고 인근 멀지 않은 거리에 사캬 왕국의 수도였던 까삐라바스뚜 유적이 있고, 또한 인근에 3개의 다른 아소까 석주가 있는 것이 확인되었기에 역사나 고고학자에 관심이 많은 이들에게도 역시 인기가 많은 곳이다.

(3)

'붓다 뿌르니마'는 인도나 네팔의 불교도에게 가장 거룩한 축제로 꼽는다. 고따마 붓다의 탄생과 보리수 아래서 깨달음을 이룬 일, 세상을 떠나 열반에 도달한 일을 한날에 기념하는 날이기 때문이다. 매년 힌두달력으로 두 번째 달인 바이사캬(Vaiśākha)의 보름날 행해지며 그레고리력으로는 4월 중순에서 5월 중순 사이에 해당한다. 축제 이름의 일부인 '뿌르니마(Purnima)'는 산스크리트어로 '보름날'이라는 뜻이다.

반면 티베트 불교권에서는 '석가의 달'이란 뜻의 '사캬다와(Sakha Dawa)'라고 하여 탄생일, 성도일, 열반일이 포함된 바이사캬(Vaiśākha) 한 달을 통째로 기념의 달로 잡아 성대한 축제를 벌인다. 한편 동남아시아 불교권도 따로 행사를 치른다. 미얀마는 '카손 바니안 물주기 축제(Kason Festival of Watering the Banyan Tree)', 태국은 '위사카 부차(Visakha Bucha)', 베트남은 '레펏단(Lễ Phật Đản)', 말레이시아는 '웨삭(Wesak)', 인도네시아는 '와이삭(Waisak)'이라 부르면서….

룸비니가 네팔의 영토로 귀속되는 과정에는 재미있는 이야기가 전해진다. 룸비니는 과거 인도의 땅이었는데, 네팔과의 국경선을 정비할 당시 인도의 대표가 들쭉날쭉 복잡한 국경선을 단순화시키는 과정에서 그만 룸비니가 네팔의 땅으로 넘어가고 말았다는 것이다. 그

보리수, 무우수(無憂樹), 사라까, 아소까 등의 이름으로 불리는 룸비니의 상징적인 나무

후 룸비니에서 아소까 대왕의 석주가 발견되었고 붓다의 탄생지임이 확인되었으니 인도의 입장에서는 두고두고 땅을 치며 후회할 일이 아닐 수 없다.

(4)

싯다르타 태자는 '고따마(Gotama)'라는 별칭의 사캬(Sakya)족을 부계(父系)로 인근의 꼴리아(Kolia)족 출신의 마야데비 부인을 모계

'Let's go Lumbini, Nepal'이라는 표지를 달고 룸비니 입구에 도착한 드림팀의 버스

로 하여 태어났다. 이 두 부족은 대대로 혼인관계를 이루어온 사돈국이었다. 쉰 살이 될 때까지 자식이 없었던 왕과 왕비에게 태기가 있으면서 상서로운 조짐과 놀라운 예언이 줄을 이었다.

어느 날 마야부인은 비몽사몽 간에 천신들에게 이끌려 설산을 넘이 디베트고원에 있는 수미산(須彌山)이라 불리는 까일라스(Kailas) 성산[42] 아래 마나사로바(Manasarova, 阿耨達池) 호수로 이끌려가서 성욕을 함으로써 신성을 얻어 붓다를 맞이할 준비를 마치고 흰 코끼리를 품는 꿈을 꾸었다. 이른바 태몽이었다. 이 코끼리의 상징은 인도에서는 성인이 태어날 때의 일반적인 길조였다.

산달이 되어 부인은 당시의 관습대로 출산을 위해 친정으로 가다

42) 김규현, 『티베트의 신비와 명상』(도안사, 2000) 「까일라스산과 마나사로바호수」편에 자세하다.

가 룸비니 동산에서 아기를 출산했다. 때가 베사카[Vesakha, 4~5월]의 8일[43]이었다.

많은 경전들은 당시의 광경을 앞 다투어 다소 허황되게 표현하고 있는데 태자는 모친의 오른쪽 옆구리로 태어났으며 땅에 발을 딛자마자 일곱 걸음을 걷고 나서 "천상천하 유아독존(天上天下 唯我獨尊)"이라 외쳤다는 것이다.

이것을 지금에서야 누가 액면 그대로 믿을 수 있을까마는 이는 경전 특유의 상징과 비유의 한 예로 이해하면 될 것이다. 이 '우협탄생(右脇誕生)'은 당시 카스트의크샤트리아 계급을 상징한 것이고, '일곱 걸음'과 '외침'은 평생을 계급타파와 인간평등을 부르짖은 한 개혁가의 첫걸음이 시작했다는, 교단차원에서 연출한 작업의 일환으로 이해하면 될 것이다.

고따마 붓다가 80세를 일기로 입적하기 직전에 제자들이 "어느 곳을 교단의 기념처로 삼아야 하느냐?"고 묻자 붓다는 태어난 곳을 비롯하여 깨달음을 얻은 곳, 처음 법을 설한 곳, 열반할 곳 등의 네 곳을 꼽았다고 한다. 붓다도 역시 보통사람처럼 태어남이 중요했던 것으로 여겨지는 대목이다.

그런 면에서 룸비니는 위대한 탄생이 있었던 불교의 첫 번째 성지이지만 다른 곳과 마찬가지로 인도에서 불교가 사라지면서 망각의 강 너머로 사라져버렸다.

---

43) 남방불교권은 불기(佛紀)를 BC624년으로 기준을 삼는다. 우리와는 100년 정도가 차이가 나는 셈이다. 그리고 기념일도 남방은 모두 15일인데 북방은 열반일(涅槃日)만 제외하고는 모두 초8일이다. 따라서 남방의 불탄일은 4월 15일이 된다. 단 열반일은 2월 15일로 북방, 남방이 일치한다.

(5)

한낮의 뜨거운 햇볕이 내리쬐는 룸비니 동산은 수천 개의 티베트식 오색 깃발 다르촉의 펄럭임이 인상적이다. 넓은 잔디밭 사이로 붉은 벽돌들만이 널려 있는 드넓은 유지의 중앙에, 정사각형 구조에 바깥은 흰색으로 칠해져 있는, 그 유명한 하얀 마야사원이 서 있다. 사원을 자세히 뜯어보면 지붕에는 네팔식 스뚜빠가 얹혀 있고, 스뚜빠의 하단은 흰색의 사발을 엎어 놓은 것 같은 복발(伏鉢)이 놓여 있고, 그 위에 또로나(Torona)라 불리는 금빛 사면체가, 그 위에 원추형의 덮개가, 맨 위에 금빛 종이 매달려 있다.

사원의 내부는 방문객이 회랑을 통해 돌아다니며 발굴현장을 직접 볼 수 있도록 안배되었는데, 아직 발굴조사 끝나지 않았는지 여전히 작업은 계속되고 있는 모양이다. 근래의 거둔 성과로는 1995년, 지하 5m 지점에서 기념비적인 석재를 발견했다고 해서 전시하고 있는데, 그것은 아소까 대왕이 탄생지를 기념하여 올려놓은 것으로 전하는데, 이후 몇 차례의 증개축에도 불구하고 그 자리에 보존되어 있다. 그래서 안으로 들어온 방문객들은 그 석재를 보기 위해 줄을 서 기다리다가 차례가 되면 그 석재를 향해 예를 올리기도 한다고 한다.

그러나 뭐니 뭐니 해도 사원의 무게중심은 역시 BC 2세기에 조성되었다는 아기붓다의 탄생장면을 묘사한 석조모자상(石彫母子像)인데, 파손이 심해 겨우 형태만 알아볼 수 있는데다가 역시 붉은 물감범벅이 되어 있어서, 그 옆에 새로 복원한 것과 비교해서 보아야 겨우 마야부인이 무우수 가지를 잡고 서 있는 모습과 애기 싯다르타가 한 손으로 하늘을 가리키고 있는 모습을 알아볼 수 있다. 그리고 왼쪽으로 창조신 브라흐마가 태어난 아기를 받아드는 모습이, 그리고 나머지 두 천녀는 마야부인을 시중하고 있는 것도 확인할 수 있다.

힌두교도에게 고타마 붓다는 바로 힌두 삼신 중의 하나인 비슈누

룸비니에서 스케치를 완성하고 마야당 앞에서 기념촬영하고 있는 드림팀

(Vishunu)의 '9번째 화신'으로 인식되어지기 때문에, 그냥 일반적인 신들처럼, 습관대로 '띠까'라는 붉은 물감으로 도배를 하기 좋아한다. 우리식으로 본다면 좀 거시기해 보이기도 한다. 물론 무슬림들처럼 부셔버리는 것보다야 낫겠지만, 그래도 시뻘건 물감을 뒤집어쓰고 있는 아기 싯다르타가 안쓰러워 보이는 것은 어쩔 수가 없는 것은 나만의 생각일까? 그러나 무엇보다도 룸비니 동산에서 나의 발길과 눈길을 오래 머물게 하는 곳은 용왕연못이었다. 현장법사도 이 용왕연못에 대해 다음과 같이 기술해 놓고 있다.

> 전천(箭泉)에서 동북쪽으로 80리가면 룸비니 숲에 이른다. 이곳에는 사카족 사람들이 목욕을 하던 연못이 있다. 물은 맑아 거울과 같은데 갖가지 꽃이 다투어 피고 있다. 그 북쪽으로 스무 걸음 정도에 무우화수(無憂花樹)가 있었다고 하는데….

Art by Shova painting 'The Maya temple of Lumbini'

불교의 수많은 경전 속에서 붓다의 탄생에 무엇보다 무게를 두는 이유야 많을 것이기에 온갖 미사어구를 총 동원하여 찬사를 늘어놓게 되는데, 약간의 편차는 있겠지만 그 요지는 대략 다음과 같이 묘사되고 있다.

마야데비 왕비가 당시의 관습에 따라 출산을 위해 친정집으로 향하던 중 아름다운 룸비니 동산에 이르러 휴식을 취하게 되는데, 그 아름다운 경치에 취해 한동안 서 있는 동안 갑자기 출산의 고통이 찾아왔기에, 마야 데비는 사라수 나무의 늘어진 가지를 붙잡고서 아이를 낳았다. 이에 브라흐마신이 출현하여 두 손으로 아이를 받았고, 그 외 많은 하늘 여인들이 부인을 돌보았다. 이때 하늘의 용왕의 입에서 더운 물과 차가운 물 두 줄기가 내려와 아이를 씻어주었기에 그 기름끼(Oil)[44] 있는 물이 모여 연못이 생겨났고 유하(油河)가 흐르

44) 붓다의 탄생설화를 입증하듯 지금도 룸비니 동산의 남동쪽으로 기름강(Oil River)

게 되었다고 한다.

여러 경전들은 세월이 지나감에 따라 나라마다, 종파마다 군더더기 살을 보탰는데, "아기 붓다는 태어나자마자 동서남북 사방을 차례로 둘러본 후 북쪽을 향해 일곱 걸음을 걸었다"는 것이다. 그때 그가 밟았던 걸음마다 땅에는 연꽃이 피어올랐는데, 붓다는 걸음을 멈추고 한 손으로는 하늘을, 다른 한 손으로는 땅을 가리키며 말하기를, "하늘 위 하늘 아래 오직 나만이 가장 존귀하도다. 일체의 모든 괴로움 내 중생들을 위해 기필코 그치게 하리라". 이는 나의 마지막 탄생으로, 이제 더 이상의 태어남이 없을 것이다. 이에 일곱 가지의 기적이 생겨났는데, "천지가 진동하고 바람은 흐름을 멈추었으며 새들이 은신처를 찾고 모든 초목들은 꽃을 피우고 열매를 맺고 평화가 온 땅을 지배했다."는 것이다.

이른바 그 유명한 구절인 "천상천하 유아독존(天上天下 唯我獨尊)"으로 일부 불교학자들은 "인류를 포함한 뭇 중생들의 최초이자 최고의 권리선언"이라고 해석하고 있다.

현재 이 기록처럼 용왕연못은 그리 맑은 물이 고여 있지 않다. 그러나 고요한 수면위로는 수많은 오색 깃발 다르촉이 거꾸로 투영되어서 그 흔들림에 따라 영혼마저 흔들리는 느낌을 받게 만든다. 그것은 마치 물 밖과 안의 세계가 하나로 혼동되는, 나아가 진실과 허상이, 과거와 현재가 혼동되는 상태와 같았다고나 할까?

룸비니의 폐허화는 동방의 구법승들이 왔을 당시 이미 상당히 진행된 상태로 목격되고 있다. 399년, 역사상 처음으로 법현(法顯)사문이 룸비니를 방문하여 기록을 남겼다.

---

이라는 이름의 하천이 흐른다. 당시에도 룸비니는 많은 초목과 사라수의 그늘이 우거진 매우 아름다운 동산이었다고 전한다. 그래서 사카족과 콜리야족이 공유하고 있었던 곳이라고도 한다.

성의 동쪽 50리에 정원이 있는데, 룸비니라 한다. 부인이 연못에 들어가 성욕(聖浴)을 하고 나와 북쪽으로 연못가를 20보 걷다가 손을 들어 나뭇가지를 잡고 태자를 낳았다. 태자는 땅에 떨어지자마자 7보를 걸었다. 두 용왕이 태자에게 첫 목욕물을 끼얹어주었다는 연못이 있는데, 이곳은 후에 우물을 만들었고…….[45]

또한 현장법사도 그때까지 남아 있는 돌기둥과 연못에 대하여 역시 그답게 자세히 기술하였고 또한 우리 해동의 혜초 스님도 아래와 같이 적어서 당시 룸비니로 가는 길이 순탄치 않았음을 고백하고 있다.

셋째 탑은 까삐라국에 있으니, 바로 부처님이 태어난 곳이다. 지금도 무우수(無優樹)나무를 볼 수 있는데, 성은 다 허물어지고 없고 탑은 있으나 승려는 없고 또 백성도 살지 않는다. (…중략…) 세 탑 중에 가장 북쪽에 있는데 숲이 거칠게 우거지고 길에 도적이 많아 가서 예배하려는 이들이 이르기가 매우 어렵다.

---

45) 김규현, 『불국기』(실크로드 고전여행기3), 글로벌콘텐츠, 2014.
동진(東晋)의 법현은 동아아권 최초로 도반 10여 명과 함께 장안을 출발하여 중앙아시아를 경유, 인도로 들어가 약 8년간 불적을 순례하고 산스크리트를 배우며 율전(律典)을 구하여 스리랑카로 건너가 약 2년간 체류하고, 412년 수마트라에서 해로로 중국 산동반도로 돌아왔다. 『불국기』는 그동안에 지나온 30여 개국에 대한 견문기로 당시 인도의 불교, 풍습, 문화 등을 아는데, 귀중한 자료가 되고 있는데, 수많은 승려들이 부처님의 나라로 구법여행을 떠났지만 성공한 사람도 드물고, 더구나 돌아와 여행기를 남긴 구법승은 극소수인 것을 보면 그 가치가 더욱 빛난다고 하겠다.

## 5. 룸비니에 우뚝 솟아 오른, 한국 절 대성석가사(大聖釋迦寺)

(1)

룸비니 어디에서도 볼 수 있는 웅장한 대성석가사[46]는 국제사원구역 안에 자리 잡고 있다. 이 사원구역은 현재에도 진행 중에 있는 '룸비니 개발프로젝트'의 일환으로 여러 불교국가들이 자체적으로 건설한 사원들로 구성되어 있다.

이 프로젝트는 아시아인 최초로 유엔 사무총장이 된 버마 출신 우 탄트의 호소로 시작되었는데, 그는 1967년 4월 폐허상태로 남아 있는 룸비니를 방문하고는 놀라움을 금치 못하고 생각 끝에 네팔정부와 국제사회에 룸비니개발을 제안하였다. 이에 13개 불교국가들이 이에 호응하고 나섰고 네팔정부도 화답하여 1970년 2월 '룸비니성역개발위(L.D.T)'를 구성하여 전체적인 마스터플랜을 짜서 국제적인 자금모집에 들어갔다.

구체적인 개발계획은 인근의 바이라와(Bhairahwa) 공항으로부터의 룸비니에 이르는 21km 달하는 도로를 확장하여 접근성을 높이고, 룸비니의 상징나무인 무우수(無憂樹)로 그린벨트를 조성하여 성지구역과 외부를 구분하고, 순례자촌을 조성하여 각국의 순례자와 관광객을 위한 시설 및 이 지역 주민의 주거지를 수용하는, 큰 틀의 설계도를 마련하였다. 그리고 세계 여러 나라의 사원들이 들어설 '국제사원구역'에는 그간 고고학적 발굴로 출토된 유물을 전시할 박물

---

46) Nepal P.O. Box 37. (Korea Buddhist Mahabodhi Society Daesung Shakya Sa Temple) Siddhartha Nagar Rupandehi Lumbini Nepal
Tel: 977-71-580123 Fax: 977-71-580125R

웅장한 한국사찰 대성석가사

관과 샤카모니 붓다의 일생을 보여주는 자료를 보여주는 도서관 및 전시관을 짓는다는 계획이다. 또한 무게중심이 몰리는 핵심 룸비니 성지는 싯다르타 붓다의 탄생을 기리는 성스러운 분위기가 풍기게 정원을 꾸며서 연차적으로 시행하게 안배를 하였다.

(2)

요즘 우리나라 배낭여행객들이 피부로 느낄 정도로 인도대륙 곳곳에는 한국사원들이 우후죽순처럼 늘어나고 있는 추세이다. 한국불교의 성장세를 대변하는 외형적인 증거인데, 그 중 룸비니의 대성석가사가 가장 성공적이고 대표적인 케이스로 손꼽힌다. 현재 룸비니에는 '룸비니개발계획'에 따라 유네스코(UNESCO)의 주도로 '국제

대성석가사의 대문

사원구역'을 지정하여 나라마다 고유의 절을 짓도록 하고 있다. 그래서 네팔정부는 각국에게 100년간 사원부지를 임대해주었다. 이에 현재 중국, 일본, 태국, 스리랑카, 미얀마, 독일, 미국 등 20여 개 나라가 각각 자기 고유의 사원을 속속 건립하고 있는데, 그 중 우리나라 사원이 규모면에서 가장 웅장하다.

대성석가사는 1995년 4월 8일 착공하였지마는 언제 완공될는지는 모른다. 그 규모가 과거, 아니 미래지향적이기 때문이다. 경주 황룡사 대웅전을 모델로 하여 그것을 불교의 첫 새벽이 열린 룸비니에 다시 우뚝 일으켜 세울 계획이라 한다. 대성석가사 경내에는 다음과 같은 안내문이 붙어 있다.

'World peace' by Bishal Capai

「인사 말씀」

대성석가사(大聖釋迦寺)를 찾아 주신 여러분 환영합니다.

이곳은 '룸비니개발위원회(L.D.T)' 소속 국제사원구역 내에 있는 대한민국 사찰인 대성석가사입니다.

대한불교조계종 승려이신 불심도문(佛心道文) 큰 스님께서 1995년 2월 27일 네팔정부와 99년 동안 부지사용 임차를 하셨습니다. 임대료는 현재 매년 840불을 지불하고 있습니다. 현재 공사를 진행하고 있는 주지 법신 스님은 불심도문 스님의 제자입니다.

공사는 한국에서 지원해 주신 지원금으로 진행하고 있습니다. 주로 한국의 전국 각지에서 '부처님오신날'을 맞이하여 한 등 한 등 십시일반으로 보시한 시주금에 의하여 공사가 진행되고 있습니다. 공사 착공일은 1995년 4월 8일이었으며 완공예정일은 공사가 모두 끝난 후 발표할 예정입니다. 국민의 성원에 따라 공사기간이 정해지겠습니다.

대웅전의 규모는 옛 신라의 서울인 경주 황룡사 대웅전의 규모와 거의 같습니다. (솔거의 소나무 벽화로 유명했던 황룡사 대웅전입니다.)

여러분, 이곳에서 편안하게 쉬시고 불편한 사항이 있으시면 사무실로 연락주시기 바랍니다. 오시고 가실 때 일일이 인사드리지 못하더라도 서로 양해하시면서 값진 여행이 되기를 기원합니다.

대성석가사 주지 법신(法信) 합장

대성석가사

정리하자면 대성석가사는 백용성 스님(1864~1940)[47]의 유훈에서 비롯되어 1993년부터 '룸비니 개발프로젝트(L.D.T)'가 시작될 때 한국의 도문(道文)이 한국을 대표해서 제일 큰 땅을 배정받아 공사가 시작되었는데, 이를 도문 스님의 상좌인 법신(法信) 스님이 이어받아 20여 년이 지난 현재에 이르렀다는 것이다. 그런데 대웅전의 규모가 솔거의 소나무 벽화로 유명한, 경주 최대의 신라사찰 황룡사(皇龍寺)의 대웅전과 같다는 하니, 외형면에서는 룸비니에서 최대를 자랑할 만하

47) 3·1운동 때는 민족대표 33인의 한 사람으로 불교계를 대표해 독립선언서에 서명하고 1년 6개월간 옥고를 치렀던 용성스님은 출옥 후 불교 정화에 주력하는 한편, 불교의 대중화를 촉진했다. 용성스님의 이런 정신은 열반 직전 맏상좌인 동헌스님에게 남기신 유훈에 잘 나타나 있다. 우리나라 불교 전래지의 성역화, 경전 100만권 번역과 배포, 100만 명에게 계를 줄 것, 부처님 주요 성지에 한국사찰을 건립할 것 등 10가지. 유훈을 이루기 위한 사업은 동헌스님의 제자 불심도문스님에게 이어졌다. 도문스님은 백제 불교전래지인 서울 서초구 우면산의 대성사, 신라 불교 전래지인 경북 구미 도개면에 아도모례원 등의 사찰을 건립했다.

'Himalayan Buddha' Alisha Tamang

다. 석가사의 법당은 기단(80m×80m)을 빼고도 3층[42m]인 웅장한 규모이다. 보통 건물로 치면 12층 높이가 된다는 대웅전 3층 테라스에 서서 황혼녘에 물들여 가는 드넓은 떠라이 평야를 바라보는 맛이 일품이다.

그런데 이 '최고 최대'로 인해 약간의 구설수가 생겼다고 한다. 긍정적인 편에서는 우리나라 국력에 대한 비례로 이해하면 가슴 뿌듯하다는 편이고 부정적인 측면에서는 외형적 자랑거리에 치우치는 감이 있어서 뜻있는 이들의 우려를 자아내고 있다는 것이다. 현재 한국불교의 민얼굴이 건물이 내건 자랑거리처럼 과연 "동양, 아니 세계 최고인가?"라는 자문자답은 한 번 곱씹어볼 문제이기는 하다.

그러나 최대이냐 아니냐를 떠나서 생각해볼 문제가 하나 더 있다. 외형적으로 세계 최고의 건물이라도 현재 사용함이 이름 그대로 '대성적(大聖的)' 또는 '대승적(大乘的)'이지 않다면 건물주나 그 주변 인물들의 최고병(最高病)이란 애고만을 빛내줄 자기들만의 자랑거리밖에 안 될 것이다.

새삼스럽게 부연설명이 필요 없지만, 한국불교는 이타행과 보살행을 지향하는 대승불교권에 속한다. 대승, 즉 마하야나(Maha)의 진정한 구경처는 자기해탈에 있지 않고 이타행에 있다. 도움이 필요한 이웃들의 고통을 덜어주고 해탈하게 도와주어야 하는 의무를 가진 것이 진정한 대승불교도가 걸어야 할 보살의 길이다. 그런 면에서는 대승불교를 지향하는 우리 불교계의 현실은 어떤가?

이 문제에 대하여 먼저 티베트불교사를 연구한 일본의 한 불교학자의 글을 읽어보자.

> 티베트불교가 중국, 한국, 일본과 뚜렷한 차이를 보이고 있는 점이 있다. 이 3국의 불교가 '성불'이라는 말로 자기완성을 직접적인 목표로 삼는 것에 비하여, 티베트불교는 무한히 이타를 바라며 일체지자(一切知者)로의 길로 나아갈 뿐 결코 스스로를 위하여 열반을 추구하지 않는다는 사실이다.
>
> "참된 이타행을 위해서는 먼저 자기완성이 필요하다"라는 논리는, "자기완성을 위해서도 이타행이 필요하다"는 사실을 망각하게 되어, 마침내 "다른 사람을 구원하는 불교"로서의 보살행이 "스스로가 구원받는 불교"로 어느덧 변질되어서 "대승이 어느 사이엔가 소승으로 되돌아 간 셈이 되어 버린 것이다".[48]

티베트와 한국불교의 정체성을 비교한 위의 글처럼, 즉 우리 한국불교가 '대승의 길'에서 많이 벗어나고 있다는 자기성찰이 필요한 지점에 와 있다는 것은 평소 나도 동감하는 편이다.

그러나 한 가지 잣대만을 가지고 석가사의 최대 최고 논쟁을 보자면 나는 물 마르고 배고픈 사람에게 물 한 그릇 밥 한 그릇을 무상으로 제공해준다는 것만으로도 석가사는 본래의 제 기능, 즉 대승의 보살행을 수행한다는 점이다.

---

48) 야마구찌 즈이호(山口瑞鳳) 외, 이호근 외 역, 『티벳불교사』, 민족사간, 1990.

(3)

이 절에는 저녁나절이면 생김새가 다른 온갖 국적의 나그네들이 하루 밤의 잠자리를 위해 찾아든다. 이미 외국의 가이드북에서는 널리 알려져 있다. 룸비니의 'Korea Buddhist Daesung Shakya Sa Temple'은 마치 사기꾼이 반같이 느껴지는 인도나 네팔에서의 심신이 극도로 지친 온갖 나그네들에게 잠자리와 먹거리를 제공해주는 곳으로 유명하다고 한다.

내가 수십 년 역마살 풀이 방랑 중에서 이색적인 경험을 한 곳이 딱 하나 있다. 바로 시크교(Sikh)[49]의 총본산인 인도 암릿차르의 황금사원(Golden Temple)이다. 물론 여기도 재워주고 먹여준다. 오래전 그곳에서 며칠 공짜로 자고 먹은 일이 있지만, 아직까지도 시크교와 황금사원에 대한 좋은 느낌이 가셔지지 않고 있다. 오직 내 주머니만을 노리는 인도와 네팔에서 하루 밤의 잠자리와 보잘 것 없더라도 한 끼의 먹거리 제공은 그만큼 효과가 큰 것이다.

여기서 석가사의 객관적인 평가는 인터넷에 올라온 글로 대신한다.

대성석가사는 세상 모든 여행자들에게 열려 있다. 인도여행으로 지친 순례자나 배낭여행자들은 이곳에 와서 심신을 쉰다. 숙식, 식사 등 모든 것이 무료로 제공되며 한 방에 4명 정도 기거한다. 여행자들은 이곳에 와서 오랜 만의 여유를 갖고 여행의 흔적이 묻어 있는 옷들을 빨아 널고 깔끔하고 정갈한 음식으로 허약해진 몸을 추스른다. 국, 김치, 나물, 볶음, 쌈 외에도 칼국수, 수제비 등이 특식으로 제공되며 보리차나 결명자차도 원하는 대로 마실 수 있다.

---

49) 15세기 인도 북부에서 힌두교의 바크티 신앙과 이슬람교의 신비사상이 융합되어 탄생한 종교로서 현재 신도만 전세계적으로 2,300만에 이르는 세계 5대 종교 중의 하나이다. 교조 나나크(Nanak)와 소의경전인 『구루 그란스 사힙(Guru Granth Sahib)』을 따른다. 머리에 터번을 둘러 쓴 모습으로 구별된다.

Let's go Lumbini

여기서 외국인들이 밥과 김치를 먹는 모습도 결코 낯선 모습이 아니다. 또한 커다란 통에 현미, 통밀, 보리, 콩 등을 갈아 만든 미수가루나 눌린 현미 튀김 등을 담아 놓아 사람들이 원하는 만큼 가져가도록 하고 있다. 히말라야 등반에 필요한 미수가루를 가지러 일부러 이곳에 들르는 사람도 있다.

이곳에서 제공하는 모든 것들에 대해 사람들은 자신의 형편만큼 보시함에 돈을 넣으면 된다. 돈을 받으러 지키는 사람도 없고 왜 그냥 가냐고 무언의 시선을 던지는 사람도 없다. 사람들은 자유롭게 왔다가 자유롭게 머물고, 자유롭게 떠난다. 이곳에서 모든 여행자들은 인종이나 종교에 관계하지 않는다. 부처님의 땅 룸비니에서 만큼은 우리 모두 부처로, 그 완전한 존재로 설 수 있기 때문이다. 이는 불사를 통해 온 겨레 전 인류 만 중생 다함께 성불인연 짓는 불교의 대중화를 염원했던 용성대종사의 뜻이기도 하리라.

룸비니 용왕못가에서 그림삼매에 빠져 있는 드림팀

처음에는 한국사찰의 전통대로 목재로 건물을 지었다는데, 자꾸 화재가 나서 결국 한국식의 절을 짓기보다는 현지에 맞는 절을 짓기로 괘도수정을 하여 시멘트와 철제 골조로 사용하여 건립했다고 한다.

나도 그 막대한 재원이 궁금하여 알아보니 국가나 종단 차원의 후원도 없이 십시일반으로 모여지는 불사금으로 자원을 충당하고 있다고 한다. 대단한 원력이 아닐 수 없다. 석가사의 주수입은 석가탄신일 연등달기와 방문객들의 보시금이 전부인데, 모든 수입금을 12달로 나누어 매달 절에서 쓰고 남은 돈으로 공사를 하는데, 돈이 부족할 때는 주변 정리, 나무심기, 내부 수리 등 부담 없는 일을 하고 그러다 여유가 되면 인부들을 더 고용해서 공사를 진행하여 20여 년 만에 완공단계에 들어왔다고 한다.

결핵과 문둥병 환자가 반이 넘는 열악하고 가난한 환경에 있던 현지인들은 지난 20여 년 동안 자신들에게 기술을 가르쳐주고 공사 현장에서 손수 광주리에 돌을 담아 나르는 등 함께 막일을 하면서 절을 지어가는 법신 스님을 성인으로 우러른다. 불자라면 누구나, 아니 굳이 불자가 아니라도 마음에 큰 광명 하나 밝히며 살고 싶은 사람은 석가사에서 하루 밤을 꿈꿀 일이다.

만약 시절인연이 되어 석가사에는 하루 밤을 지내게 된다면 새벽 5시에는 청아한 아침 예불을 알리는 종소리와 목탁소리에 맞추어 들려오는 구성진 화음의 예불소리를 들을 수가 있고, 한 끼 아침을 얻어먹으려면 아침 6시에 1층 공양간으로 가야 한다. 네팔 현지식 이외에도 밥과 국, 기본반찬과 무엇보다 반가운 김치를 곁들인 전통적인 한국식 아침밥상을 맛볼 수 있다. 식사를 끝내고 일정이 바쁜 순례객이나 배낭여행객은 행장을 챙겨 떠날 준비를 하고, 일정에 여유가 있거나 휴식이 절실한 이들은 하루 더 머물러도 된다. 물론 모든 것이 공짜지만 그래도 성의껏 불사후원금을 보시함에 넣는 것이 기본 예의일 것이다. 대성석가사의 붙어 있는 안내문의 마지막 구절이 백미 중에 백미이다.

> "여러분, 이곳에서 편안하게 쉬시고 불편한 사항이 있으시면 사무실로 연락주시기 바랍니다. 오시고 가실 때 일일이 인사드리지 못하더라도 서로 양해하시면서 값진 여행이 되기를 기원합니다.
>
> 대성석가사 주지 법신(法信) 합장"

주지스님!

고맙습니다. 하루 밤 잘 쉬고, 어제 저녁 공양에, 오늘 아침 밥까지 맛있게 잘 먹고 갑니다. 총총

Birethanti Sec. Human School
휴먼 스

## 제5부

# 먹거리와 마실거리 산책

## Foods and Drinks in Nepal

1. 백반정식(白飯 定食), '달밧'
2. 그 외 먹거리, '카자(Khaja)'들도…
3. 히말라야 나그네의 객수를 달래주는 순곡주(純穀酒)
4. 히말라야의 팜므파탈, 히말라얀 석청

# 제5부
# 먹거리와 마실거리 산책

## 1. 백반정식(白飯 定食), '달밧'

(1)

네팔에서 아침에 일어나서 반드시 해야 하는 일과 중의 하나는 우선 '짜이(Chai: 네팔茶)' 혹은 '찌아(Chia)'를 한 잔 때리는 일이다. 그 시간대에 만나는 젊은 사람들은 서로 "모닝 모닝"하거나, 연장자를 만나면 "선쩌이 후누훈처?"라고 인사를 한다. "편안하시냐?"는 뜻이다.

그러다가 9시~10시쯤이 되면 인사말이 슬그머니 바뀐다. "떠빠잉레 카나 카누버요?" 말하자면 "진지 드셨습니까?"라는 인사다. 여기서 '카나(Khana)'는 정식밥상을 말한다. 그러니까 네팔인들은 이른 아침에는 차 한 잔으로 때우고, 느지막이 아침밥을 먹는다는 습관을 위의 인사말이 대변하고 있다.

우리에게 삼시세끼 밥이 중요하듯이 네팔에서 이 '카나'는 매우 중요한 의미를 갖는다. 별다른 간식거리가 없는 나라이다 보니 아침저녁으로 먹는 정식밥상은 그들의 삶의 원동력의 전부이다. '달밧 파워

네와리식 달밧

일반 가정식 달밧

(Dal-Bhat power)'란 말이 나올 만한 식습관이다.

네팔의 주식은 쌀밥[밧]이다. 그것은 샤카모니 붓다 당시부터 그랬다. 부처님 가계가 부친의 이름이 정반왕(淨飯王)이고, 백부는 백반왕(白飯王), 숙부는 곡반왕(斛飯王)으로 번역되는 것을 보면 알 수 있는 일이다.

반면 카나와 비슷하지만 '카자(Khaja)'라는 말이 있다. 간식이나 분식 정도의 대용식을 가리키는 말이다. 이 '카쟈'는 현재에 들어와서 외국과의 교류가 많아지면서 그 종류가 많아지고 다양화되는 추세지만 '카나'의 대명사인 '달밧(Dal-Bhat)'은 요지부동으로 변하지 않는다. 우리로 보면 '밥 한 상' 정도에 해당되는 말이어서, 우리야 밥 한 끼 건너뛰고 다른 별식으로 배를 채워도 무방하지만, 네팔인들에

따카리식 달밧 백반정식

게는 하루 한 끼라도 빼놓으면 큰 일 나는 것이 바로 '달밧' 한 끼이다.

처음 네팔에 와서 그들의 식습관에 놀라움을 금치 못할 때가 여러 번 있었다. 그중의 하나가 전입신고 차 학교선생님들을 모두 우리 롯지로 초대를 했었을 때였는데, 늦도록 밥은 안 먹고 고기와 비싼 맥주[1)]만 축내고 떠들기만 하기에 "도대체 밥은 언제 먹는 거냐?" 그러면서 "주방에서 아까부터 음식 준비해놓고 기다리지 있지 않느냐?"고 재촉을 하면 그때서야 10시 정도에나 먹을 거라는 대답이다.

그리고는 한참이나 고기와 술을 더 시켜먹고는, 이미 배가 부를 텐데도 정말 그 시간에 밥을 시키더니 쟁반에다 몇 번씩이나 밥과 반찬 등을 리필해 가면서 먹었다. 그리고는 10분도 안 되어 잠자리로 들어가는 것이었다. 그만큼 그들에게 달밧 한 끼를 챙겨 먹는 것은 중요한 일과이다.

---

1) 우리보다 상대적으로 저렴한 네팔 물가에 비해 맥주값은 우리보다 비싸기에, 대부분의 사람들이 대신 전통곡주인 럭시를 마시는 편이지만, 누구 초대를 가면 꼭 비싼 맥주를 찾는다.

기숙사용 식판 달밧

(2)

‘달(Dal)’은 보통 렌틸(lentils)콩이나 녹두 등으로 만드는 스프[Stew: 粥]를 말하는 것이고, ‘밧(Bhat)’은 우리나라의 쌀밥이다. 우리와 다른 점이라면 우리처럼 쫀득하고 차진 밥이 아니라 동남아지역에서 주로 생산되는 갸름한 쌀, 일명 ‘안남미’로 지은 밥이라는 점이다. 이 밥은 끊기가 없기에 우스갯소리로 “불면 날아가는 밥”이라고도 부르기도 한다. 그래서 이들이 개발해낸 방법이 밥을 숟갈로 퍼먹는 방법 대신에, 죽 같은 것과 버무려서 뭉쳐서 먹는 것이었다. 이 ‘달’과 ‘밧’을 ‘탈리(Thali)’라 부르는 쟁반에 다른 반찬들과 함께 담아낸다. 밥을 가운데 놓고 나머지 음식들을 밥 주변에 둘러놓기에 이 때문에 달밧을 ‘탈리 세트(Thali Set)’라고 부르기도 한다.

달밧이라고 해서 ‘달’과 ‘밧’만 달랑 나오는 게 아니다. 반찬이 몇 개 구색을 맞추어 따라 나온다. 그 가짓수와 질에 따라서 가격이 차이가 난다. 그런 반찬류를 ‘떨까리’라고 부르는데, 원래는 ‘채소’를 뜻하는 말이지만, 일반적으로는 감자, 시금치, 겨자 잎, 고사리, 호박순, 죽순, 여주, 어린 유채, 카우리풀라워(Cauliflower), 어린 콩 껍질 등의 채소류를 약간의 소금간을 하거나 또는 여러 종류의 마살라(Masalla) 등의 향신료와 양념으로 볶아낸 것을 말한다. 물론 여기

베지테리안 밥상

에 여러 종류의 커리(Curry)가 첨가되는 것은 당연하다. 참, 우리나라 '갓' 비슷한 맛이 나는 '싸그(Sagg)'란 채소나 호박순 같은 푸성귀는 조리를 하지 않고 그냥 삶아서 물기를 빼고 쟁반 위에 조금 올려놓는다.

아짜르(Achar) 종류도 꼭 따라 나온다. 피클 혹은 우리의 장아찌 같은 것인데, 무나 과일 등을 발효시켜서 만들거나 토마토나 고추, 참깨 등을 갈아서 소스처럼 만들기도 한다. 그리고 짭짤하고 납작한 손바닥만한 튀김인 하루와빠살(Haluwapasal)도 정식밥상에는 한 장씩 올라온다. 물론 밥과 반찬과 떨까리 일체는 무한 리필이 원칙이다. 따로 더 달라 말하지 않아도 종업원들이 다가와서 더 필요하냐고 묻는 경우가 많다. 그리고 마지막으로 후식을 겸하여 '다히(Dahi: 요구르트)'가 같이 나오기도 한다. 그리고 계산대에서 돈을 지불하고 나서 그 옆에 있는 입가심용 향신료 알맹이를 반 움큼 집어 손바닥으로 입에다 떨어 놓으면 한 끼 식사+디저트 끝.

특별히 고기가 먹고 싶은 사람은 '마수(Masu: 고기반찬)'를 주문하면 되는데, 식당 메뉴 중에서 '비채소[Non Vegiterian]' 부분에서 닭[Chiken D.]과 물소[Buffalo D.], 물고기[Macha D.] 중에 하나를 고르면 된다. 뭐 그렇더라도 조그만 종지에 고기 몇 점과 국물이 조금

감자는 떨거리(반찬)의 아주 중요한 재료 중의 하나이다.

들어 있을 정도니까 육식 좋아하는 분은 간에 기별도 안 가니까 기대 안 하시는 게 좋을 것이고, 생선은 고급식당에 가야 가끔 보인다.

그러나 소고기나 돼지고기는 아예 먹지도 않고 팔지도 않는다. 참, 염소[Bakhra]고기도 먹기는 하지만, 축제 때 뿌자(Puja)용으로 잡아서 대개 자가용으로 먹어치우기 때문에 식당에서는 역시 메뉴에 있을 리가 없다. 식당 메뉴에 소고기가 없는 이유야 굳이 설명 안 해도 아실 것이리라….

한국에 다녀온 네팔인들은 '아짜르'를 설명할 때 한국의 '김치'와 같은 음식이라고 소개를 하는데, 실제로 참깨와 고추를 사용하는 무를 절여 만드는 '물라 아짜르(Mula Achar)'는 우리의 깍두기와 비슷하다.

'달밧 파워'라는 농담조의 소리가 있을 만큼, 네팔인들은 최소한 아침과 저녁은 반드시 '달밧'을 먹어야 한다. 간혹 점심때는 '카나'가 아닌 '카자'로 때우는 경우가 있지만, 그래도 점심때가 되어서 "카나 먹을래?, 카쟈 먹을 래?" 하고 물어보면 으레 비싼 '마수(고기) 달밧'을 시킨다. 그래서 나도 요즘은 하루 종일 그림을 그릴 때가 있는, 우리 드림팀 아이들에게도 아예 물어보지도 않고 오늘은 달밧 대신 '모모', 내일은 '차우미엔[볶음면]', 모레는 '누들 스프[라면]' 하는 식으로 일방적으로 주문해버리는 요령을 터득했다. 왜냐하면 '마수

[고기] 달밧'은 가격이 만만치 않기 때문이다. 물론 가끔은 고기밥도 먹여주기도 하지만….

이처럼 네팔 물가에 비해 달밧이 비싼 이유가 있기는 있다. 일반가정에서도 그렇지만, 음식점에서 '달밧'을 시키면 달, 밧, 떠르까리, 아짜르, 싸그 등은 무한정 리필해주기 때문이다. 식사시간이 절반 정도 지나면 종업원들이 고기반찬을 제외한 나머지 밥과 반찬들을 들고 다니면서 모자라는 것을 보충해준다. 물론 고기반찬은 따로 돈을 추가해서 받는다. 그래서 때마다 아이들에게 마수달밧만 먹이다가는 한 달 치의 내 품위유지비가 거덜이 날 판이다. 그래서 월말이 되면, 나만 보면 배고프다는 말이 튀어 나오는 아이들의 입이 무서워진다.

(3)

우리 하숙집 주인 내외는 무스탕 입구 좀솜(Jomsom)이란 곳이 고향인 따카리(Takhali)[2]족인데, 깨끗하고 부지런하고 내외가 다 음식솜씨가 좋았다. 바깥주인은 젊었을 때 홍콩에서 오랫동안 살아서 네팔 사람의 문제점을 잘 이해하고 있었기에, 내가 3년 동안 한 곳에서 지내는데 별로 불편함을 못 느낄 정도로 내게 살갑게 대했다.

주인 내외는 내 식성을 알아서 고기반찬보다는 죽순, 고사리, 버섯, 여주 등의 제철별미를 가능하면 쟁반에 올려놓으려고 애를 썼다. 또 가능하면 아침에는 과일 한두 쪽은 색깔별로 분류해서 올려놓는 센스도 발휘하기도 한다. 물론 주인 마담이 첫 새벽에 끓여 내놓는 네팔식 짜이 맛은 감히 누구도 흉내 내지 못할 정도로 탁월하다. 이 대목은 우리 롯지를 지나갔던 모든 사람들이 인정하고 있는 터였다.

---

2) 따카리족은 인구수로는 소수민족에 속하지만, 성실함 하나로 대부분 요식업과 숙박업에 종사하여 경제적으로는 부유층에 속하는 사람도 상당히 많다.

물론 이 맛의 비결은 갓 배달된 신선한 우유와, 우리에게는 계수나무로 알려진 '달치니 잎(Dalchin Leaf)'이라는 향신료 나무 잎을 차 끓일 때 같이 넣기 때문이겠지만 그거보다 더 중요한 것은 차를 끓이는 마담의 정성일 것이리라….

(4)

뉴우러(고사리)를 들고 있는 Mr. Gajendra

달밧을 먹으려면 우선 손을 씻어야 한다. 때와 장소에 따라서는 요즘은 스푼을 사용하기도 하지만 집에서는 모두 손으로 먹는다. 물론 나도 처음에는 먹는 음식을 손으로 주물럭거리면서 먹는 게 좀 거시기했지만 우리 드림팀 아이들이 한국에 왔을 때 산해진미 앞에서도 신나게 먹지를 못하다가, 물론 숟가락 젓가락을 사용하는 것이 거북해서 그랬겠지만, 네팔에 가자마자 달밧을 먹을 때 손을 쪽쪽 빨아가며 행복하게, 또 맛있게 먹는 것을 보고는 눈높이 교육 차원에서 가능하면 아이들하고 먹을 때만이라도 나도 손으로 먹겠다고 스스로 다짐을 하였다.

그렇게 3년 동안 습관이 되어서인지 이제는 네팔인들의 미각을 이해할 수 있게 되었다고나 할까? 아무튼 그래서 이제는 오히려 숟가락으로 먹으면 밥맛이 나지를 않을 정도가 되었다.

자, 그러면 왜 그들은 비위생적으로 보이게 밥을 손으로 먹을까?

무스탕 가는 길목의 꼬방마을에 있는 따카리식 레스트랑과 게스트하우스

지금부터는 이 문제에 대하여 이야기를 좀 해보도록 하자. 대단한 미식가가 아니더라도 우리는 음식을 '색향미(色香味)' 그리고 '식감(食感)'을 음미하면서 먹는다고들 이야기한다. 먼저 눈으로 모양과 색을 보고 냄새로 향기를 느끼고 그리고 나서 그 다음에 '씹는 맛'을 음미하면서 먹는다는 이야기이다.

우리나라가 '보릿고개'를 넘긴 지가 얼마나 되었다고 요새는 그 많은 TV채널을 틀면 온통 '먹방' 투성이다. 재벌급의 유명 셰프로부터 별난 개성을 가진 요리사들이 대거 출연하여 입으로 음식을 요리를 하고 있다. 그런데 여기서 아주 중요한 것이 빠져 있는 것 같아 보인다. 바로 '촉(觸)', 즉 '만짐[Touch]'이다. 그런데 네팔인들은 "음식은 손으로 주물럭거려가면서 먹어야 제 맛을 느낄 수 있다."라고 말을 하고 있다.[3)]

3) 네팔만이 아니라 인도 대륙 전체, 그리고 이슬람문화권 전체가 손으로 밥을 먹는다.

이 명제를 이해하기 위한 준비 단계로 우선 네팔의 백반정식을 먹는 방법을 슬로비디오식으로 묘사해 보도록 하자.

자, 여기 놋그릇 쟁반 탈리세트가 한 상 나왔다고 치자. 그러면 먼저 밥 한가운데를 좀 파고 녹두죽 '달'을 우선 반 종지 정도 붓고 반찬 떠르까리를 역시 손으로 집어서 분량과 농도를 맞추어서 섞고 비벼가면서 달과 밥알과 반찬이 적당히 배합되어 간이 배게 하여 네 손가락을 모아 마치 스푼처럼 만들어서 입에다 퍼 나른다.

이 대목에서 우리 어머니들의 '손맛'이 생각난다. 예를 들자면 사실 겉절이 같은 즉석음식은 가위나 칼로서 싹둑 자르는 것보다 손으로 배추를 결따라 쭉 찢어서 밥숟가락 위에 올려놓고 먹어야지 제 맛이 난다든가, 갈비는 손으로 잡고 뜯어야지 제맛이 난다든가 하는 한국식 터치문화를 비교하면 네팔의 음식문화를 이해하기 좀 쉬워진다.

그것은 필자가 오래 전 인도여행을 할 때, 어떤 성자 같기도 하고 어떨 땐 꼭 양아치 같은, 한 요기한테서 들은 '명언'이 있었다. 동서양의 음식문화를 평하는 이야기였는데, "음식도 여인 같다."는 것이다. 아름다운 여인은 우선 눈으로 보고, 다음 오묘한 향을 느끼고… 다음 단계인 '터치'하는 과정을 거쳐야 남녀 간의 최후의 단계인 섹스로 넘어가는 것처럼, 음식도 마찬가지라는 것이다. "Love is Touch"라는 노래처럼 말이다.

그런데 서양 것들은 그 오묘한 도리도 모르고 신성한 밥상에 삽[Spoon]과 칼[Knife]과 삼지창[Fork]을 들고 덤벼든다는 것이다. 뭐 전쟁터에 싸움하러 가는 것도 아니고 소중한 음식을 즐기는 자리인데도 말이다.

---

그러니까 전 인류의 30~40%에 해당된다.

## 2. 그 외 먹거리, '카자(Khaja)'들도…

(1)

여행자가 네팔에서 먹을 수 있는 음식 중에는 네팔 전통음식 이외에도 외국에서 전래되었지만, 이제는 거의 네팔화되어 대중적인 음식으로 변한 것들이 많다.

달밧정식 이외의 점심때 간단히 먹는 간식거리 음식을 통틀어서 '카쟈'라고 부르는데, 이것들 대부분 인도에서 유래한 것들과 그 외 인도, 중국, 티베트, 서양에서 유래한 것들도 꽤 있다.

그럼으로 이제 간단한 대용식 '카쟈'에 대해서 이야기를 좀 할 차례가 된 것 같다. 대개의 네팔인들은 점심, 즉 '카자'를 보통 2시에서 5시 사이에 먹는데, 이때 "우리 카쟈나 먹을까?" 하는 질문은 달밧정식을 뺀 간식거리를 의미한다. 거기다대고 "카쟈가 어떤 음식이냐?"고 물어보면 어떤 대답이 돌아올지는 나도 모르겠다.

네팔의 메이져 민족인 네와리의 인상적인 식당을 소개하는 문구가 흥미로워 여기 이를 번역하여 소개하고자 한다. 아마도 부유한 브라만 카스트에 속하는 네와리 바훈족들이 즐겨 찾는 곳으로 보이는 '라빠떼 보예(Lapate bhoye)'라는 특이한 전통적 식당에 대한 자료이다.

이곳은 네팔에서 일반적으로 사용되고 있는 식기(食器)인 놋쟁반 대신에 나뭇잎으로 만든 접시인 '라빠테(Lapate)'[4]에 담겨 나오는 네와리음식 전문식당으로 우선 차별화하고 있다. 또한 일반적인 일상생활에서는 보기 어려운 특별한 메뉴가 다량 소개되고 있는 점도

---

4) 흔히 '짜빠라(Tsapara)'라고도 부른다.

뿌자용 나무잎 접시 상점

나의 관심을 끌기에 충분했다. 물론 나도 다음과 같은 낚시미끼에 걸려든 셈이다.

> "만약 당신이 운 좋게도 네와리 친구의 특별한 손님이 되어 '라빠떼 보에(Lapate bhoye) 파티'에 초대를 받는다면 당신은 네와리(Newary) 음식의 진수를 맛보게 될 것이다."

식당에 들어온 모든 손님들은 우선 좁고 긴 짚방석에 얼굴을 마주보고 마주 앉게 한다. 그리고는 나뭇잎으로 만든 '라빠떼'라고 하는 접시와 토기잔 '빠라(Pala)'가 준비되고, 나이순에 따라 두 주먹 정도의 누른 쌀인 바지(Baji)가 나오고 나서, 차례로 '가인다구디

세띠 로티는 도너츠이다.

인도식 빵, 난과 구운 치킨 '탄도리'

(Gainda gudi)'라는 렌틸콩 스프와 삶은 '하리요싹(Hariyo saag)'[5]과 카레로 볶은 감자복음과 죽순볶음인 '알루따마(Alu tama)'와 매운 '아짜라(spicy Achaar)' 장아찌와 무, 감자, 푸른 완두콩, 익은 토마토로 만든 반찬인 '아짜르'들이 따라서 나온다. 이렇게 바닥 밑반찬이 준비되면 메인 접시인 카레물소고기가 나오는데 그러면 식사는 시작된다.

이어서 12가지나 되는 다른 접시들이 계속되어 나오고, 만약 베지

---

5) 싹은 우리나라 갓과 비슷한 녹채소로 물에 삶아 물기를 빼어 커리 같은 어떤 양념을 하지 않은 채로 달밧 쟁반에 올려놓는다.

테리안이 아니라면, 각기 다른 동물들의 부위별 고기도 맛을 볼 수 있다. 불에 구운 매운 기본 고기인 '하쿠초이라(Hakuchoila)'와 간(肝)을 쪄서 만든 '센라무(Senlamu)'와 허파를 볶아 만든 '스완뿌까(Swanpuka)', 창자를 볶아 만든 '부딴(Bhuttan)'과 혀를 볶아 만든 '마인히(Mainh)' 등과 같은 몬로가네식의 특이한 것이다. 이것들 중 일부는 당신의 좋아하는 음식 리스트에 올려도 좋을 것들이라고 추임새까지 넣고 있다. 이런 사이 어떤 사람은 당신의 토기 잔 빠라에 집에서 수제로 만든 아일라(Aila, Newari Roxsi) 술을 따르느라고 바쁠 것이다.

다음에 나오는 메뉴 아이템은 생 당근, 무, 오이, 양파, 토마토 슬라이스, 술에 절인 완두콩을 혼합한 '추세무세(Chhuse musse)'라고 부르는 것이고, 마지막으로 납작하게 누른 쌀 '바지(Baji)'가 한 움큼 나온다. 이것은 디저트이고 이는 어느 덧 진수성찬 파티가 끝이 났다는 사인이다.

아마도 박타뿌르에서는 이러한 파티의 디저트로 유명한 쥬쥬다우(Juju dhau)가 나올 것인데, 이것은 정말로 맛있는 요구르트의 왕(王)이라고 불러도 손색이 없다.

박타뿌르의 왕 요구르트 '쥬쥬다우'는 도기접시에 담겨나오는 가장 인상적인 디저트로 전국적으로 유명하다.

(2)

그 외 대표적인 네팔식 카자를 몇 개 더 소개한다. 원문은 요리에 관심이 많은 관심이 있는 독자들을 위해 각주로 부쳐놓는다.[6)]

- 요마리(Yomari punhi): 우리의 송편처럼 쌀가루를 반죽하여 오목한 모양을 빚고는 그 안에 콩과 깨 같은 잡곡을 설탕과 버무려 넣고 물고기나 항아리 또는 자기가 좋아하는 신상 모양으로 빚는다. 그리고는 찜통에다 넣고 쪄서 뿌쟈(Puja)상에 올린 다음 가족끼리 둘러 앉아 먹는다. 맛과 모양이 아주 이채롭기에 혹시 거리를 지나다가 눈에 띄면 꼭 맛보기를 권한다.

---

6) Alu tama: curry made of potatoes and bamboo shoots
Hakuchoila: spiced ground meat, broiled
Senla mu: liver, steamed and sautéed
Swanpuka: lungs filled and fried
Bhuttan: fried intestine and other abdominal parts
Mainh: tongue pieces, fried
Masyoura: made from black lentil and vegetable shreds that are sun dried after preparation, and used to make tasty curry
Mamacha (Momo): meat dumplings; practically the new staple food of Nepal
Chatamari: rice pancake which can have different toppings
Bara: lentil based fried doughnut type snack
Wo: another lentil based cake type snack
Kinema: a popular dish of the eastern hills, it has a pungent smell of ammonia and is made from fermented soybean
Khatte: a dish of the hills that is popular as breakfast food, it is made from brown rice obtained from the dhiki (a manual flaking instrument)
Poko: another dish of the hills, It is juicy and has a sweet and sour taste with slightly alcoholic and aromatic flavor
Dheedo gundruk: Dheedo is a porridge-like substance made from a mixture of maize and wheat while gundruk is made from dried leafy green vegetables
Sinki: pickle of fermented root parts of carrots; goes with dheedo gundruk

식사 후 입가심용의 향신료 세트

- 쥬쥬다우(Juju Dhau): 박타뿌르에서만 맛볼 수 있는 뻑뻑한 요구르트인데, 특히 넓적한 토기그릇에 담겨져 있어서 더 인상적이다.
- 속티와(Soktiwa): 밥에 섞어 비벼 먹는 스프 같은 음식으로 토마토와 여러 야채를 재료를 사용하여 만들며 주로 산간마을 사람들이 즐겨먹는다.
- 데도(Dhedo): 볶은 옥수수를 넣어 끓인 죽으로 역시 산간주민들이 먹는 음식이다.
- 워(Wor): 순수한 네팔식당에서 맛볼 수 있는 것으로 생선살을 으깨서 밀가루, 야채, 계란 등을 섞어 둥글게 만들어 커다란 철판에 굽는다. 네팔풍의 빈대떡이라 할 수 있는 것으로 포장은 나뭇잎으로 엮은 접시 자빠라(Tsapara)에 담아준다.
- 빠니뿌르(Pani Pur): 전형적인 길거리 간식으로 꼭 골프공만한 크기의 둥근 과자 안에다가 여러 가지 향신료를 첨가한 국물을 넣어 10개 정도 접시에 담아준다. 그걸 조심스럽게 한 번에 입에 털어넣으면 새큼한 맛이 온몸에 퍼지는 중독성이 있다. 역시 학교 앞

'사모사(Samosa)'와 '빠코라(Pakhola)'는 베지테리안 용이다.

리어카 장수들의 주요 아이템이다. 우리 드림팀 아이들 따라다니며 먹다 보니 어느덧 식성이 아이들처럼 변했나보다.

다음은 인도풍의 카자를 소개한다.

- **사모사(Samosa)**: 감자와 채소 등에 카레를 듬뿍 넣고 매운 고추 약간 넣어서 삼각형의 만두처럼 만든 후 기름에 튀겨낸 것으로 순수한 베지테리안 스타일이다. 여행할 때 물만 있으면 한 끼 때울 수 있다. 특히 산사태나 자주 나는 곳을 여행할 때 몇 시간씩이나 인적 없는 곳에서 버티려면 비상식으로 짱이다.
- **빠코라(Pakhola)**: 감자와 채소 등을 채를 썰어 밀가루에 버무려 한 주먹크기로 끓은 기름에 튀겨낸 간식으로 역시 베지테리안에게 필수품이다.

다음엔 중국식 카자를 소개한다.

- **차우미엔[炒面]**: 국물 없는 볶은 국수의 중국식 이름으로 현재 네팔에서는 일반화된 메뉴이다. 주문할 때 치킨, 밥(Baff: 물소), 에그(Egg), 베지테리안, 믹스드(Mixed) 중에서 고르면 척 알아서 볶아준다. 고기 종류가 들어간 것을 주문하면 코딱지만한 고기 댓 점 넣어주고는 가격은 더블로 받으니 그냥 베지테리안이나 에

모모(Momo)는 원래 티베트식 만두이지만 아시아권에서는 어디가도 즐겨먹는 중요한 카자 류(類)의 하나이다. 찌거나 구워서 먹는다.

그 차우미엔을 시키는 게 가격대비 유리하다.

- **누들 스프(Noodle Soup)**: 국물 있는 국수를 먹고 싶다면 이걸 시키면 되는데, '그런데 중국식? 한국식? 티베트식?'이냐를 먼저 확인해야 한다. 한국식이면 신라면이고 티베트식이면 '뚝빠'이다.

다음엔 티베트식 카자를 소개한다.

- **모모**: 원래 모모는 북방계 음식이나 언제부터인가 네팔인들도 즐겨먹는 중요한 간식거리가 되었다. 네팔에서는 소스를 뿌려 먹거나 찍어먹는다.
- 뚝빠: 국물 있는 티베트식 국수이다. 역시 주문할 때 치킨, 밥(Baff: 물소), 에그(Egg), 베지테리안, 믹스드(Mixed) 중에서 고

르면 척 알아서 준비해준다.

- 라핑(Laping): 메밀전 부치기 위한 재료 같은 것을 프라이팬에 부치면서 돌돌 말면서 부친다. 그 다음 먹기 좋게 잘라서 매콤한 소스를 뿌려 접시에 담아내주면 이쑤시개 같은 것으로 찍어 먹는데, 은근히 중독성이 있어서 몇 접시나 먹게 된다.
- 스프링 롤: 밀가루 전병을 부쳐서 그 안에 야채 및 다른 재료를 넣어 돌돌 말아 역시 잘라서 먹는다.

서양식 카자로서는 다음과 같은 것이 일반적으로 유행한다.

- 화덕피자(Fire Pizza): 피자는 네팔에 이미 연착륙한 지 오래여서 마니아층이 두텁다. 뽀카라 레이크사이드의 가드 화더(God Father) 같은 곳은 체인점도 있는데, 가격 대비 맛도 서비스도 좋다.
- 샌드위치, 토스트, 베이커리 등도 일반화된 메뉴가 된 지 오래이다.

한국식 카자의 대표주자인 신라면은 히말라야 산꼭대기 롯지에서도 먹을 수 있는, 최고로 알려져 있는 먹거리이다. 그 외 김치, 김밥, 비빔밥, 삼겹살도 제법 찾는 네팔리가 늘어나고 있다.

## 3. 히말라야 나그네의 객수를 달래주는 순곡주(純穀酒)

(1)

히말라야 기슭의 능선이나 넓은 평야지대에 보금자리를 틀고 사는 민족에게 다양한 전통적인 비법의 민속주가 이어 내려오고 있다는 것은 당연한 일이지만, 수많은 부족들과 다양한 문화토양을 가진 나라 치고는 의외로 민속주의 종류가 적은 편이다. 그럼에도 불구하고 이 민속주들은 독특한 맛과, 다양한 음주풍속을 지키고 있어서 그것들을 맛본 히말라야 나그네들에게 매우 강한 인상을 주기에 충분하다.

그러나 세계적 추세에 마치 발을 맞추듯이 네팔의 민속주도 찬밥 신세가 되어 가고 있어서 뜻 있는 이들의 안타까움을 자아내고 있다. 말세로 달려가고 있는 탓인지 술 소비의 가파른 증가추세는 세계적 현상이지만, 네팔의 민속주는 오히려 반대현상을 보이고 있다. 그것은 공급부족 때문에서 비롯되고 있다. 전통적으로 네팔의 민속주는 주로 집안이나 부락용으로 소량 제조, 소비되어 왔기에 도시에서는 민속주 자체를 접하기가 어렵다.

더구나 근래에 들어서는 메이저 양조회사들이 돈이 되는 맥주, 보드카, 위스키 등을 대량생산하여 전방위적으로 술꾼들을 유혹하는 바람에 네와리들의 입맛과 의식 자체가 공장식 술문화에 익숙해져 버린 지 오래이다.

그러니까 네팔공항에 처음 발을 디디는 순간부터 투어리스트의 눈에 들어오는 수많은 선전간판에는 하나같이 반라의 여인이 거슴츠레한 눈빛으로 술꾼들을 유혹하는 주류광고뿐이다. 내가 네팔에 산 지 적지 않은 날이 되었지만, 아직 민속주를 선전하는 광고는 본 적이 없다는 사실이 그런 상황을 대변하고 있다.

(2)

각설하고, 네팔의 민속주를 비중순으로 꼽자면 '럭시(Roksi)'와 '창(Chhaang)' 그리고 '뚬바(Tum-ba)'로 정리된다. 그리고 곡주는 아니지만, 무스탕 입구 마르파 마을의 특산품인 '애플브랜디(Apple Brandy)'도 지명도가 높다.

그 중 대표선수는 단연 '럭시'이다. 네와리(Newari)[7]들이 '아일라(Aaila)'라고 부르는 술이다. 이 술의 맛과 향을 한 마디로 표현하기는 어렵지만, 우리의 약주와 소주의 중간으로 보면 된다. 그러나 주원료가 곡식으로 빚은 순곡주(純穀酒)라서 우선 목 넘김이 부드럽고 마신 후 취기가 은근히 올라오다가 은근히 잦아져버리는 장점이 있고, 또한 다음날 아침 골 때리는 숙취도 심하지 않는 편이어서 우수한 술로 평가된다.

네팔에서는 골수 힌두교도인 바훈족[브라만]고 체트리나 극소수의 무슬림들은 전통적으로 술을 금기시하지만, 나머지 네팔인들은 거의 술을 즐겨 마시는 편이다. 그러나 현대에 들어서 그 풍속은 빠

---

7) 네팔은 네와리족의 나라라는 뜻이지만, 사실은 많은 민족들이 섞여 사는 다민족 나라이다. 네팔의 국가 〈백송이의 꽃(Sayaun Thunga Phool Ka)〉에도 그것을 강조하고 있다.

우리는 백송이의 꽃, 하나로 통합한 우리의 언어
소박한 우리의 땅에서 전 세상으로 펴졌도다.
우리는 백송이의 꽃, 하나로 통합한 우리들의 언어
소박한 우리의 땅에서 전 세상으로 펴졌다.
넓은 농장에서 우리 곡식을 거두어서 우리의 땅을 잘 살게 해준다네.
영웅의 땅에서 피를 흘려 우리 민족이 희생을 하여도,
평화와 우리들의 언덕이 우리를 강하게 해준다네,
네팔이여, 우리들의 조국이여!
여러 민족이 사는 이 땅, 다양한 문화가 보존되어 있는
우리들의 조국, 네팔이여! 영원하리!

(뱌쿨 마이라 작사, 암바르 구룽 작곡, 2007년 제정)

우리 윗동네인 당싱모리아의 밀렛 밭 사이로 아름다운 길이 이어지고 있다.

르게 변하고 있다.

먼저 네팔의 주요 민족이며 까트만두 일대에 사는 농경민족인 네와리족부터 이야기를 풀어가 보자. 그들은 쌀이 풍족한 탓으로 예부터 쌀로 아일라(Aaila)를 빚는 것을 전통으로 하고 있다. 물론 경우에 따라서는 쌀 대신에 보리나 옥수수를 이용하기도 한다.

그러나 쌀농사가 어려운 고산지대에서 사는 셰르빠, 따망, 라이, 구룽족들은 고집스럽게도 밀렛(Millet, 기장) 또는 꼬도(Godo)[8]란 곡식을 주재료로 사용한다. 물론 쌀이 귀하기 때문이다. 이 곡물은 여름철에 심어 늦가을에 추수하는데, 아무데서나 잘 자라는 습성 때문

8) 이 곡식 이름인 '꼬도'와 우리말의 '꼬도밥'의 연관고리는 연구과제이다.

인지 해발 2천m 이상의 척박한 산간에서도 흔히 눈에 띈다.

이 대목에서 한국에서 자주 쓰던 "논에서 피를 뽑는다."라는 말이 떠오른다. 막중한 일 년 논농사의 성패는 그 성가신 잡초를 '얼마냐?'에 '잘 뽑느냐?'에 달렸다는 말의 행간에는 기장이나 피쌀[稷米][9]이 얼마나 처치 곤란한 난적으로 취급되었는지를 말해주고 있다. 우리의 기장쌀이나 피쌀이 바로 네팔의 밀렛이다. 아무튼 한국에서는 온갖 박해를 받아 멸종되기 일보직전이지만, 오히려 네팔에서는 이런 곡식이 개량되어 전통주를 만드는 아주 중요한 곡물로서 자리를 굳게 지키고 있다는 사실은 흥미롭다.

그런데 최근 이 밀렛이 다시 스포트라이트를 받고 있다. 이 천덕꾸러기 곡물에는 곡식을 좀 먹는 어떤 벌레도 근접하지 못 한다는 사실에 눈을 돌린 어떤 이가 "아마도 그것은 이 곡식에 항암작용이나 항산화성 물질이 다량 들어 있기 때문일 것"이라는 생화학적 가설을 떠들고 다닌 데에서 비롯되었는데, 만약 그것이 사실이라면 어쩌면 건강식품 마니아가 많은 우리나라에서도 다시 이 '피'가 귀한 대접을 받을 날이 올지도 모르겠다. "사람 팔자 오래 살고 볼 일이다."라는 속어가 천덕꾸러기 곡식한테도 해당될 날이 올 수도 있겠다.

(3)

각설하고, 이 전통주를 만드는 방법을 순차적으로 정리하면 다음과 같다. 우선 쌀이나 밀렛 같은 원료를 여러 번 흐르는 물에 씻어내어 불순물과 완전히 영글지 않은 것을 골라내어 큰 솥에 넣고 물의

---

9) 우리 사전류에는 '피=피쌀=직미'라고 되어 있는데, 여기서 稷이란 단어는 농사를 관장하는 농사의 신을 가리키는 것이니 먼 옛날에는 이 피쌀이 중요한 곡식이었던 것으로 보인다.

양을 잘 조절하여 쪄낸다. 우리의 '꼬두밥[술밥]'에 해당되는 것인데, 이것을 바람이 잘 통하는 곳에다 하루 정도 말린 뒤 포대에 '모짜[누룩]' 가루와 함께 버물려 밀봉한 후 바나나 발효시키듯이 담요로 뒤집어 씌워 보름 정도 두면 열이 발생하면서 발효되어 우리식의 '술찌개미' 상태가 된다. 물론 이런 발효과정에서 누룩을 너무 많이 넣으면 독해지기도 하고 반대 경우에는 쉰 맛이 내기도 하는데, 그 노하우는 오직 숙련된 주모(酒母)의 '감'에 의존할 수밖에 없다.

알맞게 발효된 누룩인 '모짜'가 때를 기다리고 있다.

그 다음 그것을 큰 솥에다 넣고 그 위에 우리의 시루 모양의 황동 또는 질그릇—밑 부분에 엄지손가락 크기의 구멍이 여러 개 뚫려 있는—을 얹어 놓은 후 그 위에 다시 찬물을 가득 담은 양동이를 올려놓은 후 각 그릇의 연결 부분에 진흙과 밀가루로 이음틈새를 모두 밀봉한다. 그리고 불을 때면 그 안에서 가벼운 수증기 상태의 에틸 알코올(E. Alcol)[10]이 발생하면서 찬물이 담겨진 그릇의 바깥표면에서 온도 차이로 인하여 이슬로 변하면서 방울방울 아래로 떨어지게 된다. 그 이슬방울을 오랜 시간 모으면 한 잔의 럭시가 완성되는 것이다.

이때 찬물을 많이 갈아줄수록 아래 그릇에 모이는 럭시의 주정도가 약해지기에 2~3회 정도만 갈아주면 30도 내외의 도수를 지닌 적당한 럭시로 변한다고 한다. 그렇게 만들어진 럭시는 실수요자에게 배달되고 취향에 따라 그 원액에 물을 적당히 타서 희석시켜 가며 마

10) 에틸은 식용이고 메틸은 공업용이라는 것을 적는 것은 사족이리라.

럭시를 내리는 3단 솥. 맨 위에 찬물을 갈아주는 양동이가 얹어져 있다.

시게 된다. 이때 맛을 제대로 아는 주당들은 '띤빠니'를 제일로 꼽는다. 바로 '3번째 물'이란 뜻으로 찬물을 세 번 갈아준 럭시를 말하는데 이것이 비교적 도수가 높은 편이기 때문이다.

혹 한국 주당들 중에 럭시를 직접 만드는 곳을 방문하게 된다면 무조건 '띤빠니'만 찾을 지어다. 그러면 그 방면의 전문가로 취급되어 그들이 알아서 모실 것이다.

눈치 빠른 독자들은 지금 쯤 알았겠지만, 이 럭시의 제조 방법은 우리나라 전통 증류식(蒸溜式) 소주와 거의 같다. 지금은 소주를 거대한 공장에서 사 가지고 와서 맹물에다가 주정(酒精)원액을 부은 다음 각 회사마다 조금 씩 다른 약간의 첨가물을 투하하여 만든다. 이름하야 희석식(稀釋式)이다. 그러나 그전에는 우리나라도 각 가정에서는 "소주를 내린다."는 말이 흔히 쓰일 정도로 증류식 소주는 일반적이었다.

참, 충고 내지 경고 한 마디.

아무리 네팔의 특산물인 '럭시'를 마시고 싶어도 도시에서는 이것을 마시지 말라고 권하고 싶다. 물론 도시에서는 아예 럭시 자체를 구할 수가 없거니와, 혹 구한다고 하더라도 화학약품을 첨가한 불량식품일 가능성이 높기 때문에 운 나쁘면 눈이 멀 수도 있다는 괴담도 떠돌고 있으니 일단 조심할 필요는 있을 것이다.

술 익는 마을에서 띈빠니 럭시를 기다리고 있는 필자

그래서 궁여지책으로 안전하다는 맥주를 마시게 마련이지만, 그 네팔의 맥주가격이 현지 물가 대비 장난이 아니다. 그렇기에 대신 보드카나 위스키를 사서 맥주에 타서 마시기는 하지만, 단골 롯지에서 마시던 싸고 맛 좋은 럭시를 그리워하게 마련이다. 그러니까 네팔에 오는 주당이라고 누구나 다 질 좋은 럭시를 마실 행운이 있는 것은 아닌 것이다.

이 럭시에서 조금 변화된 비슷한 것으로 '따카리(Takhali) 럭시'나 '무스탕(Musthang) 럭시'도 빼놓을 수 없다. 여기서 따카리나 무스탕은 지명인데, 필자가 네팔 중서부 안나뿌르나 설산 기슭의 비레탄띠 마을에서의 3년 동안의 하숙 롯지 주인 부부가 모두 이곳 출신이어서 나는 3년 동안 겨울철에는 이 특별한 술을 매일 저녁 마실 수 있는 행운을 만끽하며 지냈다. 그들도 딴 계절에는 보통 럭시를 마시다가 날씨가 추워지면 새로운 스타일의 술을 내놓는다. 바로 따카리 럭

언제나 생불로 짜이를
끓이는 우리 롯지의 화덕

시이다. 일반 럭시에다가 버터, 설탕, 때로는 커피를 조금씩 첨가하여 따듯하게 덥히고, 마지막으로 튀긴 잡곡을 조금 띄워서 잔에다 담아 내놓는다. 처음에는 조금 따끈한 정도지만, 천천히 식혀가며 홀짝홀짝 마시다가 작은 스푼으로 씹어 먹기 좋을 정도로 뿔은 곡식알을 떠서 안주 삼아 씹는 맛이 일품이다. 그리고 무스탕 럭시는 역시 무스탕 지방 근처에 사는 티베트인들 이외의 네팔인들이 즐겨 마시는 것으로, 역시 추운 지방에 어울리게 따끈하게 덥혀서 마시는데, 취향에 따라 커피 첨가량을 조절하는 특징이 있다.

(4)

럭시 강론이 끝났으니 다음으로는 나머지 두 가지 전통주인 '창'과 '뚬바' 차례로 넘어간다. 럭시가 철저히 네팔의 전통술이라면 창과 뚬바는 히말라야의 고산종족인 티베트, 셰르빠, 구릉, 따카리, 라이, 따망, 넵차 부족의 민속주이다.

'창'은 한 마디로 우리나라의 막걸리와 거의 같은 술이다. 원료는 청맥(靑麥), 옥수수, 조, 밀렛 같은 그 지방에서 쉽게 접할 수 있는 잡곡류를 사용하여 만드는데, 앞에서 이야기한, 발효된 럭시의 원료인 이른바 '술지게미'를 증류하지 않고, 바로 원액이 스며들어 있는 곡물 자체에 찬물을 부어서 잘 섞어가며 걸름망(채)으로 여과시켜 마신다. 하지만 자가소비가 아닌 일부 양심 불량한 업소에서는 최대한 이익을 내기 위하여 술지게미 자체를 아예 물과 함께 끓여서 분량을 늘여가며 판매하기도 한다. 일반적으로 네팔인들보다 티베트인이 좀 더 순수하다지만, 돈 앞에서 정직하기는 쉽지 않은가보다.

다음으로 티베트족 계열인 세르빠족의 전통술인 '뚬바'[11]를 소개할 차례가 되었다. 사실 이것은 술 그 자체는 시큼털털한 우리의 막걸리 맛 비슷하고 주정도수는 5~6도 정도이지만 마시는 방법이 매우 인상적이어서 유명세를 타게 된 술이다. 물론 티베트족에게는 창이 일반적이지만 뚬바의 애호층도 의외로 두텁다. 거기에는 뚬바 술잔의 다양함도 한 몫을 한다. 뚬바를 마시려면 우선 1000cc 정도의 맥주잔 크기의 술통이 필요하며 또한 빨대 아랫부분에 작은 구멍을 뚫은 대나무도 필요하다.

최초의 뚬바 술잔은 나무통으로 시작되었다. 마땅한 잔을 구하기 힘든 산골의 고산족들은 주위에서 결이 단단한 나무를 골라 안을 칼로 파내고 다듬어서 술통으로 사용하였다. 그러다가 표면이 갈라지는 것을 방지하기 위하여 금속 테로 나무통을 조여서 튼튼하게 하였고, 다시 나무통 중간에 고리를 부착하여 이동하거나 건조할 때에 걸이용도로 사용하는 등 나름 진화를 거듭하였다. 그리하여 나무통에서 대나무로, 다시 철제로, 황동제로, 스테인리스로 재질이 바뀌다가 최근에는 플라스틱으로까지 바뀌는 변화를 겪었다. 나무통술잔을 구하기 어려운 면도 있지만, 그 외에도 사용 중에 조금씩 크랙이 생겨

11) 일부 자료들과 현장에서는 '뚱바(Tung-ba)'라고도 하는데, '뚬바'가 더 정확한 발음이다.

동네잔치를 앞두고 부인회에서 단체로 럭시를 발효시키는 모습

그 갈라진 틈새로 술이 흘러나오는 사고가 빈번하게 일어났기에 좀 더 안전한 것이 필요해졌을 것이다. 그래서 현재 다양한 재질과 모양의 뚬바용의 술잔들이 애호가들의 눈길을 기다리고 있다는 점도 뚬바의 매력 중 하나이다.

그래서인지 한 번 맛본 이들은 애호가 대열에 동참하여 뚬바가 있는 곳이라면 어디든 찾아가서 빨아댄다. 특히 날씨가 추워지는 긴긴 겨울밤 난로가에서 뜨거운 물을 부어가면서, 볼떼기가 볼록해질 때까지 빨아대면서, 호랑이가 단골로 나오는 히말라야 괴담에 귀 기울이다 보면, 설산 나그네들의 육체적 피로와 정신적 시름까지 봄눈 녹듯 사라지게 마련이다.

그러면 마시는 방법을 정리해보자. 우선 잔보다는 작은 통에 가까운 술잔에다 발효된 럭시의 중간단계인 '술지게미' 자체를 담아서 더운 물을 부어서 술이 우러나오면, 구멍 뚫린 뚜껑을 닫고 그 구멍으로 빨대를 꼽고는 천천히 빨아 마신다. 물론 한 번으로 끝나지 않고 몇 차례씩 술이 싱거워질 때까지 계속 빨아댄다. 그러니까 한통으로 여러 사람이 같이 마실 수도 있다.

뚬바를 제대로 마시기 위해서는 위에서 설명한 럭시를 만들기 위해 일차 발효시킨 것을 다시 건조해야만 한다. 그 이유는 더 이상 발효가 되는 것을 막을 뿐만 아니라 보관을 오랫동안 할 수 있기 때문이다. 이 과정은 어떻게 보면 아주 단순하게 보이지만 발효과정에서 변질되기 쉽기에 경험 많은 주모(酒母)의 노하우가 필수적이다.

이렇게 잘 건조된 원료는 다시금 공기가 통하지 않게 봉지에 담아 선선한 곳에 최소한 15일 이상 두어야 뚬바 천연의 맛을 내기 시작을 한다. 하지만 대부분의 식당에서는 돈벌이가 목적이기 때문에 오래 묵히지 않기에 갈 길 바쁜 나그네들은 이 술의 참맛을 맛보기 어렵지만, 공기를 잘 차단하여 보관할 경우 추운 겨울철에는 항시 맛볼 수 있다. 이렇게 적정온도에서 오래 보관된 것은 깊은 향과 맛을 내지만, 알코올 도수는 약간 더 높아진다. 잘 발효된 뚬바 원료인 발효된 밀렛 알맹이는 자주색을 띄는데, 그것을 뚬바용 술잔(통)에 가득 채운 다음 뜨거운 물을 붓고 나서 윗부분에 대나무 빨대가 빠져 나오기 위한 구멍이 난 뚜껑을 덮는다. 얼마 후 적당한 시간이 흘렀을 때 빨대를 천천히 빨면 독특한 향이 잘 배합된 시큼한 맛이 온 몸으로 전달되어 온다. 그 후 2~3회 정도 더 뜨거운 물을 부어 우려먹을 수 있는데, 그 때마다 주정도수가 변화한다는 점도 이 술의 매력이다.

(5)

마지막으로 곡주는 아니지만, 무스탕 왕국 입구 마르파(Marpha) 마을의 특산품인 사과브랜디(Apple Brandy)도 빼놓을 수 없는 네팔의 중요한 민속주이다. 마르파는 옛 무스탕(Musthang) 왕국의 젖줄인 깔리 간다끼(Kali Gandaki)강이 고원을 벗어나면서 부챗살 모양의 드넓은 계곡을 형성하기 시작하는 강 둔치에 자리 잡은 조그만 전원마을이다.

이 마을은 다울라기리(Dhaulagiri, 8,167m)[12]를 뒷배경으로 하고 앞으로는 닐기리(Nilgiri, 6,940m)를 바라보는 포인트이기에 아침저녁마다 찬란한 설산의 변화를 볼 수 있기에 많은 나그네들이 찾아든다. 그들은 대개 배낭을 던져두자마자 쾌적한 롯지 레스토랑으로 몰려들어 먼저 애플주스를 한 잔 들이키다가 석양 나절이 되면 '마르파표' 애플브랜디를 한 병 주문해서 애플파이 한 조각을 안주삼아 홀짝홀짝 마시는 것으로, 매뉴얼이 짜여 있을 정도로 이곳의 브랜디는 먼 옛날부터 무스탕 왕국을 경유하여 티베트 본토로 향하는 길목의 객주마을의 중요한 아이콘이었다.

그 정도로, 이 자그만 전원마을은 예부터 사과산지로 이름이 높았다. 마르파의 토양과 기후가 과일재배에 적합해서 그랬겠지만, 그래서 사과가 익어가는 가을철이 되면 인근의 수많은 당나귀들은 여름내 온갖 기화요초들을 뜯어 먹으며 체력보강을 끝내고 마을로 모여

---

12) 네팔 히말라야 산맥 카르날 지구에 있는 산군(山群)으로 동쪽의 뚜쿠체(6,920m)에서 서쪽 히운출리(7,426m)까지 40Km에 걸쳐 주산맥과 지맥들로 이루어졌는데 이 안에 다울라기리 1봉에서부터 6봉이 연이어 있고, 그밖에 추렌히말, 구르자히말 등이 솟아 있다. 다울라기리라는 이름은 산스크리트 어의 '하얀 산'에서 유래한 것으로, 이는 산 위에 항상 눈이 덮여 있는 것을 묘사한 것이다. 1960년 스위스 등반대가 처음으로 등정하였다. 우리나라에서는 1962년 박철암 대장이 이끄는 경희대학교팀이 정찰하였고 1988년 부산합동대(대장 조정술)가 등정에 성공했다.

들어 장도에 오를 준비를 한다. 그들은 빈 바구니들을 등 양쪽에 메고 모여들어 주인의 지시에 따라 사과를 가득 싣고 떠난다.

계피 잎을 넣고 차를 끓인다.

그들 행상들은 북쪽으로는 과일이 귀해지는 무스탕 왕국의 도읍지인 로만탕(Lo Manthang)을 지나 티베트 본토까지 여러 날을 걸어가서 비싼 값에 사과를 넘기고 돌아올 때는 불교용품, 소금, 유제품, 모피 등을 싣고 내려온다. 또한 남쪽으로는 강 둔치를 따라 네팔 중부의 최대 도시 뽀카라까지 내려간다. 이름 하여 '애플로드(Apple Road)'이다.

술 이야기에 심취(心醉)하다 보니 어느새 술에 취해서인지 정작 네팔 차인 '짜이(Chai: 茶)' 혹은 '찌아(Chia)'에 대해 이야기를 하지 못했다. 외국인들은 그냥 '스위트 티(Sweet tea)' 또는 '네팔티'라고만 알고 있으나 '찌아'란 용어가 가장 현지어에 가깝다. 이 찌아의 맛의 비결은 신선한 우유와 우리에게는 계수(桂樹)나무로 알려진 '달치니 잎(Dalchin Leaf)'이라는 허브나무 잎의 배합 비율에 따라 맛의 편차가 아주 심하니 찻집의 분위기를 보고 잘 선택하기 바란다. 별로 위생적으로 보이지 않으면 그냥 블랙티(Black tea)를 권하고 싶다.

## 4. 히말라야의 팜므파탈, 히말라얀 석청

(1)

히말라야의 팜므파탈(femme fatale)[13]로 비유되는 바위꿀[石(岩)淸]이 한동안 매스컴을 장식한 적이 있었다. 그 달콤하고 치명적인 유혹이 몇 사람을 사망에 이르게 했기 때문이다.

원래 석청은 히말라야 산신의 선물로 만년청(萬年淸)이라고도 한다. 야생 상태의 토종벌이 깊은 산속 절벽바위에 지은 벌집에서 채취한 꿀을 말한다. 그렇기에 이 꿀은 일반 양봉꿀과는 차원이 다를 수밖에 없다. 히말라야에서도 야생 상태의 벌집을 직접 보거나 진짜 석청을 구하기는 매우 어렵다.

그러나 문제는, 아름다운 꽃은 독과 가시가 많아서 쉽게 취할 수 없듯이, 이 석청 또한 진짜를 구하기도 어렵지만은, 막상 구해도 마구 먹을 수는 없다. 꿀에 맹독이 들어 있을 수가 있기 때문이다. 가끔 요절할 팔자를 타고난 사람이 석청을 먹고 화를 당했다는 실례도 있고, 그 때문에 우리나라에는 2008년부터 석청의 수입 및 유통이 금지되어 있는 것도 사실이다.

최근까지 알려진 바로는 일부 석청에는 안면마비, 구토, 의식불명, 무력감, 시각장애 같은 증상을 유발할 수 있는 그레이아노톡신(Grayanotoxin)이란 성분이 함유돼 있다고 한다. 이 물질은 중추신경계에 작용하는 독성물질로 해발 3천m 이상 고산지역에서 자라

---

13) 남성들에게 '치명적인 여자'란 뜻으로, 필름 느와르 장르에 필연적으로 등장하는 여성 캐릭터를 이르는 말. 요부(妖婦).

는, 흔히 네팔의 국화인 랄리구라스(Raliguras)[14]로 알려진 철쭉꽃(Rhododendron) 계열의 몇 가지 종류에 함유돼 있다고 한다. 순수 랄리구라스는 우리의 진달래처럼 독성이 없다. 그러나 비슷한 철쭉꽃에는 독이 있는 것처럼 일부 랄리 비슷한 꽃에 환각제적 성분, 또는 치명적인 독성이 있기에 조심할 필요가 있다. 특히 영유아 또는 고혈압이나 관상동맥질환 등 심장질환자들은 한 번에 석청을 다량 섭취하면 식중독현상이 일어나고 심지어는 사망에 이를 수 있다고 식약청은 경고하고 있다.

그러나 사실 병을 치료하여 인간을 살리는 '약'과 생명을 위협하는 '독'은 상대적이다. 모든 약은 독성을 갖고 있고, 이 독성이 바로 특정한 병에 효능을 보이기에 약이 되는 것이다. 석청은 분명 영약 중의 영약임이 틀림없다. 히말라야 산신이 점지한 희귀한 미네랄 같은 성분이 듬뿍 들어 있기 때문이다. 그렇기에 온갖 희귀한 보약재 좋아하는 거로는 세계적으로 손꼽히는 우리나라 마니아로서는 쉽게 포기하기 어렵겠지만, 우리 인간들은 꼭 야생꿀벌의 먹이를 빼앗아 먹지 않아도 될 정도로 풍부한 먹거리 속에 살고 있으니 이 짓은 그만하면 좋겠다.

여기서 이야기는 '팜므파탈'로 이어진다. 너무나 아름답기에 치명적인지? 치명적이기에 아름다운 것이지? 이런 경지는 다시 '불이문'으로 이어진다. 생사가 둘이 아닌데 죽음이면 어떻고 삶이면 어떠하리?

문득 필자가 아주 오래 전 홍천강에 살 때의 일화가 생각난다. 가을 날 뒷산에서 채취한 꾀꼬리버섯과 계란버섯을 들고 여러 종류의

---

14) 원래 랄리구라스는 독성이 없다고 알려져 있다. 다만 랄리구라스와 비슷한 '치멀'이라는 꽃나무가 독성이 강하다고 한다. 진달래와 철쭉의 차이 이상이라고 하니 조심 할 필요가 있다. 네팔인들은 '까네 무아'는 먹는 꿀을, 못 먹는 꿀은 '나까네 무아'로 구별한다. 물론 까네무아러고 권하는 것도 조심할 필요가 있지만, 나까네무아는 더욱 ~

식물도감을 뒤져가며 '먹어?', '말아?'를 놓고 장고를 거듭했다. 왜냐하면 이것들의 모양새나 색깔이 너무 아름다워 100% 독버섯처럼 생겼기 때문이다. 그래서 식중독 약까지 준비해놓고 화장실 문 열어놓고 조금씩 나누어 먹기는 했지만 하여간 먹긴 한 접시 다 먹었다. 집식구들도 안 주고, 나 혼자서만 무지하게 맛있게 먹었던 기억이 새롭다.

각설하고, 예를 하나 더 들자면 석청은 '복어'와 비교된다. 독성분만 제거하고 안전하게 먹을 수만 있다면 이 못생긴 물고기야말로 별미 중에 별미여서 식도락가들에겐 인기 메뉴인 것처럼, 석청을 먹느냐 마느냐 하는 선택은 '복불복' 각자의 몫이라 할 것이다. 만약 "먹고 죽은 귀신은 때깔도 좋다더라." 쪽으로 기울면, 처음에는 아주 조금씩 먹어보고, 만약 부작용이 생기면 안 먹으면 될 것이고, 아무 증상 없다면 조금씩 분량을 늘려가는 방법도 있을 것이다. 실제로 필자도 선물 받은 석청을 먹어 보았지만, 문제없었고 비싼 석청 대신에 자연산 토종 히말라야 꿀을 가끔 물에 타먹고 있지만, 배탈 한 번 난 적이 없다. 또한 히말라야 꿀이라고 모두 석청이 아니다. 여기 네팔에도 양봉꿀, 자연산 토종꿀도 아주 다양하게 많다.

(2)

석청은 매년 봄과 가을, 두 차례에 걸쳐 채취하는데 날짜는 산악마을의 원로 부족장이 결정한다. 채취가 너무 이르면 벌집에 꿀이 덜 차고, 너무 늦으면 애벌레들이 들어차게 되거나, 또는 날씨가 불순할 때에는 벌들이 먹어 버리기 때문에 지속적으로 벌집을 관찰하다가 마침내 '사냥날짜'를 잡는다. 여기서 채취가 아니라 사냥이라고 표현한 것은 그만큼 석청 채취는 사냥이나 전쟁에 비유될 정도로 긴장감이 감돌기 때문이다.

히말라야에 사는 부족이라고 해서 모두 석청을 따는 것은 아니다.

주로 구룽(Gulung)족과 셰르빠(Serpa)족이 그 주역들인데, 이들은 모두 먼 옛날부터 척박한 티베트 땅으로부터 히말라야를 넘어와 산맥의 남쪽 기슭에 둥지를 튼 몽골리안 핏줄이어서 생김새도 우리와 거의 같다. 이들은 용감한 기질로 인하여 영국 식민지 시절 용병으로 대거 차출되어 각종 전투에서 용맹함을 보여주었다. 바로 고루카스(Gorkhas) 용병들이다.

이런 산악부족에게도 석청 채취는 목숨과 꿀을 바꿀 정도로 험난하고 위험한 작업으로 주로 '빠랑게(Palange)'라는 자격이 있는 특수한 사람들만이 채취할 수 있다. 여기서 '빠랑'은 사다리를 말하는 단어이다. 말하자면 어원으로부터 이 험난한 작업이 연상되고도 남는다. 이 빠랑게의 스릴 넘치는 '전투'의 상대는 당연히 꿀벌들이고 전쟁터는 바로 우거진 정글과 사다리로만 오르내릴 수 있는 엄청난 수직에 가까운 절벽이다.

이윽고 택일된 날이 밝아 오면 온 부락민들이 촌장집에 삼삼오오 모여든다. 그리고는 촌장의 집전 아래 힌두교식의 뿌자의식을 시작한다. 그리고는 오늘 사냥에 나설 힘세고 날쌘 남자들을 선별하여 염소 한 마리를 앞세우고 마을을 출발한다. 바로 오늘 산신에게 제물로 바칠 희생양이다. 숲속 공터에 도착한 사냥꾼들은 즉석에서 움막을 후다닥 짓는다. 그리고는 준비해 온 솥을 걸고는 대개 신들이 좋아한다는 노란색 말라꽃과 여러 가지가 구비된 뿌라사드(Prasad)란 제물을 차려놓고 허브나무에 불을 지핀다. 그리고는 산염소의 목을 단칼에 내리쳐서 그 붉은 피를 뿌리며 다시 긴 의식을 거행한다.

그렇게 거의 반나절에 걸친 희생의식을 마친 사냥꾼들은 솥에서 끓어 넘치는 염소탕을 배불리 먹으며 지나간 각자의 무용담을 자랑하기도 하면서 결의를 다진다.

그리고는 준비물을 점검하여 본격적으로 꿀을 따러 출발한다. 이윽고 벌통이 매달려 있는 절벽 아래 도착하자 일행을 두 팀으로 나누어 역할분담을 한다. 약체인 한 팀은 절벽 바로 아래서 불을 지펴 연기를 내어 벌을 쫓아내고, 정예멤버로 구성된 공격조는 절벽을 우회하여 힘들게 산꼭대기로 올라가서는 목표물의 위에 자리를 잡는다. 그리고는 엉성하기 이를 데 없는 대나무줄기를 꼬아 만든 빠랑, 즉 사다리를 절벽 아래로 내려뜨리고는 일행 중 가장 몸이 날렵하면서 경험도 풍부한 한 사람을 지명하여 사다리를 타고 내려가게 한다.

한편 본격적으로 위에서 사냥꾼이 하강할 준비를 마치면 절벽 아래서는 젖은 나무를 태워 연기를 피운다. 이 자욱한 연기는 절벽을 타고 위로 올라가게 마련이다. 그러면 위험을 감지한 벌들은 벌집을 뛰쳐나와 웅웅 소리를 내면서 주위를 맴돌기 시작한다. 석청이 들어있는 반달형의 커다란 야생벌집들은 대개 빗방울이 들이치지 않는 절벽 돌출 부분 처마 밑에 매달려 있기에 사다리를 타고 내려간 사냥꾼은 벌집에서 몇m 정도 떨어진 곳까지만 접근할 수밖에 없다. 그리고는 허공 중에 대롱대롱 매달린 상태에서 대나무사다리 사이로 몸을 확보하고 나서 휘파람으로 신호를 보낸다. 그러면 위에서는 여러 물건들을 차례로 줄에 매달아 절벽 아래로 내려 보내 정확하게 사냥꾼에게 보낸다.

다시 휘파람 신호가 울리면 위에서는 준비해놓고 있던 나뭇가지 다발에 불을 붙여 줄에 매달아 아래로 내려보낸다. 그러면 사냥꾼은 마치 서커스단의 곡예사처럼 한쪽 다리를 사다리 사이에 끼워 넣어 몸의 균형을 잡은 다음 전달 받은 불덩이를 긴 막대에 걸어 벌집 아래로 이리저리 갖다댄다. 그러면 뜨거운 열기와 자욱한 매운 연기에 견딜 수 없게 된 벌들이 집을 뛰쳐나와 미친 듯이 주위를 맴돌며 침입자를 무차별 공격하기 시작한다. 물론 인간들이 보기에는 하찮아 보이는 벌이라고 해도 그들이라고 생명과도 같은 꿀을 순순히 인간들에게 바치겠는가?

그러나 온갖 보호장구로 전신무장한 인간의 작업을 막아낼 방법이 있을 수는 없다. 그렇게 하여 사냥꾼의 화공에 이은 갈고리 후려치기 공격에 의해 마침내 수만 마리 야생벌의 보금자리인 커다란 벌집은 바위에서 떨어져 나와 빠랑게의 바구니 속으로 들어간다. 그러면 절벽 아래서 기다리던 다른 일행들이 환호성을 지르며 땅으로 내려온 벌집을 꺼내어 운반용 바구니로 옮겨 담는다. 물론 인간들에게 자식들과 보금자리를 송두리째 빼앗긴 야생벌들은 미친 듯이 윙윙거리며 움직이는 물체만 있으면 달려들어 공격하지만 이미 게임 끝이다.

(3)

자, 이제 여기서 생각을 좀 해볼 문제가 있다. 인간들이 야생벌들을 무자비하게 제압하고 꿀을 빼앗아오는 것은, 자연 생태계를 교란하는 아주 심각한 행위라는 점이다.

자, 그러면 귀중한 식량은 고사하고 집과 자손까지 모조리 빼앗긴 야생꿀벌들의 미래는 어찌될 것인가? 당연히 그들의 개체 수는 급격히 줄어들 것이고, 이는 수많은 꽃들의 수정불능으로 이어지면서 수천 년 수만 년 이어내려 온 생태계의 질서가 교란될 것이다. 꽃이 수정을 못하고 곡식이 여물지 못한다면 그 피해는 바로 우리들에게 부메랑으로 돌아올 것이 분명하다.

이렇게 거두어들인 석청의 대부분은 한국으로 들어온다고 한다. 일시적인 쾌락이나 몸보신을 위해 우리나라 일부 사람들이 그 짓을 계속하고 있고, 그 중 몇 사람은 호기심천국을 넘어서 짭짤한 수입을 올리고 있다고 한다. 나쁜 사람들이고 나쁜 나라이다. 수요가 없어지면 공급 또한 시들해질 것이다. 다행이 우리 호모사피엔스 종족은 오랫동안 스스로 유전자를 개선하며 부단히 노력한 끝에 자체 생산하는 것만으로도 먹거리는 넘쳐나고 있는 세상을 만들어 놓았다.

그러니 신성한 대설산까지 밀려들어 와서 야생벌들의 보금자리에 쳐들어가서 집을 부수고 태우고 애벌레들을 죽이면서까지 해서 그들의 유일한 식량을 빼앗아오는, 질이 정말로 나쁜 약탈행위는 이제 그만하면 안 될까?